U0022549

大專用書

(修訂五版)
刑法總整理

曾榮振　著

三民書局　印行

國家圖書館出版品預行編目資料

刑法總整理／曾榮振著. －－修訂五版一刷.－－臺
北市；三民，民90
　　面；　　公分

ISBN 957－14－3046－3　（平裝）

1.刑法

585　　　　　　　　　　　　　　　　　　88013630

網路書店位址　http://www.sanmin.com.tw

© 　刑 法 總 整 理

著作人　曾榮振
發行人　劉振強
著作財
產權人　三民書局股份有限公司
　　　　臺北市復興北路三八六號
發行所　三民書局股份有限公司
　　　　地址／臺北市復興北路三八六號
　　　　電話／二五○○六六○○
　　　　郵撥／○○○九九九八——五號
印刷所　三民書局股份有限公司
門市部　復北店／臺北市復興北路三八六號
　　　　重南店／臺北市重慶南路一段六十一號
初版一刷　中華民國六十年十月
初版五刷　中華民國七十八年八月
修訂二版一刷　中華民國七十九年九月
修訂二版二刷　中華民國八十二年八月
增訂三版一刷　中華民國八十七年二月
增訂四版一刷　中華民國八十八年十月
修訂五版一刷　中華民國九十年十月
　編　號　S 58194
　基本定價　捌元貳角
行政院新聞局登記證局版臺業字第○二○○號

再增訂版序

刑法總則及分則，分別於民國八十六年十月八日，同年十一月二十六日修正部分條文，著者按其立法意旨暨條文內容，加以補充詮釋，在同年十二月三十一日增訂本書出版，即所謂增訂版也。

茲因刑法總則第十二章保安處分、刑法分則第十一章公共危險罪、第十六章之一妨害風化罪、第二十六章妨害自由罪、第二十八章妨害秘密罪、以及增訂第十六章妨害性自主罪，均有大幅度之修正或增訂，並於八十八年四月二十一日公布施行，爰為配合上述條文內容及其立法旨趣，乃予增訂再版。

除此以外，另以近年判例日漸增多，為供讀者參閱方便，復就本書全部內容詳加檢視，將相關判例予以歸納列入，為此增加篇幅不少，請讀者注意及之。

曾　榮　振

八十八年五月二十日

增訂版序

　　本書原係著者服務法曹期間，就早年參加司法官高考整理出來的筆記，同時搜集相關資料，綜合方家學說與實務上見解，精簡輯成。多年以來，承蒙讀者厚愛，作為各類科司法人員應考之需，甚感欣慰。

　　茲受三民書局劉董事長振強之邀，囑予增訂修正，適因刑法總則有關假釋之規定，刑法分則有關自動化及其相關設備的犯罪，前經修正公布施行，爰按其立法意旨及條文內容，分別補充詮釋，並對近年大法官會議解釋，最高法院判決要旨，予以歸納列入，增訂結果，全書內容已與刑法條文完全一貫，如仍有疏漏之處，敬祈讀者不吝指教。

曾　榮　振

八十六年十二月三十一日

前　言

　　刑法一門，內涵至廣；總則所定，乃其基本原理，分則所列，則為各個犯罪之構成要件。坊間此類著述，汗牛充棟，燦然大備，顧其立論間有軒輊，用語亦多歧異，欲窺其堂奧，似易而實難；因是初學者每感困惑，而準備應考之士，尤嘆難以理解。筆者鑽研法學有年，涉獵群書，輒加筆記，擷取精華，辨其異同，並經綜合歸納，遂成完整體系；比年廁身法曹，從事偵審工作，就理論與實務相互印證，益具心得。爰在公餘之暇，將此筆記重新整理，輯成本書，總則分則都為一冊。書中不憚煩瑣，力求精簡，務使讀者就方家各說與判解實例，冶為一爐，無所隔閡，是為筆者致力之處。一得之愚，未敢藏拙，設能稍供有志者之參考，則幸甚矣。

　　由於倉促付梓，校勘未週，錯漏舛誤，定所難免，尚祈
博雅不吝匡正，感何如之。

曾　榮　振

六十年十月十日
於臺中地方法院

凡　例

本書所引實例均用簡語，示例如左：

一、（院一八五四）　　　　司法院院字第一八五四號解釋。

二、（院解三二二）　　　　司法院院解字第三二二號解釋。

三、（釋一〇九）　　　　　大法官會議釋字第一〇九號解釋。

四、（統一六七五）　　　　大理院統字第一六七五號判例。

五、（一八非六四）　　　　最高法院十八年非字第六四號判例。

六、（二四、七刑會）　　　最高法院二十四年七月刑庭總會決議。

七、（二七上一七〇七）　　最高法院二十七年上字第一七〇七號判例。

八、（三八穗上一二八）　　最高法院三十八年穗上字第一二八號判例。

九、（四九臺上一〇九三）　最高法院四十九年臺上字第一〇九三號判例。

十、（五一臺非七六）　　　最高法院五十一年臺非字第七六號判例。

刑法總整理　目次

第一編　刑法總則

第一章　刑法之概念

一、刑法之本質

犯罪，本為社會之產物，亦即隨社會生活而生之現象；刑法則係規定對於犯罪者科以刑罰制裁，與其他法律所具之強制力雖不相同，而其維持社會之秩序，實無大異，且刑罰制裁係與社會同時存在，稱此刑罰制裁之權能為「刑罰權」。近代刑事法思想之趨向，認刑法之機能有三：

㈠保障的機能　刑法並無明文科以刑罰者，其行為不罰，以限制國家刑罰權，故刑法在保障個人自由。

㈡保護的機能　即因犯罪被害之法益，加以刑罰制裁，以資保護，故在保護社會之安全。

㈢規律的機能　刑法上規定一定之行為，構成犯罪及應科之刑罰，具有侵害性之行為，既經禁止或命令，人民均應遵從，故在規範一般人民之行為。

犯罪重在特別預防，防止再犯，以刑罰糾正犯人之惡性，使能適應社會生活，避免再有侵害。

二、應報主義與目的主義

在應報主義（報應刑主義），以刑罰係對於犯罪之害惡行為所為之報應，即「善因善果」，「惡因惡果」，故以刑罰為解除罪責之惟一方法。主張刑罰之目的，寓於刑罰自身。此係基於啟蒙刑事思想之「罪刑均衡主

義」理論，受十九世紀德國哲學思想影響，發展結果成為客觀主義。

在目的主義（教育刑主義），以犯罪乃犯人反社會性格之表徵，刑罰僅為防止犯罪之手段，藉以改善犯人之性格，故犯罪乃共同生活之侵害，刑罰之設在保障共同生活安全，其理論則為主觀主義。且目的主義認犯罪為反社會之產物，刑罰之目的在防衛社會，其本身並非目的，尤非予人以害惡痛苦。情形有二：

㈠一般預防主義　認刑罰之目的，在預防社會一般人之犯罪，其說以為犯罪多由貪慾之引誘，乃不擇手段求己之享受，刑罰之所以威嚇人民，使之比較享受所得更為痛苦，故重視刑罰之「威嚇性」、「害惡性」與「苛酷性」。

㈡特別預防主義　認刑罰之目的，在改善犯人預防將來再犯，故以刑罰為預防犯人本身再陷於犯罪之手段，使刑罰適應犯人之個性，故稱「刑罰為犯罪人之大憲章」。

近代刑罰係採目的主義，以社會本位為準繩。例如：不得因不知法律而免除刑事責任（第十六條），特別義務避難行為之限制（第二十四條第二項），依法令之行為及業務上之正當行為不罰（第二十一條、第二十二條），褫奪公權（第三十六條、第三十七條），與犯罪有關物品之沒收（第三十八條），累犯加重（第四十七條），緩刑撤銷（第七十五條），假釋中更犯罪為撤銷假釋之理由（第七十八條），追訴權及行刑權行使期間之限制（第八十條、第八十四條），各種保安處分之規定均是。

三、客觀主義與主觀主義

客觀主義，重在實害（結果）之發生，即以實害之發生為犯罪之要件。刑事責任之基礎，在於犯人之行為，其輕重應依行為實害或危險大小定之。故犯罪乃基於自由意思以侵害法益，至刑罰之輕重，則與行為人之性格無關，主「應報說」。例如：未遂犯與不能犯之減輕（第二十六

條），從犯以正犯之實施犯罪為必要（第三十條），結果加重犯之處罰（第
十七條），無身分等特定關係與有此特定關係之成立共犯（第三十一條），
以犯罪所生危險或實害，列為科刑輕重裁量之標準（第五十七條），以犯
人資力為量刑標準（第五十八條），以犯罪所得利益，為罰金酌量加重之
標準（第五十八條後段）。

　　主觀主義，認刑事責任之基礎，非犯人之行為，乃在於犯人之性格，
重在犯人之反社會性格，刑罰之量定應依行為人反社會性格之性質及大
小為準，主「預防說」。輓近刑法基礎之理論，逐漸趨向於主觀主義，列
舉如下：行為之處罰，以出於故意或過失為限（第十二條），因年齡老幼
或精神障礙之不罰或減輕（第十八條、第十九條、第二十條），正當防衛
過當之減輕（第二十三條），緊急避難行為之不罰（第二十四條），中止
犯之減輕或免除其刑（第二十七條），教唆犯之獨立處罰（第二十九條），
因宣告刑之可宥恕者之易科（第四十一條），刑罰酌科標準之舉例提示（第
五十七條），犯罪情狀可憫恕之酌減或免除其刑（第六十一條），自首之
減輕其刑（第六十二條），緩刑之宣告（第七十四條），受刑人之假釋出
獄（第七十七條）。

　　刑法上客觀主義與主觀主義皆以犯罪為刑罰判斷及評價之對象。而
犯罪為人類之行為，因行為人之內部性格，透過動機及意思決定而實現
為外部行為之結果，即為實害。客觀主義以犯罪之外部，即客觀部分為
重點，以為刑罰評價之對象。主觀主義則以犯罪之內部，即主觀部分為
重點，二者之間，實具有意識之因果聯絡，否則不成其為「行為」。是以
客觀主義將行為人之人格抽象化，以行為為單純意思之實現；主觀主義
則又忽視行為結果之社會性，與規範社會論理的道義有所未孚，均不免
偏倚，故自行為複合性之立場，以解決個別之具體事實，較為允當。例
如第二十五條第二項採客觀主義，第二十六條前段則採主觀主義。至兩
者區別之實益，分述如下：

(一)刑罰評價之對象　客觀主義認為如不實現刑法各本條所定之構成要件，即不成立犯罪，故為「罪刑法定」。重視實現構成要件之事實，不發生結果時不予處罰；而主觀主義則重在實現構成要件之反社會之犯罪意思，如欠缺事實而行為人對之有故意時，即解為未遂。

(二)解決事實之錯誤　客觀主義以事實之錯誤中，具體事實與抽象事實之錯誤，亦於認識與事實異其罪質時，阻卻犯意，例如誤信豬為人而殺之，應不為罪，以毀損器物之故意而殺人時，祗成立過失致死罪。而主觀主義不問具體的事實錯誤，抑為抽象的事實錯誤，罪質是否相同，均不能阻卻故意。

(三)處罰未遂之根據　客觀主義以行為在原則上如不生實害，即未實現構成要件，故不生結果者不罰，從而未設處罰未遂明文時，概不處罰。主觀主義則認著手於有責違法行為之實行，不問是否發生結果，皆應視同既遂。

(四)共犯理論之劃分　客觀主義採「犯罪共同說」，承認共犯之從屬性，教唆犯及從犯須有正犯之實行始能成立，而共同正犯之「犯罪實行」，須關於一個犯罪構成要件，始能成立，至利用不成立共犯之無責任能力人之行為，以間接正犯處斷之。在主觀主義採「行為共同說」，承認共犯之獨立性，教唆犯及從犯與正犯之實行相互獨立，依其各個犯意獨立成罪，而共犯者之責任，就行為人各別論處，並處罰教唆未遂。

四、刑法之基本原則

(一)刑法理論之趨勢

近代刑事法思想之趨向，以刑法之機能，固在保障社會安全及個人自由，而刑罰之目的，即在改善犯人，重在特別預防，期可達成保護社會安全之效果。輓近刑法理論有下列趨勢：

1.由機械而機動　採相對的罪刑法定主義，僅就刑罰之範圍加以規

定，運用刑罰權為自由之量定。

2. 由抽象而具體　不以法官能做到有罪必罰，務求犯罪原因，具體的發見犯人反社會之性格，加以改善使適合社會生活。

3. 由消極而積極　採教育刑主義，以刑罰之作用不在刑罰本身，而在刑罰以外之目的，且積極的改善犯人之反社會性格，創造人類之新生。

4. 由觀念而現實　在客觀主義認刑罰之輕重，應以因犯罪所生損害大小為準，力求罪刑均衡；主觀主義重在犯人反社會之性格，刑罰之輕重應以惡性之大小為準。

(二)罪刑法定主義

即犯罪之成立及其處罰，均須以法律明文規定之，始得論罪科刑，源於反對罪刑擅斷主義之人權保障思想，形成「無法律則無犯罪」，「無法律則無刑罰」之原則，法國人權宣言第八條：「對任何人，苟非依據犯罪前已制定公布合法適用之法律，不得處罰之」。我國歷代法律亦有「律無正條，不得科處」之法諺，現行刑法第一條規定：「行為之處罰，以行為時之法律有明文規定者為限」，更充分表明罪刑法定主義精神。

1. 種類　分為絕對的罪刑法定主義與相對的罪刑法定主義，前者對於犯罪與刑罰均為單一的規定，法官無斟酌裁量餘地，可絕對防止擅斷，而弊在缺乏彈性，不足以適應不同之犯罪事實。後者對犯罪採概括的規定，刑罰採選擇的規定，法官在法定刑範圍內，得酌情量刑，其利弊適與前者相反。我國刑法原則上採相對的罪刑法定主義，而以絕對的罪刑法定主義為例外（例如第三百三十四條之海盜罪，第三百四十八條之擄人勒贖罪均是）。

2. 淵源　其思想基礎有二：

(1)國家思想　以法律為保障個人自由，使之三權分立，自可互相制衡，法院適用立法者預制之法律，不得自制法律，以防擅斷

而保人權。

(2)刑事政策　近代刑事政策之思潮，重在心理上強制一般人不趨於犯罪，乃有預以法律規定罪刑之必要。

3. 原則　依學者通說，相對罪刑法定主義有下列涵義：

(1)刑法應以成文法為法源　依罪刑法定原則，論罪科刑均須法律明定，故以成文法為限，習慣法不得充為刑法之法源，否則違背「刑法之明確性」。

(2)刑法不得適用類推解釋　允許有利於犯人之類推解釋，否認不利於犯人之類推解釋，尤不得強以無罪為有罪，或輕罪為重罪。

(3)刑法不得溯及既往　行為之處罰，以法律有明文規定者為限（第一條），而行為後法律有變更者，適用裁判時之法律，但裁判前之法律有利於行為人者，適用最有利於行為人之法律（第二條第一項）。

(4)刑法不得有絕對不定期刑　罪刑法定主義要求「絕對確定之法定刑」，防止法官擅斷，保障個人權利，故不許有絕對不定期刑之存在。

五、刑法之用語

刑法各條用「以上」「以下」「以內」之用語甚多，此與論罪科刑極關重要。依第十條規定：「稱以上、以下、以內者，俱連本數或本刑計算。」（同條第一項）至「以外」「未滿」者，則不依本數計算。又「稱公務員者，謂依法令從事於公務之人員」（同條第二項），此之公務員專指中華民國之公務員而言，至其人之國籍如何，並非所問。至「稱公文書者，謂公務員職務上制作之文書」（同條第三項），據此解釋，所謂公文書，必須具備兩種要件：①制作者為公務員。②基於職務而制作。兩者缺一，即不能認為公文書。文書由公務員基其職務制作後，縱該公務員之資格

消滅，而於該文書之性質並無影響。

　　刑法分傷害為普通傷害、重傷及傷害致死三種，其中普通傷害與重傷，界限如何？須有一定標準，以資適用，依第十條第四項規定，重傷係指下列傷害：

　　　　一、毀敗一目或二目之視能。

　　　　二、毀敗一耳或二耳之聽能。

　　　　三、毀敗語能、味能或嗅能。

　　　　四、毀敗一肢以上之機能。

　　　　五、毀敗生殖之機能。

　　　　六、其他於身體或健康，有重大不治或難治之傷害。

　　本項第一至第五款係列舉規定，其義甚明。第六款則為概括規定，凡不屬於第一至第五款之傷害，而於身體或健康有重大不治或難治之情形者，乃屬重傷。且「重大」與「不治或難治」為並存要件，必傷害重大復不能治療或難於治療者，始克相當。

　　稱性交者，謂下列性侵入行為：

　　　　一、以性器進入他人之性器、肛門或口腔之行為。

　　　　二、以性器以外之其他身體部位或器物進入他人之性器、肛門之
　　　　　　行為。

　　以上二款，係第十條第五項所定，係認「性侵入」之意涵，已不再偏限於傳統刑法上所謂性器官之插入或接合，由於使用異物或其他方式，亦足以造成性侵害之故。

　　刑法總則，於其他法令有刑罰之規定者，亦適用之。但其他法令有特別規定者，不在此限（第十一條）。

第二章　刑法之效力

一、時之效力

　　行為時之法律不罰，而行為後之法律規定處罰者，均不予處罰，因依罪刑法定主義及法律不溯既往原則故也。至行為時與行為後之法律均定處罰，而有異同時，如何適用法律？立法例有四：

　　㈠**從舊主義**

　　適用行為當時之法律。

　　㈡**從舊主義兼從輕主義**

　　原則上適用行為時之法律，但後法較輕者，則適用輕法。

　　㈢**從新主義**

　　適用裁判時之法律。

　　㈣**從新主義兼從輕主義**

　　原則上適用裁判時之法律，但前法較輕時，適用輕法。

　　我國刑法原則上採從新主義，但為顧及行為人之利益，又以從輕為例外（第二條第一項）。所謂「裁判前之法律」，其規定於行為人有利者，不問其為行為時法，抑為中間時法，應依最有利於行為人之法律處斷，並非專以行為時法與裁判時法為其比較適用範圍，其變更之者，為普通刑法或特別刑法，則非所問。至處罰之裁判確定後，未執行或執行未完畢，而法律有變更不處罰其行為者，免其刑之執行（第二條第三項），而保安處分旨在防衛社會，其性質與刑罰不同，故祇適用裁判時之法律（第二條第二項）。

　　法律之變更，以刑罰法律為限，不包括程序法在內（院一八五四）。至利與不利，並不以比較刑之輕重為限，即其他一切事項，均應加以比

較，故處罰規定之有無，刑罰之重輕，責任年齡已達與否，時效完成與否，告訴乃論與否，未遂犯與從犯之處罰，刑之易科，累犯及連續犯與結合犯之加重，數罪併罰，自首，緩刑，假釋，免訴，不受理或免刑事項，均應比較適用。

行為時法與中間時法競合時，如何適用？情形有四：

㈠**行為後之法律，關於罪之成立規定不同時**

⑴行為時法無處罰規定，而中間時法與裁判時法均有規定時，應不為罪。

⑵行為時法與中間時法均有明文，而裁判時法無處罰規定，依刑事訴訟法第三百零二條第四款諭知免訴。

⑶行為時法與裁判時法均有明文，而中間時法並無明文，以中間時法為最有利於行為人之法律，依刑法第二條第一項但書適用中間時法諭知無罪。

㈡**行為後之法律，關於應否免訴或不受理之規定不同時**

⑴適用情形，與前款同。

⑵追訴權時效，舊法較新法為長，適用新法。

⑶舊法須告訴乃論，而新法則否者，如未經告訴或撤回者，仍應適用舊法（院一六三五）。

㈢**行為後之法律，關於應否免除其刑之規定不同時**

⑴行為時法與中間時法應免除其刑，而裁判時法為得免除者，應適用裁判前之法律。

⑵行為時法或中間時法為得免除其刑，或無此規定，而裁判時法為應免除者，應適用裁判時之法律。

㈣**行為後之法律，關於刑之重輕規定不同時**

⑴行為時法與中間時法之刑，較裁判時法為重者，應適用裁判時法。

(2)行為時法或中間時法之刑，較裁判時法為輕者，依刑法第二條
　　第一項但書適用最有利於行為人之行為時法或中間時法。

「行為後」究指何時？一般指犯罪之實行行為完成，至裁判確定之
時間而言。第二條第一項所定「行為後」，係專以行為為準；如其行為在
法律變更之後者，該法律即為行為時之法律，不生適用第二條第一項問
題。其行為在法律變更之前者，行為後之法律既有變更，仍應依第二條
第一項處理。情形如下：

㈠**實質上一罪**（繼續犯、吸收犯、結合犯、常業犯）

　其行為之一部，如在新法施行之後，自應依新法處斷，不生比較問
題。

㈡**裁判上一罪**（連續犯、牽連犯、想像競合犯）

　其在舊法有效時期完成之行為，仍不無第二條第一項之適用，蓋此
等犯罪性質，本屬數個行為可以分別獨立，祇因法律之規定以一罪論處
而已。

(1)連續犯之一部行為，在舊法有效時期，應比較其孰為有利後，
　　再依第五十六條從一重論處。

(2)牽連犯之重行為在新法有效時期，固宜適用新法；而重行為在
　　舊法有效時期，仍應比較新舊法孰為有利，而適用最有利於行
　　為人之法律。惟實例認為均應適用新法，與此有異（二七上一
　　七〇七、二九上三八六六）。

(3)想像競合犯為一行為觸犯數罪名，本質上仍係一行為，故應以
　　行為完成時為準。

㈢**過失犯**

以有過失為其構成要件，故以過失行為之時，為其行為時。

㈣**不作為犯**

以不作為為其構成要件，仍以不作為之時，為其行為時。

㈤**未遂犯**

以實施行為時為準，與結果之曾否發生，或在何時發生，均無影響。

㈥**教唆犯**

因其獨立成罪，故以教唆之時為其行為時。

㈦**從犯**

其犯罪行為在幫助他人犯罪，故以正犯行為時為準。

㈧**結果加重犯**

乃因犯罪致生一定之結果，而加重其刑。故其行為在舊法有效時期，而加重結果之發生，雖在新法施行之後，仍有第二條第一項之適用；如其行為跨在新舊法之間，而加重結果之發生，在新法施行後者，當然適用新法。

「裁判時之法律」指裁判確定前之法律而言，即在第二審判決後，法律如有變更，致其刑罰有廢止變更或免除者，仍得為第三審上訴之理由（刑事訴訟法第三百八十一條）。此點並為第三審法院依職權調查之事項，且為撤銷原判自為判決原因之一（刑事訴訟法第三百九十三條第四款、第三百九十八條第三款）。分別述之：

㈠在裁判確定後，法律縱有變更，因刑事訴訟法中之再審及非常上訴，並無準用同法第三百八十一條之規定，自不得動搖已確定之判決。如因其他原因提起再審之訴或非常上訴時，在再審之訴因同法第四百三十六條規定「開始再審之裁定確定後，法院應依其審級之通常程序，更為審判」，故得撤銷原判，依法改判。至非常上訴旨在糾正違法之確定判決，其效力以不及於被告為原則，故仍依原判決適用之法律撤銷或改判之，不得適用變更之新法，惟實例採反對見解（一·八非六四、一八非五二、二一非六四、二三非二三五）。

㈡處罰之裁判確定後，未執行或執行未完畢，而法律有變更不處罰其行為者，免其刑之執行（第二條第三項）。此亦僅生免除執行之結果，

對於刑之宣告效力並無影響，在法定期間內再犯者，仍屬累犯，適用第
四十七條處斷。

　　就刑法之內容觀之，凡預留可以委諸其他法律命令或機關，規定犯
罪構成要件之全部或一部之刑法規範，稱為「空白刑法」。如私運管制物
品進口或出口逾公告數額者，處七年以下有期徒刑、拘役，得併科七千
元以下罰金；前項所稱管制物品及其數額，以經行政院依本條專案指定
公告者為限（懲治走私條例第二條）。對於管制物品之種類及其數額，並
未明白規定，留待行政命令補充之，亦即以犯罪構成要件之一部，委諸
行政命令。上項以命令變更管制物品及其數額時，對其變更或廢止前之
可罰行為，能否視為法律之變更，學者不一其說：

　　㈠**否定說**

　　認為補充命令乃犯罪構成要件內容之事實，補充命令之變更，其行
為之構成要件與處罰價值並未變更，故補充命令變更或廢止後，仍不受
任何影響，故非法律之變更，應適用行為時法處斷。

　　㈡**肯定說**

　　以為補充命令與空白刑法密不可分，兩者須互相配合，始得完成其
刑罰規範之目的，是以補充命令之變更，足以影響犯罪構成要件，自屬
法律之變更，故不能適用變更前之法律。

　　上列兩說，各具理由，有謂「空白刑法」具有濃厚行政刑法色彩，
多為適應特殊需要或貫徹政府命令而設，其可罰性之擴張或縮小，每隨
社會需要而定，故以肯定說較為妥適，惟日本通說均採否定說，我國學
者及判例亦多宗之。

　　實例如下：

　　　　①行政院於四十九年一月二十一日將管制物品重行公告，乃是
　　　　　行政上適應當時情形所為事實之變更，並非刑罰法律之變更，
　　　　　自不能據為廢止刑罰之認定，無論公告內容如何變更，其效

力皆僅及於以後之行為，殊無溯及既往而使公告以前之走私
行為受何影響之理，即無刑法第二條第一項之適用（四九臺
上一〇九三）。

②刑法第二條所謂有變更之法律，乃指刑罰法律而言，並以依
中央法規制定標準法第二條之規定制定公布為限，此觀諸憲
法第一百七十條、第八條第一項，刑法第一條之規定甚明。
行政法令縱可認為具有法律同等效力，但因其並無刑罰之規
定，究難解為刑罰法律。故如事實變更及刑罰法律外之法令
變更，均不屬本條所謂法律變更範圍之內，自無本條之適用
（五一臺非七六）。

③行政院依懲治走私條例第二條第二項專案指定管制物品及其
數額之公告，其內容之變更，對於變更前走私行為之處罰，
不能認為有刑法第二條之適用（釋一〇三）。

二、地之效力

（一）各國立法例

1.屬地主義　主張刑法之效力，限在一國領域內犯罪，不問犯罪人
為本國人抑為外國人，均有適用。

2.屬人主義　認為刑法之效力，應以犯人之國籍為準。凡犯罪人為
本國人，不論其犯罪在本國領域內，或在領域外，均適用本國法。

3.保護主義　主張刑法之效力，應以本國之利益為準，不問犯罪地
在國內國外，亦不問犯罪人為本國人或外國人，概受本國刑法支
配。

4.世界主義　凡屬犯罪行為，不問犯罪人為本國人或外國人，其犯
罪地在國內或在國外，亦不問被害者為本國抑為外國，均適用本
國刑法處斷。

5.折衷主義　即以一主義為本，兼採他主義補充。

我國刑法以屬地主義為本，其他主義補充之，即採折衷主義也。刑法第三條第一項第四條，採屬地主義；第三條第二項，採擴充屬地主義；第七條採屬人主義；第五條第一款至第五款及第六條（兼採屬人主義）；第八條，採保護主義；第五條第六款至第八款，採世界主義。至於第五條第五款所列第二百十六條之罪，不包括行使第二百十條、第二百十二條、第二百十五條之文書，但包括行使第二百十三條之文書（釋一七六）。

㈡刑法上規定

1.刑法及於國內之效力　凡在中華民國領域內犯罪者，均適用之。其在中華民國領域外之中華民國船艦或航空機內犯罪者，視為領域之延展，以在中華民國領域內犯罪論（第三條）。

2.刑法及於國外之效力　雖以屬地主義為原則，但有例外；例如第五條、第六條、第七條、第八條之情形，即其適例。同一行為雖經外國確定裁判，仍得依刑法處斷。但在外國已受刑之全部或一部執行者，得免其刑之全部或一部之執行（第九條）。所謂「免其刑之執行」，與「免除其刑」不同，前者乃科刑而免於執行，故法院裁判時除罪刑併舉外，並於主文內宣告之（二四、七刑會）。後者則為不予科刑，不可不辨。

三、人之效力

㈠原則

第三條規定「本法於在中華民國領域內犯罪者，適用之。在中華民國領域外之中華民國船艦或航空機內犯罪者，以在中華民國領域內犯罪論。」是以凡在中華民國領域內犯罪之任何人，無論國籍如何或有無國籍，均適用刑法。

㈡例外

1.國內法上之限制

(1)總統在職期間內，除內亂罪及外患罪外，非經罷免或解職，不受刑事上之訴究（憲法第五十二條）。

(2)國民大會代表在會議時，立法委員及監察委員在院內所為之言論及表決，對外不負責任，自不得依刑法限制之。

(3)聯合國在華召開各項會議，其出席代表、副代表、顧問、秘書，所享之特權及豁免，比照駐華外交官辦理。

2.國際法上之限制

外國君主、總統、外交使節、大使、特使、公使及其家屬隨從等人，基於國際慣例或條約上拘束，均享有治外法權，並不受刑法之適用。

第三章　犯罪之概念

一、犯罪之意義

犯罪，乃責任能力人於無違法阻卻原因時，基於故意或過失，所為之侵害法益，應受刑罰制裁之不法行為。故犯罪必須有行為，而其行為須有構成要件之合致性（行為之當罰性），與違法性（行為之可罰性）及有責性，始足當之。其成立要件有二：

(一)客觀的要件

1.行為之危險性　因其行為對於法益具有一定之侵害或危險，故又稱「構成要件合致性」。

2.行為之違法性　因其行為違反法律，而無違法阻卻原因之存在，具有超法規之性質。

(二)主觀的要件

1.責任能力　謂人基於一定行為，而有負擔刑事責任之資格，例如滿十四歲且精神狀態健全人之行為，始負刑責，否則其行為不罰。

2.責任條件　謂行為人須具備一定惡性，以支配其行為，始得加以處罰。刑法上所處罰之不法行為，以故意為原則，過失為例外（第十二條）。

犯罪之要件，與處罰之要件不同。蓋處罰要件，並非構成行為之侵害性，乃處罰一定行為之要件。如破產人在破產宣告前一年內或在破產程序中，以損害債權人為目的之詐欺破產罪，以宣告破產為其處罰要件（破產法第一百五十四條）。

二、犯罪之主體

犯罪者必為人，在自然人及法人，固皆得為犯罪之被害人，惟「刑止一身」為刑事立法之基本原則，法人機關所為之行為，本無從使負刑責，故刑法不認法人得為犯罪之主體。例外情形：

㈠僅罰法人之負責人或其有關人員者，如公司法第九條、第十五條、稅捐稽徵法第四十七條。

㈡法人與自然人同其處罰，惟法人僅罰其行為之董事、理事或其他執行業務之職員，如交易所法第五十五條。

㈢法人與自然人同負刑責，如礦業法第一百十七條，礦場法第三十條。此在學說上稱為「兩罰規定」。

㈣僅處罰工廠而不罰其負責人者，如工廠法第六十八條、第六十九條。

在特定犯罪，以具有一定身分或特定關係之人為其犯罪構成要件者，學說上謂之「身分犯」。所謂「身分」不僅指男女之別，親族關係，公務員資格等，乃汎稱犯人關於一定犯罪行為之人的關係之特殊地位或狀態而言。在以一定身分為犯罪主體者，例如非公務員不得為第一百二十條委棄守地罪之主體；非為他人處理事務者，不得為第三百四十二條背信罪之主體。亦有以一定身分為刑罰加重減免之事由者，例如非被害人之直系血親卑親屬，犯第三百零二條之妨害自由罪，不得依第三百零三條加重其刑；非有第一百六十二條第五項之身分而犯同條第一項之罪者，不得減輕其刑。至身分犯之態樣有二：

㈠純粹身分犯　即法律規定以一定身分為犯罪之主體，即第三十一條第一項「因身分或其他特定關係成立之罪者」，例如受賄罪、侵占罪、偽證罪及背信罪皆是。

㈡不純粹身分犯　即不以特定身分為構成要件之犯罪，而有特定身

分之人犯之，則生變更刑罰之效果，即第三十一條第二項「因身分或其他特定關係致刑有重輕或免除者」，例如懷胎婦女之自行墮胎罪（第二百八十八條），利用權勢性交或猥褻罪（第二百二十八條），此等犯罪，如無其身分者，縱成立他罪而非本罪。

　　身分犯之「身分」，非故意之對象，故關於身分之錯誤，不影響故意之成立；無身分者不得為身分犯罪之正犯，然無身分者加功於身分犯罪者，與有身分者同為身分犯罪之正犯，但因身分關係致刑有重輕或免除者，其無特定身分之人，則科以通常之刑（第三十一條）。例如甲與乙之子丙共同殺乙，甲丙雖為共犯，但甲乙間並無直系血親尊卑親屬關係，甲仍應依第二百七十一條第一項論罪（二七上一三三八）。

三、犯罪之客體

　　犯罪客體，指構成要件內容行為之對象，乃攻擊之目的物，殺人罪中之「人」即是，故又稱為「行為客體」。惟非一切犯罪皆有客體，例如不法留滯罪之「留滯」的消極行為（第三百零六條二項），公然猥褻罪之「猥褻」行為（第二百三十四條），偽證罪之「虛偽陳述」（第一百六十八條），誣告罪之「誣告」（第一百七十一條），均無行為客體。

　　犯罪客體與保護客體不同，後者乃國家以法律所保護之對象，一般稱為「法益」，自受犯罪侵害方面言，亦得謂之「侵害客體」。兩者區別：

犯　罪　客　體	保　護　客　體（法益）
①為犯罪構成之要素。	①非犯罪構成之要素。
②為感覺之對象（動產、書信）。	②為觀念之對象（生命、秘密）。
③為犯罪之形式客體。	③為犯罪之實質客體。
④為構成要件內容行為之對象。	④為合法存續之利益狀態。

　　法益，得分為國家法益、社會法益及個人法益三種，通常犯罪不必有被害人，但不能無法益。同一犯罪其被害人及被害法益每有數個，但宜以刑法上注重者為準，如誣告罪之誣告行為，對於被誣告人之名譽信用均有妨害，但誣告罪之內容，已將妨害名譽信用之犯罪一併吸收，被誣告人固得為犯罪之被害人而提起自訴（院一五六二），然刑法上以保護國家法益較個人法益為重，仍僅成立誣告罪名，並無妨害名譽或妨害信用罪之適用（二六滬上二）。蓋其侵害者為國家法益，並非同時侵害個人法益，自不生想像競合問題。

第四章　行為之侵害性

行為乃對於一定之法益，發生侵害或危險，其有無侵害性，應以其行為是否具備構成要件之事實為斷。是以行為之具有侵害性，必有主觀要素及客觀要素二種，前者在行為人主觀的意思，如第三百零九條公共侮辱罪之含有輕蔑意思之類；後者則為表現侵害性之行為，如第二百三十一條之「意圖營利」，第一百九十五條之「意圖供行使之用」，皆其適例。

一、作為與不作為

犯罪以積極的作為構成者，為作為犯，如舉刀殺人是；而犯罪以消極的不作為構成者，為不作為犯，如生母不哺乳嬰兒致其餓死是。不作為犯之形態有二：

(一)純正不作為犯

謂以不作為構成不作為犯者，即法律規定一定之作為義務，單純違反此等義務，即構成犯罪。蓋法律認為一定之犯罪行為，以作為之手段能犯之，以不作為之手段亦能犯之，具有可罰性之故。例如聚眾不解散罪（第一百四十九條），不為其生存所必要之扶養或保護罪（第二百九十四條第一項），不法留滯罪（第三百零六條第二項）。

(二)不純正不作為犯

以不作為構成作為犯，即原以積極之作為為構成要件內容之犯罪，而以消極之不作為犯之，如第二百七十四條之產母殺嬰罪，無論其以繩勒斃（積極行為）或不與哺乳致其餓斃（消極行為），均為殺人，在不與哺乳場合，即為不純正不作為犯，故在理論上，任何犯罪皆得有不純正不作為犯之存在。

　　在純正的不作為犯，其犯罪構成要件，於刑法分則中均有列舉規定（如第一百四十九條、第二百九十四條第一項、第三百零六條第二項），且不以結果之發生為必要。而不純正不作為犯，則在第十五條為概括規定，且行為與結果之間須有因果關係之聯絡，否則不負刑責。

　　不純正不作為犯之「作為」義務，係以下列事項做為根據：

　　㈠基於法令規定之作為義務　例如民法規定父母有養育未成年子女之義務，苟有殺害意思，故意不給飲食，終致餓斃，成立殺人罪。

　　㈡基於法律行為而生之作為義務　例如鐵路上負責施放信號之人，在危險事故時，有施放信號之義務，如故意不放信號，致火車傾覆，則因不作為成立刑法第一百八十三條第一項妨害往來交通危險罪。

　　㈢基於法理或公秩良俗之作為義務

　1.先行行為之防果義務　例如司機因過失撞傷行人（先行行為），不予救護開車逃去，致被害人因傷致死，司機應負傷害致死罪。

　2.誠信原則之告知義務　例如買賣設有抵押權登記之不動產，賣方故不告知，而使買方誤信交付價金，因其不作為成立詐欺罪。

　3.管理者防止事故之義務　例如房客知悉房屋瀕於火災，故不採取可得防止之措施，任其燃燒，應就其不作為負放火罪責。

　　第十五條第一項：「對於一定結果之發生，法律上有防止之義務，能防止而不防止者，與因積極行為發生結果者同。」同條第二項：「因自己行為致有發生一定結果之危險者，負防止其發生之義務。」此為不純正不作為犯適用之準則，因之，不作為之具有侵害性，必行為人具有作為義務，並居於可能防止發生結果之地位，始克相當（三〇上二四八）。至作為義務之發生，情形有二：

　　㈠法律上之防止義務　在法律上負有防止義務者，其行為之具有侵害性，蓋對於一定結果之發生，能防止而不防止，始與因積極行為發生結果者同。所謂「法律上有防止之義務」，以法律明文或其精神有防止之

義務者為標準（二四、七刑會，二四上一五一一、三一上二三二四）。至「能防止而不防止者」，採主觀說，以本人能力為標準（二四、七刑會）。故不以法律明文為限，即依契約或法律精神，足認有此義務者，均包括在內。

　　㈡因自己行為之防止義務　必因自己之行為，致有發生結果之危險者，始負防止義務。如在法律上並無防止義務，縱因其自己之不作為，發生一定之結果，亦不得適用第十五條第二項認為負有防止之義務。例如甲向乙借刀殺丙，乙雖明知甲之借刀係在殺人，但並不取回，丙果被殺，乙對甲之殺人並不負防止義務，僅負殺人之從犯罪責。

　　實例如下：

　　①上訴人將紅信水銀投入飯鍋內，如其犯意僅在毒殺其夫某甲一人，而於乙丙先後喫食此飯時，雖在場知悉，因恐被人發覺，不敢加以阻止，即係另一犯意，以消極行為構成連續殺人罪，應與毒殺某甲之行為，併合處罰（二九上一六八九）。

　　②上訴人為綜理某廠事務之人，就該廠設置之電網，本應隨時注意，防止其危險之發生，乃於其電門之損壞，漫不注意修理，以致發生觸電致死情形，顯係於防止危險之義務有所懈怠，自難辭過失致人於死罪責（三〇上一一四八）。

　　③被告前往某甲家，擬邀其外出觀看電影，某甲見被告衣袋內有土造小手槍，取出弄看，失機槍響斃命，被告所帶手槍，如果裝有子彈，即有阻止某甲弄看或囑其注意之義務，因不注意而不為之，即不得不負過失致人於死罪責（二九上二九七五）。

二、行為之階段

　　犯罪之行為，自動機以迄完成，其間所經歷之過程，為行為之階段。

第二十五條第一項「已著手於犯罪行為之實行」及第二十八條「二人以上共同實施犯罪之行為」各規定，均指其實行各該犯罪構成要件之行為而言。其階段如下：

（一）犯意

行為人決定為特定行為之心理狀態，其內在之意思未以行為實現之，則對外界無影響不予處罰，故有「任何人不因思想而受處罰」之法諺。第三百零五條之恐嚇危害公安罪，乃處罰其表示恐嚇犯意之行為，而非犯意之本身，並非對於犯罪決意之處罰。

（二）陰謀

依通謀或共謀而形成實行特定犯罪之共同決意，其本身原屬預備之一種，除刑法上有特別規定外，不予處罰。例如內亂外患罪各章（第一百條至一百零一條、第一百零三條至第一百零七條、第一百零九條、第一百十一條），均有處罰陰謀犯罪之規定，但非處罰犯罪之決心。

（三）預備

在著手實行犯意前，基於犯意所為之預備行為，因未達著手之程度，應以不罰為原則，惟重大犯罪雖屬預備，亦予處罰。例如第一百零一條內亂罪、第一百零七條外患罪、第二百七十一條殺人罪、第二百七十二條殺直系血親尊親屬罪是。預備行為有時可獨立成罪（第一百八十七條、第一百九十九條），此時其預備行為，刑法上已定為獨立犯罪，仍屬該獨立罪名之實行行為。又偽造印章而偽造私文書，其偽造印章，亦屬偽造文書之預備行為（三〇上三二三二）。陰謀與預備不同，前者為二人以上犯意之交換，須由二人以上共同為之，並僅限於犯罪之協議。後者已逾犯罪之決意而為物之準備，可能一人或二人分別為之，係包括著手以前之一切行為。

（四）著手

即開始為符合犯罪構成要件之行為，而著手為區分預備、陰謀與未

遂界限之重要概念，至關重要。何謂著手？學說有二：

  1.客觀說　認已否著手於犯罪之實行，應以行為為準，即從客觀上得以確定其所實行者，為犯罪內容之行為，如為殺人而殺人，為傷害而毆打。

  2.主觀說　以得認其遂行犯罪意思之行為為準，即以足認其犯意確實性或真摯性之行為，為實行之著手。

實例認為第二十五條第一項之「著手」，係指犯人對於構成犯罪之事實開始實行而言，其在開始實行前所為之預備行為，不能謂為著手，自無成立未遂犯可言（二五非一六四），故採「客觀說」。如僅著手於犯罪之加重要件，而未著手於犯罪構成要件之行為，亦不能認為已著手於犯罪行為之實行，不生未遂犯問題。例如爬牆進入庭院，正擬入室行竊，即為巡警逮獲，僅著手於刑法第三百二十一條第一項第二款竊盜罪之加重條件，而未著手搜取財物，不能論以竊盜之未遂犯。

實例如下：

  ①刑法第三百二十一條第一項各款所列情形，不過為犯竊盜罪之加重條件，如僅著手於該項加重之行為，而未著手搜取財物，仍不能以本條之竊盜未遂論。上訴人在某處住宅之鐵門外探望，正擬入內行竊，即被巡捕查獲，自難謂係竊盜未遂，至竊盜之預備行為並無處罰明文（二七滬上五四）。

  ②甲持鴉片請乙介紹出賣，乙雖同行，在途被獲，尚未著手實施，應不為罪（院解三三二二）。

犯罪之實行，乃實現符合犯罪構成要件事實之行為，其已否著手於犯罪行為之實行，應視其是否以實施犯罪之意思，而實行構成要件之行為為斷。例如某甲因懷恨被害人，遂於傍晚攜刀侵入被害人店內，潛伏其臥床下，擬乘機殺害，當被發覺拿獲，是其行為尚未達於實施之程度，僅應構成預備殺人罪（二九上二一）。

「著手」與「預備」之區分界限如何？依犯罪性質決之：

㈠隔離犯之著手

如以殺人之目的，郵寄毒餅，其郵寄行為開始即係著手，郵寄行為終了，即係毒殺行為實施完畢，縱郵遞之毒品中途遺失，致未發生結果，亦應論以殺人未遂。

㈡間接正犯之著手

利用他人無責任之行為，而實現自己之犯罪意思者，為間接正犯，例如利用未滿十四歲之人竊取他人動產是。因間接正犯之利用他人犯罪，無異自己使用工具實施犯罪，故如以殺人目的郵寄毒餅，於毒餅提出於郵局，業已著手。

㈢結合犯之著手

法律結合數個可以獨立致罪之行為，構成一個獨立新罪者，為結合犯（如強盜殺人）。結合犯既屬單獨之犯罪，行為人若以實施結合犯之意思，著手於犯罪內容之實行，已至足以識別全部犯意之程度時，自應認為結合犯之著手。例如以實施強盜之決心，而著手於脅迫之行為，即為強盜罪之著手，縱其結果未得他人財物，仍屬強盜未遂（二三非八五）。惟牽連犯係數個單獨可以成罪之行為，僅在處罰上發生合一關係，應分別就各個行為，論其已否著手，與結合犯情形不同。

㈣不作為犯之著手

在純正不作為犯，因違反一定之作為義務而成立，應以有作為義務而違反時為著手；至不純正不作為犯，由於違反作為義務而不作為，故於法律上應有一定作為，且在事實上為防止結果之發生，亦有作為之必要，而以犯罪之意思不作為時，即係犯罪之著手。

㈤過失犯之著手

故意犯與過失犯之差別，僅屬主觀之責任條件不同而已，其在故意犯中區別預備與實行之準據，皆得適用於過失犯，如因駕車疏於注意，

致生傷人之結果，其開始怠於注意之行為時，即為過失行為之著手。

犯罪，乃實行侵害性之行為，其以發生現實的侵害結果為要件之犯罪，稱為侵害犯，如殺人罪、竊盜罪、傷害罪、侵占罪、搶奪罪、強盜罪等是；其以發生侵害法益之危險為已足之犯罪，則為危險犯，如妨害秘密罪、妨害名譽罪、偽造貨幣罪皆是。至刑法分則各本條，有以致生一定之結果為其犯罪構成要件者，如第三百零五條之「致生危害於安全者」，第三百五十四條之「致令不堪用者」，皆其適例。

三、作為與因果關係

犯罪，有形式犯與實質犯之分，前者不以結果之發生為要件，自無因果關係可言，例如誣告罪之誣告行為終了，犯罪即已完成。後者則以結果之發生為必要，是其犯罪是否既遂，應以已否發生構成要件之一定結果為斷。例如用刀殺人未死，被害人赴醫途中，跌入水溝溺斃，其傷人行為與溺水死亡，能否認有因果關係，在實質犯而言，厥為重要問題。

行為與結果之間，有無因果關係？學說有二：

㈠條件說

以人之行為在論理上為引起結果發生之條件，即具體事實，無此行為，則無此結果時，其行為與結果間即具有因果關係。例如甲毆傷乙後，乙赴醫求治，中途跌斃，甲對乙之死仍應負責，因乙之跌斃與甲之毆傷，具有因果關係，甲應負傷害致死罪責。日本判例多採此說，然嫌苛刻，故多數學者不表贊同，理由如下：

1.以論理之觀念，推求行為之因果關係，範圍失之過廣。

2.社會上之現象，以論理法則觀之，無不有因果關係，不能以廣泛之因果關係，作為法律上之認定。

3.刑法之目的，在排除法益之侵害，摒除其他特殊偶然的因果關係。

㈡原因說

因果關係之判定，應就多數行為或事實中，分別其與結果之發生有重要關係者，以之為結果發生之原因，其他居於次要地位者，作為單純條件，不認為結果之原因。其中最受推崇者，為「客觀的相當因果關係說」，此說認條件與結果，依客觀的一般常識為標準，而定其因果關係，即基於事後審查，綜合行為當時所存在之一切事實，依客觀上之觀察，認為有此環境，有此行為，均有此結果之發生者，行為與結果間乃有因果關係。情形如下：

1. 如同一行為，從其行為當時之一般情形觀察，可以結合而發生構成要件之同一結果者，其行為即為結果發生之原因。例如甲毆傷乙，乙受傷後，因貧不能就醫，以致死亡，甲應負傷害致死罪責。

2. 行為所生有原因力之條件，與行為非必然有結合之可能者，行為與結果自無因果關係。例如甲毆傷乙，乙受輕傷，入院治療，適病房失火，因傷未能逃出，終致焚斃，甲之傷害對死亡結果並無原因力。

3. 行為與行為後發生之事實，各自均為發生結果之獨立原因者，行為與結果間之因果關係，不因後發之事實，而生影響。例如甲毆乙，乙受重傷，一時未死，丙又舉槍擊斃，則甲之行為與乙之死亡，仍有因果關係。

實例上採客觀相當因果關係說，其與條件說根本上之差異，端在因偶然條件之介入，不負刑責。

實例如下：

①對於有病之人，用木棍鐵器毆擊成傷，以促其早達死亡時期，仍不能不負傷害致死罪責（二二上二七八）。

②刑法上傷害致人死罪，必死亡由傷害而生，始有因果關係，若被害人於受傷後，由於自己之別種原因，以致死亡，尚不得謂死亡為傷害之結果，即難成立該罪（二三上一六六）。

四、不作為與因果關係

在純正不作為犯，不以結果之發生為必要，自無因果關係可言。不純正不作為犯，得為結果發生之原因否？學說有二：

㈠消極說

不作為乃消極之狀態，並無外界之舉動，自無發生結果之可言，故不作為與結果間，不能認為有因果關係。

㈡積極說

主張行為人負有防止結果發生之義務，因違反義務，致生積極之結果，具有因果關係，又有三說：

1. 他行為說　行為人依法律負有防止結果發生之義務，乃違反其義務，而為其他積極行為，致結果發生者，其積極行為，即為結果發生之原因。例如乳母圖餓斃嬰兒，不為哺乳，而為裁縫，此種「裁縫」即為積極行為。

2. 先行為說　以不作為須與以前之積極行為相結合，方為結果發生之原因。例如乳母受僱看顧嬰兒，怠於哺乳，致小兒餓斃，此之「受僱」即為積極行為。

3. 他因利用說　對其因果關係之進行有支配力，得防止其結果之發生而不防止者，即係利用他原因促使結果之發生，與自己使其發生者同。例如甲本得制止其犬咬乙，竟不加制止，即與唆使犬傷乙者同。

由刑法第十五條觀之，不作為在法律上與積極行為同其價值，亦得為結果發生之原因，故承認不作為之有原因力。行為人對於結果之發生，在法律上本有防止之義務，且能防止而不防止，致生一定之結果，自足為結果發生之原因。

五、因果關係之中斷

在因果關係聯絡中，有其他事實介入，該事實對於結果繼起因果關係，致原有之因果關係為之中斷，學說上稱為「因果關係中斷」，條件有二：

㈠須前行為對結果依條件說認為有因果關係。

㈡須以後介入之事實對於結果獨立發生因果關係。

通常介入之情形，不外兩端：

㈠前行為與結果之因果關係中，忽有獨立之原因力介入，而介入之原因力與前行為並無相因而生之關係者，如甲以足以致死量之毒藥，與乙服食，在毒發之前，丙開槍將之射死，因果關係中斷（二九上二七〇五）。

㈡因前行為而生後行為，後行為介入前行為與結果間，獨立發生原因者，例如甲毆傷乙，嗣丙以車送其就醫，行至中途，丙故意覆車，致乙死亡，則丙之覆車行為與甲之傷害行為相因而生，並獨立發生死亡結果，甲行為之原因力因而中斷。

又所謂「責任更新」，乃以前之行為人於行為後，有他人之行為介入，其因果關係並非中斷，乃後之行為人與最終結果之發生，另生獨立責任，即介入行為對於結果既發生責任關係，前行為對於結果之責任，遂因之而更新。例如甲以毆人之意思，與乙以重傷，尚未發生死亡結果時，有某丙復以殺乙之意思對其致命部位予以重擊，致乙立時身死，甲之殺人行為因丙之介入，而更新責任，甲祇負殺人未遂，而丙則負殺人既遂罪責。

六、結果加重犯

因一定行為致生超越犯意所預見之重果，法律就此重果科以較基本

行為為重之刑責之犯罪，為結果加重犯，如傷害致死罪是。此為客觀主義之產物，其基本犯罪與重果之間，如在客觀上具有論理因果關係，即行成立。第十七條規定：「因犯罪致發生一定之結果，而有加重其刑之規定者，如行為人不能預見其發生時，不適用之。」此之「能預見」與「有預見」異，在「能預見」指客觀情形，與主觀上有無預見不同，如主觀上有預見又不違背其本意，則為故意（四七臺上九二〇），其能否預見，應依通常觀念決之，故其加重結果之發生，出於偶然，為行為人所不能預見，自不適用加重規定。實例認為：

①加重結果犯，以行為人能預見其結果之發生為要件，所謂能預見，乃指客觀情形而言，與主觀上有無預見之情形不同，若主觀上有預見，而結果之發生又不違背其本意時，則屬故意範圍（四七臺上九二〇）。

②刑法上之加重結果犯，以行為人對於加重結果之發生有預見之可能為已足，如傷害他人，而有使其受重傷之故意，即應成立刑法第二百七十八條第一項使人受重傷罪，無論以同法第二百七十七條第二項傷害人之身體因而致重傷罪之餘地（六一臺上二八九）。

加重結果犯之處罰，以有特別規定者為限（如第一百二十五條第二項、第三百零二條第二項、第三百二十八條第三項等是），而其「能預見」包括第十四條第二項之過失情形在內。故加重結果犯之「預見」，係「能預見」，而非「有預見」，例如傷害致人於死罪，固以行為人能預見其結果發生者，始得適用，但行為人在第三人毆擊被害人時，在場喝打，則此種傷害行為足以引起死亡之結果，在通常觀念上不得謂無預見之可能，行為人對於被害人因傷致死，即應負責（二九上一〇一一）。

加重結果犯，須告訴乃論時，其基本的犯罪未經告訴，致缺乏訴追條件者，如強姦致人於死罪，其強姦部分未經告訴無從訴追，如其加重

結果之發生，具有過失情形時，固依過失致人於死論科，如無過失則無從處罰。

第五章　行為之違法性

一、違法性之概念

　　行為之構成犯罪，除具備犯罪構成要件之侵害性外，尚須含有違法性，此種違法性在違背公共秩序及善良風俗之法的秩序；故從法律之基本精神言，犯罪構成事實雖亦侵害法益，然其行為並無違背法律之精神者，即無反社會性，自不成立犯罪，如檢察官執行死刑，形式上雖為殺人，但實質上係依法令之行為，並無違法性是。行為之所以構成犯罪，以其為違法之故，在作為犯係因違反不作為義務而成立，不作為犯又係違反作為義務而成立，故行為之具有違法性始足以成立犯罪，乃作為犯與不作為犯之所同。

二、阻卻違法之事由

　　行為之外形，具備刑法分則所定之犯罪構成要件，而因別有法律上之原因，並不認其為違法者，學理上稱為「阻卻違法之事由」。得分兩類：

1. 權利行為（正當行為）　相對人應忍受其行為所發生之結果，如依法令之行為，依業務之正當行為，依屬於上級公務員命令之職務上行為，正當防衛行為均是。

2. 放任行為（緊急行為）　其行為雖不與權利受相同之保護，亦不認為犯罪，乃法律上之放任行為，故相對人得為其自己之利益，而對抗其行為，如緊急避難行為是。

依刑法規定，得為阻卻違法之事由如次：

㈠依法令之行為

第二十一條第一項：「依法令之行為不罰」，此之所謂「法令」，舉凡

刑罰法規以外之一切法律命令，均包含在內。

1. 公務員之職務上行為　如司法警察官對於被告抗拒拘提逮捕脫逃者，得用強制力為之（刑事訴訟法第九十條），但超過必要程度，即非法之所許，不得認為依法令之行為（三〇上一〇七〇）。

2. 依法令逮捕現行犯之行為　現行犯不問何人，得逕行逮捕之（刑事訴訟法第八十八條），故其逮捕行為，為法之所許。惟無偵查權之人於逮捕後，應送交有偵查權之人，否則構成妨害自由罪（二八上二九七四）。

3. 親權人之懲戒行為　如民法第一千零八十五條規定，父母或監護人於必要範圍內，懲戒子女，均不構成犯罪。

4. 監護行為　如民法第一千零十二條第二項規定，監護人於必要時，得將受監護人送入精神病院或監禁於私宅，不成立第三百零二條之私行拘禁罪。

5. 自助行為　如民法第一百五十一條規定權利人因不及受官署之援助，且非於其時為之，則其權利不得實行或實行顯有困難時，為保護自己權利，對於他人之自由或財產，施以拘束押收或毀損，不構成犯罪。

6. 自棄行為　凡損害自己法益之行為，原則上不為罪，如夫婦吵架，氣憤難忍，遂將自己衣物撕毀，不成立毀損罪是。但有例外：

    ①放火燒毀自己所有物（第一百七十四條二項、第一百七十五條二項）。

    ②決水浸害自己所有物（第一百七十九條二項、第一百八十條二項）。

    ③懷胎婦女自行墮胎（第二百八十八條）。

    ④破產財產之處分（破產法第一百五十四條至第一百五十六條）。

⑤意圖避免徵兵處理故意毀傷身體（妨害兵役治罪條例第三條第三款）。

7.得被害人承諾之行為　行為人得法益所有人之承諾或受其囑託而為損害法益者，阻卻違法，但被害人須有同意能力始可。例如無故侵入住宅罪（第三百零六條第二項），擅拆封緘文書罪（第三百十五條）均是。惟公益上犯罪，雖得被害人承諾，亦不影響犯罪之成立，例如對於未滿十四歲之男女為性交或猥褻者，仍以準強制性交或猥褻罪處斷（第二百二十七條）。如其構成事實，係以未得被害人之承諾為要件，如偽造文書罪之偽造，既得名義人之承諾，或受其囑託者，除具有別種犯罪要件外，足以阻卻偽造文書罪之構成（二八上三六八九、二九上一一九六）。

(二)**依所屬上級公務員命令之職務上行為**

第二十一條第二項：「依所屬上級公務員命令之職務上行為不罰，但明知命令違法者，不在此限。」必為所屬上級公務員之命令及職務上之行為，始克相當，如公務員於所犯之罪名成立後，嗣後參入上級公務員之命令，仍不能阻卻犯罪之成立（二九上三四八）。而「明知」二字，採實質說，不論形式是否具備，均構成犯罪（二四、七刑會）。

(三)**依業務上正當行為**

業務上之正當行為不罰（第二十二條），此之「業務」，謂持續從事特定業務，而不違背公秩良俗；而其「正當」，必其行為不逾業務上必要之程度，例如病人僅一指中毒，並無涉及全身之虞，醫師竟割斷其手腕，此非業務上所必要，仍應分別情形，依過失之例處斷。

(四)**正當防衛行為**

對於現在不法之侵害，出於防衛自己或他人之權利，所為之適當反擊行為，即屬正當防衛，例如甲被盜追趕，迫不得已，自行出刀互鬥，縱傷及盜，亦為正當防衛。

1.理論依據　學說有四：

⑴放任行為說　以正當防衛行為，乃因一法益與他法益不能兩立，且其出自急迫，不及受官署援助，放任當事人之自力救濟。

⑵意思喪失說　以不法之侵害，係來自急迫，行為人為防衛自己之權利，心理上受有刺激，致喪失意思自由，故不令負刑責。

⑶權利行為說　以其侵害既為不法，對之施行防衛，乃基於權利而來。

⑷法律與社會利益說　認不法行為含有反社會性，人人皆得加以防衛。

權利應受法律之保護，遇有外來不法之侵害，固得依賴公力，惟其不法之侵害出自急迫，不及受公力保護，若不許自力救濟，則正當之權利，勢將無法保全，在權利本能上，對於不法侵害，得施以防衛者，乃權利行為，不法侵害者，即應忍受其攻擊，故通說主張「權利行為說」（正當防衛權）。實例上認為，被告因買菜與菜販某甲爭論價錢，某甲遂用扁擔將其手腕打傷，被告用拳攔格，致傷某甲左脅肋，登時身死；該甲用扁擔毆打，既屬不法侵害，則被告用拳攔格，即難謂非防衛權之作用（二五上一八六五），即有此趨向。

2.成立要件　第二十三條規定：「對於現在不法之侵害，而出於防衛自己或他人權利之行為不罰，但防衛行為過當者，得減輕或免除其刑」，其要件為：

⑴須有不法侵害之存在　僅有客觀上之違法為已足，不必主觀上具備責任要件，且不法侵害亦不以可罰者為限，故對於無責任能力人及無故意過失之行為，均無妨為正當防衛。而不法侵害係指自然人之侵害，動物之動作乃自然之現象，不生正當防衛問題。又不法侵害，指單方面之侵害，若相互間之侵害，亦無正當防衛可言，例如互毆行為或互相射擊，均不得主張正當防

衛（二〇非九三）。

(2)須為現在之侵害　所反擊之侵害係屬現在，其情形是否急迫，則非所計。侵害是否「現在」，以其侵害行為已否終了為斷，與犯罪已否完成不同，且與侵害狀態有異，如其侵害行為業已過去，縱其侵害狀態尚在繼續中，亦不得主張正當防衛。如甲開槍擊乙，經乙將槍奪取，當時不正之侵害業已除去，乙復將甲擊死，不能更為正當防衛之主張（二二上九一五）。對於將來有侵害之虞，而為先發制人之行為者，亦無防衛可言，例如因見被害人身帶尖刀，勢欲逞兇，即以扁擔打去，拿得尖刀，將被害人殺死，不得認為排除侵害之行為（二七上二八七九）。

(3)須因防衛自己或他人之權利　「他人」兼指自然人及法人而言（院解二九七七），「權利」則包含生命、身體、自由、財產、名譽及貞操等法益，在公法益（現行犯之逮捕）受侵害時，亦得主張之，惟國家之拘禁力，不在權利範圍之內，如執行拘禁之公務員，追捕脫逃罪犯，而將其擊斃，並不適用正當防衛之規定（院二四六四）。

(4)須防衛行為不過當　防衛行為須不逾必要程度方克相當，是否「過當」，須就實施防衛之行為，是否逾越必要之程度而定，不能專以侵害行為之大小及輕重為判斷之標準，尤不以出於不得已之行為為要件（二八上三一一五，院七八五，二六渝上一五〇二，四八臺上一四七五）。至如何之防衛，方為適宜？情形有三：①自法益與方法言，侵害與防衛以求其均衡為原則，如對於單獨小偷，加以射殺致死，即為過當。②就人數與力量言，如侵害者只有一人，毋庸有多人之防衛；然侵害者有萬夫其敵之勇，雖有多數人為之防衛，亦非過當。③被害法益確係關係重大者，縱因實行防衛而致加害人於死，亦非過當。如本夫見

姦夫與其妻通姦，氣忿難忍，撿石擊中姦夫後腦致死，當時為防衛夫權，縱有傷害之認識，而具備正當防衛之條件，亦不能認為超越必要之程度（五上五一）。惟依院解字第三四〇六號解釋，此等情形，不得認為正當防衛，至能否認為當場激於義憤而殺人，應依實際情形定之。

3. 過當防衛（過剩防衛）　在過當之防衛得「阻卻責任」，但非阻卻違法之事由。因超越防衛行為必要程度，其超過部分雖與防衛行為有關，但究屬濫用權利加害他人，不能謂無違法性，故過當防衛不能阻卻違法，僅得減免其刑（第二十三條但書）。是否過當？應以防衛權是否存在為前提，如其行為與防衛要件不合，不生是否過當問題。故過當防衛乃為阻卻責任之原因，而非阻卻違法之事由，與正當防衛之為阻卻違法原因者，在性質上不同。實例如下：

①防衛過當以有防衛權為前提，被害人已受傷逃逸，則其不法侵害業已過去，上訴人猶復持斧追往砍殺多傷，自不成立防衛行為，更何過當之可言（二九上三一七）。

②某甲於被某乙槍傷後，因氣忿不平，持鐵鍬毆打某乙，仍不外一種報復行為，自不生正當防衛問題（二九上二六六二）。

4. 誤想防衛　本無正當防衛原因之存在，誤認為有，而實施正當防衛行為者，謂之「誤想防衛」。此係非出於故意之行為，應為不罰。惟應注意而不注意，又非不能注意，法律有處罰過失犯之問題時，仍應負責（三九上五〇九）。誤想防衛之行為，為客觀上侵害他人法益之違法行為，而非阻卻違法之事由，惟行為人在主觀上欠缺事實之認識，故阻卻故意，不成立故意犯，在實質上乃事實錯誤，即責任問題，與違法問題無關。故誤想防衛，僅得阻卻故意，如有過失仍應負責。

實例如下：

①自衛隊丁某乙守衛隊部，望見鄉丁某甲背槍行近隊部門前，誤認為匪，開槍將其擊斃，尚非有犯罪之故意。惟某乙對某甲之是否盜匪，原應注意辨認，如當時情形能注意而不注意，則某乙應負過失致人於死罪責（院三八一九）。

②防衛是否過當，應以防衛權存在為前提，若其行為與正當防衛之要件不合，僅係錯覺防衛，當然不生是否過當問題。被告充當聯保處壯丁，奉命緝捕盜匪，正向被人誣指為匪之某甲盤問，因見其伸手撈衣，疑為取槍抗拒，遂向之開槍射擊，當時某甲既未對被告加以如何不法之侵害，則被告之防衛權根本無從成立，自無防衛過當之可言。至被告因見某甲伸手撈衣，疑其取槍抗拒，誤為具有正當防衛權，向其槍擊，固係出於錯覺防衛，而難認為有犯罪之故意；惟被告目睹某甲伸手撈衣，究竟是否取槍抗拒，自應加以注意，又非不能注意之事，乃貿然開槍致某甲受傷身死，仍與過失致人於死之情形相當（二九上五〇九）。

誤想防衛，乃因行為人誤認防衛行為之存在，故此項錯誤行為，仍具違法性，僅阻卻故意責任而已。而過當防衛乃超過正當防衛必要程度之加害行為，既屬違法，亦不阻卻故意，惟以欠缺客觀之期待可能性，因而阻卻責任，二者在性質上有異也。是以誤想防衛因行為人所想像之防衛事由開始時即不存在，此項錯覺阻卻故意，而使犯罪之責任不成立；而防衛過當係超過緊急防衛程度之加害行為，故仍屬違法，不阻卻故意，犯罪當然成立，本質不同，不可不辨。

㈤**緊急避難行為**

當緊急危難之際，因避免自己或他人之權益遭受損害，於不得已之狀態下，侵害第三人之行為，即為緊急避難。例如甲乙同時落水遇難，

甲奪取乙所持之木板，乙因而溺斃是。

1. 理論依據　學說有三：

(1) 放任行為說　認權利相互間發生衝突，勢難兩全，為保全自己利益，犧牲他人利益，其行為雖不為法律所不保護，亦不為法律所禁止，乃緊急狀態下之放任行為。

(2) 意思喪失說　在緊急狀況下，行為人因危難急迫，已喪失自由意思，其所為之行為不外無意識之行為，法律不予處罰。

(3) 權利行為說　緊急危難之際，自救或救護他人，乃人類之本能，故明定為不罰。

　　緊急避難之所以阻卻責任者，因行為人在避免危難時，無為適法行為之期待可能性，且係避免現在之危難，而侵害正當第三人之利益，具有「正對正」之關係，與正當防衛之係「正對不正」者不同，故通說皆認為放任行為。

2. 成立要件　第二十四條第一項規定：「因避免自己或他人生命、身體、自由、財產之緊急危難，而出於不得已之行為不罰。但避難行為過當者，得減輕或免除其刑。」其要件為：

(1) 須有緊急之危難　法益須有發生損害之危險，不問人為（仇人追殺），自然（洪水來襲），動物（猛犬咬人）均得主張；因自己過失而發生之危難，亦得為之。

(2) 須避免自己或他人生命、身體、自由、財產之損害　不論為救護自己或他人權利，皆無不可，惟限於上列四種權利，名譽權不在其內。

(3) 避難行為須出於不得已　此之「不得已」指除侵害第三人法益外，別無他法可行。如二人同遭水難，適有救生艇駛來，不上艇內，故奪他人所持木板，以為自救，即非不得已之情形。此項救護行為，得為阻卻違法之事由，有補充原則與權衡原則之

適用：①補充原則：避難是否為保全自己或他人之法益，而出於唯一最後之方法。②權衡原則：在保全輕微法益，是否得予實施緊急避難，須衡量實際情形定之。

實務上以緊急避難所救護之法益，其價值不必相等，或輕於因救護所損害之法益（院七八五），且依第二十四條第一項但書其避難須出於不得已，而非侵害他人之法益，別無救濟之途徑（二四上二六六九）。

(4)避難行為須不過當　即不超過必要之程度，祗問避難行為是否必要，至於救護之之法益與避難行為所加之損害，是否均衡，則非所計。如屬過當，得減免其刑。

(5)須無公務上或業務上之特別義務　第二十四條第二項：「前項關於避免自己危難之規定，於公務上或業務上有特別義務者，不適用之。」例如消防隊員，為逃避火患以致傷人，或醫師避免傳染而遺棄患者皆是。

正當防衛與緊急避難之異同：

㈠同點

①自救行為，並為阻卻違法之原因。

②保全自己或他人法益之行為。

㈡異點

正 當 防 衛	緊 急 避 難
①「正對不正」之行為。	①「正對正」之行為。
②排除他人不法之侵害。	②避免緊急危難之發生。
③反擊之對象限於加害人。	③侵害任何第三人法益。
④權利行為。	④放任行為。
⑤受現在不法侵害之人皆得行使。	⑤公務或業務上有特別義務者不適用之。
⑥對人類之反擊行為。	⑥不限於人類,即自然力侵害亦得為之。
⑦對於一切權利皆得主張。	⑦在名譽受侵害時不得為之。
⑧以他人不法侵害為前提。	⑧以有危難之發生為前提。

第六章 行為之有責性

具有侵害性及違法性之行為，所以構成犯罪者，蓋行為人就其行為負有責任，即其實施構成要件之違法行為，係出於行為人社會上所責難之心理上狀態，必因其行為而侵害法益，並有決定實施其行為之意思，始令負刑責，故缺乏理解能力及其決定意思之心理狀態，縱其行為具有侵害性及違法性，亦無從使負若何罪責。

一、責任能力

責任能力乃是非辨別能力，亦即自由意思決定能力；在責任能力之有無，以有無刑罰適應性為斷，故亦為「刑罰能力」。

㈠無責任能力人

1. **幼年人** 未滿十四歲人之行為不罰（第十八條第一項），此之「未滿」者，不連本數計算，至刑法條文上有「以上」或「滿」者，則連本數計算。惟責任年齡以行為時為準，故行為時未滿十四歲，裁判時已滿者，仍為無責任能力人，其行為不罰。所謂「不罰」，乃不予處罰，然得按其情節，依刑法第八十六條第一項施以保安處分。至於利用未滿十四歲人犯罪，行為人雖因無責任能力而不罰，然利用人應成立間接正犯，而非教唆犯。

2. **心神喪失人** 心神喪失人之行為不罰（第十九條第一項），所謂心神喪失人，指心神完全喪失之人，如精神病、意識全失、精神發育不全、衰老狂等是。且以行為人於行為時之心理狀態為準，如其行為時心神狀態，達於全無意識之程度，行為不罰，不論心神喪失為一時的或循環的，故患有間發性精神病者，其行為人有無責任能力，仍應以行為當時是否在心神喪失中為斷（院一七七一，

二四上二八四四,二六渝上二三七,二九上八六六)。至於「酗酒」,得為阻卻責任之事由否? 仍應視其行為時是否在精神喪失或耗弱間,且有無犯罪意思為準 (二八上三八一六)。如在心神喪失中則為不罰,若因酗酒以致精神耗弱,則依第十九條第二項得減輕其刑。

㈡限制責任能力人

1. 精神耗弱人　乃精神上有障礙未至完全喪失之人,如癲癇、白痴等是。此等之人得減輕其刑(第十九條第二項),但於犯罪之成立,並無影響。至是否減輕其刑,亦以行為時之精神狀態為準,行為前後縱有精神耗弱情形,仍不得為減輕之原因。

2. 瘖瘂人　指啞且聾之人,如聽能與語能,兩者尚具其一,則非刑法上之瘖瘂人。且須在出生及自幼瘖瘂始克相當 (院一七○○)。

3. 少年人　十四歲以上未滿十八歲人之行為,得減輕其刑 (第十八條第二項),並設有保安處分規定,且不許處以死刑或無期徒刑,其本刑為死刑或無期徒刑者,減輕其刑,但犯第二百七十二條第一項之殺直系血親尊親屬罪者,不適用之 (第六十三條)。

4. 老年人　滿八十歲人之行為,得減輕其刑 (第十八條第三項),仍以行為時已否滿八十歲為準,已滿八十歲之人不得處死刑或無期徒刑,其本刑為死刑或無期徒刑者,減輕其刑 (第六十三條),此為「必減」,乃本於道德觀念而設。

二、責任條件

責任條件,乃行為人關於侵害法益之一定意思態度,亦稱為責任意思。刑法第十二條定曰:「行為非出於故意或過失者不罰;過失行為之處罰,以有特別規定者為限。」是以故意為一般犯罪之要件,不待列舉,而過失行為之處罰,則採列舉規定,至被害人是否與有過失,並非所問,

此與民事責任有異。過失行為之仍應處罰者，蓋此等犯罪，關係公共秩序與社會安寧，至為重大，使偶因欠缺注意之人，盡其必要之注意義務，期使適合社會生活，例如第二百七十六條之過失致人於死罪，第二百八十四條之過失傷害罪，第一百七十三條第二項及第一百七十四條第三項之失火罪，均其適例。

(一)故意

對於犯罪事實具有認識，而希望其發生之內心意思，即為故意。然故意是否以具有犯罪事實之認識為已足，抑更須就其事實之發生有意欲或希望為必要，學說有二：

1. 認識主義　故意之成立，以有犯罪事實之認識為已足，並不以希望其發生為必要。例如甲放火燒燬乙之住宅，致將在內之丙燒死，此時甲之放火，並無燒死乙之希望，惟其放火時，明知丙在內，自有殺丙之預見，仍應負殺人既遂罪責。

2. 希望主義　故意之成立，不特行為人對於犯罪構成事實，須有認識，且意欲其發生，始克相當。例如甲開槍射乙未死，適乙之友丙前來勸阻，甲以令其同歸於盡意思，再射一彈，丙終致斃命，甲對乙丙均負故意殺人責任，蓋其希望乙丙死亡故也。

　　行為人對於構成犯罪之故意事實，明知並有意使其發生，抑預見其發生而不違背犯人本意，其構成故意則一，均採希望主義，並以「知」與「望」為其故意之要件，實務上持此見解，觀之下列各例自明：

　　①刑法第十三條之「故意」，採希望主義（二四、七刑會）。

　　②關於故意之規定，不僅以認識為已足，故故意之內容除認識外，更以希望結果之發生為其要素（二二上四四八四）。

　　③刑法關於犯罪之故意，係採希望主義，不但直接故意須犯人對於構成犯罪之事實，具備明知及有意使其發生之兩個要件，

即間接故意，亦須犯人對於構成犯罪之事實，預見其發生，且其發生不違背犯人本意時，始能成立（二二上四二二九）。

犯罪之決心，皆有其一定之遠因，遠因即為「動機」，如女友移情別戀，遂約其外出放毒致死，此之「移情」即屬犯罪之動機，但非故意之要件，祇為科刑時所審酌之事項（第五十七條第一款），惟於特殊之犯罪，亦有以之為構成要件者，情形如下：

1. 以動機為犯罪成立要件者：如第一百六十九條、第一百七十條之誣告罪，凡刑法分則中有「意圖」者均是。

2. 以動機為犯罪加重要件者：如第一百八十七條之公共危險罪、第二百四十條第二項之和誘罪、第二百四十一條第二項之略誘罪。

3. 以動機為犯罪減輕要件者：如第二百七十三條之義憤殺人罪。

「故意」與「動機」有別：故意與行為有直接之關係，動機則否。在故意則萬事如一，即認識犯罪事實，決意為之；動機則隨事而異。故意得在刑法分則中，為一般抽象的觀察；動機須就所犯各罪，為個別的具體審查。故意為犯罪之一般要件，其範圍依法律之規定；動機對於犯罪之成立及其性質，原則並無影響。

1. 故意之要件

　(1)認識（知的要件）　須就犯罪之構成事實，具有認識，並對行為之客觀的違法性及侵害性，均有認識始可。至於不屬犯罪構成要件之責任能力，則無認識必要，從而誤信自己為無責任能力人，而實施犯罪行為，不阻卻故意。

　(2)決意（意的要件）　即使犯罪事實發生或容認其發生之決心，行為人有行為之決意，即已充分表現其行為之反社會性，應受非難，故為責任條件之故意的要件之一。

2. 故意之形態

　(1)直接故意與間接故意

①直接故意　行為人對於構成犯罪之事實，明知並有意使其發生的心理狀態。故第十三條第一項定曰：「行為人對於構成犯罪之事實，明知並有意使其發生者，為故意。」即係此意。「明知」須行為人主觀上對於構成犯罪事實明知而確切無疑，如未有確切之認識，仍不能以明知論（二三上一九八九）。凡刑法分則中以「明知」為意思要件者，皆為直接故意。例如第一百二十五條第一項第三款、第一百二十八條、第一百二十九條第一、二項、第二百十三條至第二百十五條、第二百五十四條、第二百五十五條第二項、第二百八十五條均是。又如上告人意圖略取某甲，先至乙家內搜索未獲，復在丙屋內將甲拖出，上告人明知為兩家，而先後侵入，應認為構成略誘一罪，與無故侵入人宅二罪，依數罪併罰之例處斷（九上二八六）。

②間接故意　行為人對於構成犯罪之事實，預見其發生，而其發生並不違背其本意者，為間接故意。第十三條第二項規定：「行為人對於構成犯罪之事實，預見其發生而其發生並不違背其本意者，以故意論。」此之「明知」與「不違背其本意」，均須就行為人主觀意思決之。且犯罪構成事實之認識，以具有一般之認識為已足，並不以具體的認識為必要，如誤甲之白紙為書籍而竊取之，仍成竊盜罪。實例認為甲起意殺乙，置毒餅內送乙，乙雖未食，甲對乙自成殺人未遂罪。如乙以餅貽送丙食，及丁之嚐食，甲亦預見而不違背本意，則甲對於丙丁亦有殺人之間接故意，應成殺人未遂罪（院三五五）。又如上訴人某甲充任糖廠警察，某日夜間巡邏，發覺宿舍被竊，向前追查，黑暗中聞籬笆有人聲響，對之開槍，致廠工某乙中彈身死，此項事實之發生，既為上訴人所預見，且不

違背其本意，依刑法第十三條第二項規定，仍應認有殺人之故意（三八臺上二九）。

(2)確定故意與不確定故意

①確定故意　行為人對於構成犯罪之事實，有確定之認識，而決意實施，通常情形之犯罪故意，大都屬之。例如甲用刀殺乙斃命。

②不確定故意　行為人認識構成犯罪之事實，可能存在或可能發生，而聽任發生，且其發生不違背其本意。又可分為：

　a.客體不確定故意　行為人對於結果之發生，雖有確定之認識，但其客體並無確定。態樣有二：一為概括故意，即行為人對於構成犯罪事實之發生，僅有概括之認識，如向群眾開槍，何人中彈身死，並不確定。二為擇一故意，乃行為人對於構成犯罪事實之發生，雖無確定之認識，但就數個客體中，擇一使其發生，如甲向乙丙二人砍去，圖殺其一。

　b.結果不確定故意　行為人對於構成犯罪事實結果之發生與否，並無確定之預見，而其發生並不違背其本意者，又稱為「未必的故意」。此等情形，對結果發生之可能性有認識，但不否定結果之發生（即容認結果之發生）。例如在山上行獵，開槍射鳥時，明知有乙在旁，乙是否被擊斃，並不確定。

實例如下：

　(a)與人口角順手拾石，向空拋擲，石落致將對方擊傷者，其擲石行為明係具有不確定之故意，且已生傷害之結果，自不得以過失論（六非一）。

　(b)上訴人既對準巡捕開槍，則該巡捕有中彈身死之可能，當

然為上訴人所預見。上訴人縱非有意致該巡捕於死地，而
該巡捕竟中彈身死，究與上訴人之本意不相違背，依刑法
第十三條第二項規定，仍應認為有殺人之故意（二六滬上
六四）。

(3)單純故意與預謀故意

①單純故意　由於偶然刺激，突然決意實施犯罪，例如甲乙發
生口角，甲臨時起意殺乙，隨取菜刀追殺，乙因而斃命，則
甲係屬單純故意。

②預謀故意　經深思熟慮而生犯罪決意，例如甲與乙有隙，久
思加害，預購毒藥乘機下手是。此種經深思熟慮而生犯罪之
決意，是為預謀故意。

(4)實害故意與危險故意

①實害故意　行為人決心侵害法益結果，而為行為之心理狀
態，例如殺人罪之「殺人」。

②危險故意　行為人僅有對於法益予以危險之認識與決心，而
從事特定行為之心理狀態，例如恐嚇危害於公安罪之「恐嚇」。

(5)積極故意與消極故意

①積極故意　行為人確知其行為必生特定之結果，而積極促其
實現之決心。例如甲欲殺乙，明知槍能殺人，仍持槍射殺，
致乙斃命。

②消極故意　行為人預見發生結果之可能性，而消極不為防
止，容認其發生之決心。例如甲將煙蒂丟入大堆字紙中，發
見後任其燃燒，不加防止。

(6)事前故意與事後故意

①事前故意　即故意出於犯罪事實發生前者，例如甲以殺乙之
意思，加以毆打，誤為已死，投之於水，而致淹斃。此種情

形，為故意之延續，實例認係故意犯。

②事後故意　即故意基於犯罪事實發生後者，例如甲與乙有隙，某夜誤以毒藥與乙服食後，經發覺，不加救治。故意之有無，應以行為當時行為人之意思為準，在事後故意，因不能溯及無構成犯罪事實認識之行為而適用，僅屬不作為問題。故如甲因過失致乙重傷，初不知其為何人，嗣又發見為其仇人，頓萌惡念，乃故意不為救護，並斷絕其醫藥，致乙不治身死，則甲於傷人之初，雖無殺人故意，而於乙受傷後，頓生此意，是謂有事後故意。

㈡過失

行為人對於發生之犯罪事實應認識且能認識，而因不注意致欠缺認識之心理狀態，即為過失。過失行為之處罰，與故意不同，以刑法上有特別規定者為限，例如失火罪（第一百七十三條第二項、第一百七十四條第三項），過失致死（第二百七十六條），過失傷害（第二百八十四條）等，其不限於侵害犯（如殺人罪），但形式犯（如誣告罪）則不包含在內。

過失犯之處罰，在缺乏注意能力，而注意力之有無欠缺，標準如何？學說有三：

1.客觀說　以一般人之注意力為準，因缺乏此種注意力致事實之發生者，應負過失之責，至行為人本人之注意力如何，則非所問。

2.主觀說　以行為人之注意力為準，如行為人怠於與自己之物為同一之注意，致事實之發生者，為有過失。

3.折衷說　行為人之注意力，較普通人為高者，以普通人之注意力為準；較普通人為低者，應以行為人之注意力為準。

第十四條第一項：「行為人雖非故意，但按其情節應注意並能注意而不注意者，為過失。」即採折衷說，並非專以行為人或普通人之注意力為準。三十四年院字第二九四六號解釋：「關於過失責任，應以善良保管為

應注意之標準，並以保管人注意能力為其能注意之標準。」亦明揭此旨。

1. **過失之要件**

⑴須有注意義務　「應注意」指應負注意之義務。如藥劑師配藥，應注意是否與醫師處方相符。又如醫師施用手術，對於患者之體力能否承受全身麻醉，應有注意義務，否則即為過失（二五上六九二五）。

⑵須有注意能力　「能注意」指事實上可以注意，如司機駕車行駛通衢公路上，自能注意來往行人是。又如司機開車多年，載重逾量可能發生之危險，非不能注意之事項，乃竟任令逾量，仍舊行駛，以致覆車（三一上二七〇）。

⑶須為怠於注意　「不注意」指疏於注意而言，如汽車疾駛中，對於路上有無行人，未盡注意義務。

2. **過失之形態**

⑴無認識之過失與有認識之過失

①無認識之過失（懈怠過失）　行為人按其情節，應注意並能注意而不注意，致不認識構成犯罪事實之存在，以致發生者（第十四條第一項）。例如司機駕車行駛公路上，對於行人未盡注意義務，以致輾斃。

②有認識之過失（疏虞過失）　行為人對於構成犯罪事實，雖預見其能發生，而確信其不發生者，以過失論（第十四條第二項），蓋行為人對於構成犯罪事實之發生，既有一般之預見，而不盡其避免發生結果之義務，終致發生意外結果，自係違背刑法規範，故仍以過失論擬。例如司機目睹路人在前行走，預見其有被輾死可能，以為鳴笛前進，行人必定趨避，終因未避致被輾斃。

懈怠過失與疏虞過失雖同為犯罪之責任要件，然前者係應注意能注

意而不注意，對於犯罪事實之發生並無預見，後者則為預見其發生，而確信其不發生，對於犯罪事實之發生本有預見，由於自信不致發生疏於防範，終於發生，二者態樣顯不相同，故刑法第十四條第一項、第二項分別予以規定，以示區別（五六臺上一五七四）。

「疏虞過失」與「未必的故意」兩者，視似相近，實則不同：

㈠同點

　　①對於構成犯罪事實有認識。

　　②對結果發生之可能有預見。

㈡異點

疏　虞　過　失	未　必　的　故　意
①行為人無使結果發生之希望。 ②確信其不致發生。 ③僅有事實之認識，而因其他理由，確信其不致發生。	①行為人希望結果之發生。 ②其發生不違背本意。 ③除事實之認識外，尚以未必發生之意思決意其行為。

　⑵一般過失與業務過失

　　①一般過失　一般人怠於必要之注意義務，而致發生構成犯罪之事實，如亂丟煙蒂以致失火。

　　②業務過失　從事於一定業務之人，怠於業務上必要之注意義務，而致發生構成犯罪之事實，如司機駕車撞傷行人。從事一定業務之人，其業務上之認識能力，較普通人為強，且從事於一定業務，其注意之義務，亦較普通人為大，而一定業務皆與眾人攸關，侵害法益眾多，基於預防目的，處罰較普通人為重。業務上過失之處罰，以刑法上有特別規定者為限，如刑法第二百七十六條第二項業務上過失致人於死罪，第二

百八十四條第二項業務上過失傷害罪等是。又業務上過失，包含公務上過失在內，惟其過失之處罰，限於公務上之過失者，則不包括一般業務上過失在內，如第一百二十七條第二項過失行刑罪，第一百六十三條過失犯便利脫逃罪均是。

(3)輕過失與重過失

①輕過失　並非顯然怠於注意，而生過失。

②重過失　顯然怠於注意義務，即為重大過失。如司機駕車疲勞打盹，以致衝入民房，撞死多人，自屬重大過失。此項輕重過失，祇不過為科刑審酌事項之一（第五十七條），故在車輛肇事情形，縱所負過失責任比例甚輕，仍應負刑責。

刑法第二十八條至第三十條之共同正犯、教唆犯及從犯，於過失犯均不適用之。蓋所謂共犯，須有共同意思及共同行為，並對於犯罪有共同之認識，過失犯既不能想像有何共同加功之意思聯絡，自無所謂共犯，當不能引用刑法第二十八條，尤不得為共同過失之宣示（院二三八三）。如建築高樓，二人合抬一木，行走竹架上，不慎落地，擊中行人致死，則此二人各科以過失之刑，不能以共犯論。

三、事實錯誤

故意固以構成犯罪事實之發生為其對象，然行為人之認識與發生之事實不一致者，稱為「錯誤」。蓋認識果有錯誤，則意思責任即生影響，一般情形，有事實錯誤與法律錯誤二種。

事實錯誤乃行為人主觀上之認識，與客觀上所發生之犯罪事實不相一致，情形有二：

㈠具體的事實錯誤

在同一犯罪構成要件範圍內，行為人之認識與所發生之事實，不相一致。態樣如下：

1. 客體錯誤（目的錯誤）　認識之犯罪事實與發生之犯罪事實不符，而其不符之原因，由於犯罪客體認識有誤者，例如誤以甲為乙而殺之，不論殺甲殺乙，均具侵害性，不阻卻故意之成立，對乙仍負殺人罪責。

2. 打擊錯誤（方法錯誤）　認識之犯罪事實與發生之犯罪事實不相符合，而其不符原因，由於實施之行為有誤者，例如本擬殺甲，因揮刀不準，以致中乙死亡，此種手段上之不符，致其預見之結果，發生於其他客體，故又稱為「行為錯誤」。該等情形，行為人對甲應負殺人未遂罪責，對乙則負過失致人於死之罪，依第五十五條前段想像競合之例，從一重處斷。

（二）**抽象的事實錯誤（法定的事實錯誤）**

在不同之犯罪構成要件範圍，行為人之認識與發生之事實不相一致。態樣如下：

1. 錯覺錯誤　行為人所認識之事實非犯罪事實，而發生事實為犯罪事實，又稱「消極的事實錯誤」，亦即「以有為無」。此等情形，得阻卻故意，除有處罰過失規定外，不成立犯罪，蓋行為人原無犯罪故意也。例如誤人為獸，將之射殺；或誤他人之物為己物竊取，均非故意犯罪。

2. 幻覺錯誤　行為人所認識之事實為犯罪事實，而發生事實非犯罪事實，又稱「積極的事實錯誤」，亦即「以無為有」。此種情形，行為人本有犯罪之故意，並已實行，因犯罪之客體根本不存在，絕無發生預期結果可能，實務上認係「絕對的不能犯」，不予處罰。例如誤獸為人，開槍射殺。此並非有責性問題，乃其行為並未具有侵害性，自不能因幻想而令負各該罪責任。實例認為：不能犯係指該項行為有發生結果之危險，如出於犯人一時幻覺，實際上並非實施犯罪之行為，自不成立犯罪，故如誤認料土為鴉片煙土，

著手販賣，非但不能成立販賣煙土之結果，且無發生該項結果之危險，即亦不生未遂罪之問題（一九非三五）。

惟學者見解認為故意係採希望主義，祇要行為人有犯罪之故意，並已實行，即應成立犯罪，其犯罪之結果是否發生，僅為既遂未遂之問題（三〇上二六七一參照），但此為實務所不取。

3.所知重於所犯　行為人以犯重罪之意思，實施犯罪，而發生之事實輕於預見罪名之結果，從其所犯。例如某甲欲行強盜，進入屋內始知無人，乃竊衣物而去，此等情形，祇成立竊盜罪。

4.所知輕於所犯　行為人以犯輕罪之意思，實施犯罪，而發生之事實重於預見罪名之結果，從其所知。例如甲不知乙為其生父而殺之，僅構成普通殺人罪。

犯罪與事實之符合，須達於何種程度？學說有三：

1.具體符合說　行為人主觀之認識與客觀之發生事實，必須完全一致，始無錯誤。如主觀上所認識之事實，並未發生，即不生既遂問題，而現實發生之事實，行為人本無故意，僅得成立過失犯而已。例如甲意欲殺乙，因打擊錯誤，而殺死丙，則對某乙為殺人未遂，對某丙為過失致死。

2.法定符合說　行為人主觀之認識與發生之客觀事實，不必完全一致，祇須罪質相同，即無錯誤。故行為人之主觀認識，與現實發生之客觀事實，在構成要件概念範圍內一致時，即屬故意之既遂，其他諸如客體或方法之錯誤，均無影響。例如殺甲誤殺乙，其殺人要件則一，仍成殺人既遂罪，蓋殺人罪之客體為人，苟認識其為人，而實施殺害，則其人為甲為乙，並無不同故也（二八上一〇〇八）。

3.抽象符合說　行為人主觀上有犯罪之認識，而發生客觀之事實，無論其認識與發生之事實，是否一致，亦不問兩者罪質是否相同，

均為無錯誤。例如誤認正當物品為贓物，予以收受，仍成立收受贓物罪，係以認識事實為準。

以上三說，各具理由，其中具體符合說與法定符合說，均依客觀立場確認犯罪之事實，再究明行為人有無故意，係以客觀主義為立論基礎。而抽象符合說則著眼於行為人主觀上犯意，忽視發生之犯罪事實，係以主觀主義為基本原則，不免所偏，實務上均採具體及法定符合說，尤以法定符合說為最妥適，學者亦多宗之。

四、法律錯誤

行為人之認識與法律規定之內容不相一致，謂之「法律錯誤」，亦即行為人對於具體事實認識無誤，而對於該事實在刑法上之效果，認識有誤。情形有二：

(一)積極的法律錯誤（幻覺錯誤）

行為人對於原非違法之行為，由於不知或誤解法律，而誤認為違法行為。此等情形，認不犯罪為犯罪，出於行為人之幻覺，依罪刑法定原則，自不為罪。例如十六歲以上之未婚男女相姦，刑法並無處罰明文，而誤為觸犯通姦罪是。

(二)消極的法律錯誤（錯覺錯誤）

行為人對於原為違法之行為，由於不知或誤解法律，而誤認為合法行為。此種情形，以犯罪為不犯罪，或以重罪為輕罪，出於行為人之錯覺。態樣如下：

1. 法規之消極錯誤

    ⑴不知法律有處罰規定者：以法律有處罰明文為無之錯誤，如放火燒燬自己住宅，或殺害自己子女，誤為不成立犯罪是。

    ⑵不知法律有加重處罰規定者：如結夥三人以上竊盜，係犯第三百二十一條第一項第四款之罪，誤為觸犯普通竊盜罪是。

2.法理之消極錯誤

　⑴誤解法律而誤認其行為不罰者：如甲用刀殺乙，而乙奪刀回刺
　　致死，誤為行使正當防衛是。

　⑵誤解法律而自信行為為法律許可者：如兼祧雙娶，相信不成立
　　重婚罪是。

第十六條規定：「不得因不知法律而免除刑事責任。但按其情節，得
減輕其刑。如自信其行為為法律所許可而有正當理由者，得免除其刑。」
此之「不知法律」指行為人根本不知法律對其行為有處罰之規定，故不
知法律而為犯罪，實為錯誤之一種。又本條「不知法律」專指消極錯誤
而言，如不知買賣黃金美鈔為觸犯國家總動員法是。且不知法律應解為
對於刑罰法令有所不知，而其行為不含有惡性始可，若販賣鴉片，盡人
皆知有害社會，含有反社會性，自不得藉口不知法律為免責之理由（二
一上一六三五，二〇非一一）。至「自信其行為為法律所許可」，應依行
為人主觀意思決之，有無「正當理由」則從客觀事實衡量，故「自信」
應從主觀，「正當理由」應從客觀（二四、七刑會）。本條之設，在調和
保護社會安全與保障個人自由，蓋法律一經公布，一般人理應周知，故
不得以不知法律為免責理由，惟法律雖已公布，未必眾人皆知，為保障
個人自由，仍定為減免刑罰之事由，其故在此。

第七章　犯罪之形式

行為人已著手犯罪行為之實行，並已發生預期結果者，為既遂犯；已著手犯罪行為之實行而未完成，或雖已完成而未生預期之結果者，為未遂犯。但犯罪之構成，係以行為之侵害性為其要件，從第二十五條「已著手於犯罪行為之實行而不遂者，為未遂犯」「未遂犯之處罰，以有特別規定者為限」之規定觀之，係採客觀主義，而未遂犯侵害程度較既遂犯為輕，依第二十六條前段「得按既遂犯之刑減輕之」，又不無斟酌主觀主義之精神。

一、未遂犯

㈠未遂犯之要件

1. 須有犯罪之故意　僅以故意犯為限，不含過失行為之未遂。
2. 須已著手於犯罪行為之實行　行為在陰謀或預備階段者，不生未遂問題。
3. 須未生犯罪結果　行為未能實現犯罪所必要之構成要件。
4. 須有處罰未遂犯之規定　依第二十五條第二項規定，必有處罰未遂之規定始足當之。

㈡未遂犯之種類

依未遂之原因，分為「障礙未遂」、「中止未遂」與「不能未遂」。依行為之階段言，則有「著手未遂」與「實行未遂」之別。

1. 障礙未遂　已著手於犯罪行為之實行，而因意外障礙，致犯罪不完成者，第二十五條第一項規定之未遂犯，即指此而言。例如甲持刀殺乙，連砍三刀，未中要害，正欲繼續砍殺時，為丙阻止是。情形有二：

⑴心界障礙　行為人之行為，因受外界之影響以致未遂，如竊盜正伸手取衣，見有人經過，懼而逃走是。此種情形與中止未遂似同實異。二者之區別，在其中止是否出於行為有人自發的判斷為準；蓋心界障礙係因外界之因素，影響其心理而停止實施犯罪，中止未遂純因行為人之自發意思而中止其犯罪行為。

⑵外界障礙　行為人已著手於犯罪行為之實行，因外界之阻力，致未完成，如放火燒人住宅，適逢大雨，被自然撲滅是。

2.中止未遂　已著手於犯罪行為之實行，而因己意中止或防止其結果之發生者，為中止犯。情形有二：

⑴未了中止　行為人已著手於犯罪之實行行為，因己意中止，而使實行行為不完成。如以毒藥混入茶內促甲喝下，因心生悔悟，將之潑倒是。此種中止，行為人須有消極之不作為行為，始能防止結果之發生。

⑵既了中止　行為人已完成犯罪之實行行為，因己意而防止其結果之發生，而使犯罪不達於既遂。如以毒藥供甲服食，嗣用解毒藥解之，終致未死是，此種中止，行為人須有積極的作為行為，始能防止結果之發生。

3.不能未遂　行為人已著手於犯罪之實行，或已實行完畢，而其行為不能發生預期結果。情形有二：

⑴絕對的不能與相對的不能　前者之行為絕不可能發生犯罪結果，如以陶土為煙土加以販賣，不生販賣鴉片之結果；後者之犯罪行為有時可能發生犯罪結果，如入室竊取黃金，適黃金業已售完，致竊盜未遂。

⑵手段的不能與客體的不能　前者實施犯罪之手段不可能發生犯罪之結果，如以未有子彈之假手槍向人射殺，不生殺人結果；後者犯罪之標的不存在，以致不能發生犯罪結果，如以枯木為

人，向之開槍是。

4.著手未遂　已著手於犯罪之實行，而不終了其實行行為，致未生與犯罪構成要件相符之結果，如起意殺甲，舉刀砍殺，立即被警逮住。實例認為「上訴人以恐嚇方法使某甲交付財物，尚未得財之際，即被警捕獲，顯係已著手於犯罪行為之實行而不遂，不能遽以既遂論擬」（四〇臺上一七）。

5.實行未遂　行為人自信已完成犯罪行為，但終未生與犯罪構成要件相符之結果，如向甲開槍殺之，因未擊中目標，致未生殺人結果。

㈢未遂犯與各種犯罪之關係

犯罪行為中，有與未遂犯之觀念不能相容，根本不生未遂問題者，情形如下：

1.過失犯　未遂犯以有犯罪故意為要件，過失並無實行犯罪之決意，故無未遂可言。如駕車撞傷行人，僅成立過失傷害罪，而不成立過失致死罪之未遂犯。

2.純正不作為犯　不以結果之發生為成立要件，故無未遂犯，如第三百零六條第二項妨害自由罪是。

3.形式犯　因其犯罪行為一經著手即已完成，故無未遂犯，如第三百零九條之妨害名譽罪是。

4.結果加重犯　因犯罪致生一定結果而加重其刑者，有其結果即為既遂，無其結果，則非故意之行為，自無所謂未遂。如強姦致人於死，被害婦女未死時，僅成立強姦罪，並非強姦致死罪之未遂犯。

5.陰謀犯與預備犯　未遂犯以已著手於犯罪行為之實行為前提，而陰謀與預備均係著手犯罪行為前之準備行動，自無未遂問題。實例認為「刑法第二十五條所謂已著手於犯罪行為之實行，係指對

於構成犯罪要件之行為，已開始實行者而言；若於著手此項要件行為以前之準備行動，係屬預備行為，除有處罰預備犯明文應予處罰外，不能遽以未遂罪論擬。」（三〇上六八四，二五非一六四，二七滬上五四）。由此可知，預備犯與未遂犯之區別，以已未著手於犯罪之實行為標準，所謂著手，即指犯人對於犯罪構成事實開始實行而言（二一非九七）。

(四)中止未遂

第二十七條規定：「已著手於犯罪行為之實行，而因己意中止或防止其結果之發生者，減輕或免除其刑。」此因中止未遂之行為人的反社會性格趨於薄弱，故減免其刑，阻卻其責任。其與障礙未遂不同之點：

障　礙　未　遂	中　止　未　遂
①因意外障礙而未生結果。	①因己意中止或防止結果發生，而未生結果。
②行為人之意思受外界強制。	②行為人之意思出於己意。
③得按既遂犯之刑減輕之。	③減輕或免除其刑。

1.中止未遂之成立要件

　(1)須已著手於犯罪行為之實行　如未著手實行犯罪，自無中止可言。

　(2)須因己意中止　行為人基於自己之自由意思而中止，如因外界因素而中止犯罪，即非中止犯。

　(3)須在實行行為中中止實行　在犯罪行為之外，別有消極或積極之中止行為，故有「未了中止」與「既了中止」之別，已如上述。

　(4)須未發生犯罪之結果　在實行終了後中止者，須以積極行為防

止結果之發生，始得成立中止犯；行為人雖有中止意思，復為防止其結果發生之努力，仍不免結果之發生者，亦非中止犯。例如施放毒藥，供人喝下，嗣見其呻吟痛苦，遂以解毒劑服之，並竭力救治，終致死亡，此等情形，不能有效防止結果之發生，自難認為中止犯。

中止未遂與障礙未遂，二者區別之標準如何？大致言之：

①非因外界物質之障礙而中止者，為己意中止，無此障礙而不遂者，為障礙未遂。如竊嫌入室行竊，見事主僅有西服一件，將其取走，狀極可憐，乃心生悔悟，自行逸去，此係出於自發意思，故為中止犯。

②行為人心中悔悟而拋棄犯意者，始為因己意而中止，否則為障礙未遂。如犯人殺人，拔刀刺胸，見鮮血迸出，乃翻然停止，此種見鮮血迸出，乃意外障礙，故為障礙未遂，而非中止犯。

③行為人心理上非因有外部障礙而任意中止者，始為因己意中止，非出於任意而不遂者，則為障礙未遂。如竊盜下手竊物，見有巡警行近，懼而逃走，此因外界障礙發生強制，縱未受物質上障礙而中止，仍非中止未遂。

④本無外界障礙事由之存在，而誤信有此事由，致心理上發生強制者，非因己意中止。如行竊銀樓，珠寶落地，疑係事主警醒，懼而逸去，仍為障礙未遂。

⑤原有障礙事實存在，而行為人不知或發生誤認，仍無妨於任意中止。如行竊之際，已有警察來捕，為其所不知，而任意停止行竊，仍為中止未遂。

綜上以觀，區別中止未遂與障礙未遂，端在行為人主觀立場與犯罪意思之遂行表現，故中止原因之範圍，依主觀論定之，在客觀上非障礙

之事實，而行為人誤認為障礙事實，因而中止犯罪者，仍為障礙未遂。

　　2.中止未遂與各種犯罪之關係

　⑴共犯中一人為中止犯，其效力不及於其他共犯。故在既了中止，雖結果之發生已被中止者中止，其中止者固為中止犯，而其他共犯仍為障礙未遂。如甲乙二人共同行竊，已著手搜取財物，甲因悔悟中止，退出現場返家，乙因勢孤，隨亦遁去，則甲為中止未遂，乙為障礙未遂。實例認為：

　　①共同正犯、教唆犯、從犯之應論中止犯者，須有防止結果發生之效果，方能以中止犯論（院七八五）。

　　②殺人之幫助犯，欲為有效之中止行為，非使以前之幫助全然失效，或為防止犯罪完成之積極行為不可。如屬預備犯，則其行為之階段，尚在著手以前，縱因已意中止進行，仍與刑法第二十七條所定已著手之條件不合，自應仍以殺人預備罪論科（三二上二一八〇）。

　⑵繼續犯、連續犯、常業犯之犯罪行為，雖有一部分中止，其餘部分仍屬獨立犯罪。如連續行竊五次，最後一次因已意中止，仍為連續竊盜既遂。

　⑶牽連犯係裁判上一罪，比較相牽連之二個獨立犯罪之刑，從一重處斷，故：

　　①如其所中止之罪行，法無處罰未遂規定時，則所餘一罪，自不成立牽連犯。如欲刺探他人秘密，侵入他人住宅而開拆其封緘之文書，如著手開拆而又中止，因無處罰開拆文書未遂，故不為罪，應論以侵入住宅既遂。

　　②如其所中止之罪行為較輕罪名，且有處罰未遂規定時，仍應從較重之既遂罪處斷。如殺人後遺棄屍體，因遺棄屍體未遂，殺人罪名較重，應從殺人既遂罪處斷。

③如其所中止之罪行為較重罪名，應以中止犯論。如意圖強姦
　而侵入住宅，於侵入住宅既遂後，已著手於強姦之實行，而
　因己意中止者，仍應從較重之強姦罪中止犯處斷。

(4)結合犯為法律結合數個獨立犯罪為單獨一罪，故與中止犯關係
　為：

①法律有處罰結合犯未遂之明文者，則著手實行結合犯中之任
　一行為，即為結合犯之全體未遂。如夜間侵入住宅竊盜（第
　三百二十一條第一項第一款），原係妨害自由與竊盜罪之結合
　犯，如行為人於侵入住宅既遂後，而因己意中止竊盜，仍屬
　侵入住宅竊盜未遂，此種情形，其數個犯罪行為，因法律之
　結合，已成為不可分之一體，即視為一個單獨行為也。

②法律無處罰結合犯未遂之明文者，如其所中止之犯罪，法有
　處罰未遂明文時，應就其各個行為分別論其既遂或未遂，因
　其已不具結合犯之條件也。如犯強制性交罪而故意殺被害人
　（第二百二十六條之一），原為強制性交罪與殺人罪之結合犯，
　若強制性交未遂而殺被害人既遂者，仍成立強制性交殺人之
　結合犯；至強制性交既遂與否，於殺人未遂時，分別論以強
　制性交既遂（或未遂）與殺人未遂二罪，併合處罰，不得以
　結合犯論擬。

(5)教唆犯因採獨立處罰主義，故被教唆人因己意中止犯罪，其中
　止之效力不及於教唆犯。如甲教唆乙行竊，乙於著手後己意中
　止，則乙為竊盜中止犯，甲仍為教唆竊盜未遂，不能按中止犯
　減免其刑。又教唆犯己意中止，而被教唆者未能中止，則教唆
　犯非有防止其結果發生之有效行為，仍不能論以教唆之中止犯。
　如甲唆使乙在丙飲用茶內下毒，嗣甲心生悔意，促乙不可下毒，
　乙不予理會，仍然下毒，此種情形，除甲能有效防止結果之發

生外，不能認為教唆殺人之中止犯，蓋其教唆行為業已完成，非有積極有效之防止行為，不能以中止犯論（院七八五）。

(6)從犯中止之效力，不及於未因其有效防止，致未生犯罪結果之正犯，如授刀殺人，雖已意中止，而未能防止殺人結果，仍不能論以幫助殺人之中止犯。且正犯中止之效力原則上亦不及於從犯，如借刀殺人，正犯著手後已意中止，從犯亦不能論以幫助中止。

(7)在間接正犯，必須利用者於被利用者開始實行之後，阻止進行或防止結果之發生，並生防止之效果者，始能認為中止，如利用未滿十四歲之無責任能力人行竊，於其著手後心生悔悟，然已竊取完成，自難論利用者為中止犯。

至「障礙未遂」與各種犯罪之關係，與「中止未遂」相同。

(五)不能未遂

行為人已著手於犯罪之實行或實行完畢，而其行為之性質不能完成犯罪者，即學說上所謂不能犯。其刑事責任如何？學說有二：

1. 主觀說　認不能犯既有犯罪意思，且已著手實行，無論其為絕對不能或相對不能，皆應依未遂犯論處。

2. 客觀說　認為不能犯既無發生結果之可能，又無發生結果之危險，故不應令負刑責。

刑法第二十六條但書「其行為不能發生犯罪之結果，又無危險者，減輕或免除其刑。」係對於實行行為不能完成犯罪者，一律處罰，偏重主觀說，惟因避免主觀說之極端，故對於行為之性質不能完成犯罪者，從輕處罰而已。是以不能犯之刑責有三：

(1)行為不能發生犯罪結果而有危險者，依未遂犯規定，得按既遂犯之刑減輕之。

(2)行為不能發生犯罪之結果而又無危險者，減輕或免除其刑。

(3)客體不存在之犯罪，既不生犯罪結果，亦無危險可言，不負任
　　何刑責。如誤認陶土為鴉片煙土，著手販賣，應不為罪（一九
　　非三五）。不能犯之處罰，實例之適用如下：

①刑法第二十六條但書所謂不能發生犯罪之結果，即學說上所
　謂不能犯，在行為人方面，其惡性之表現雖與普通未遂犯初
　無異致，但在客觀上則有不能與可能發生結果之分，未可混
　為一談（四八臺非二六）。

②刑法第二十六條但書所謂不能發生犯罪之結果，在行為人方
　面，其惡性之表現雖與普通未遂犯初無異致，但在客觀上則
　有不能與可能發生結果之分。本件原判決對於上訴人邱某搶
　奪部分，既於事實認定被害人已預先掉包，故上訴人搶奪所
　得為石頭一袋而非黃金等情，而理由內亦說明上訴人邱某意
　欲搶奪黃金，因被害人事先防範換裝石頭，未達目的，而又
　無危險，顯屬不能犯，自應依刑法第二十六條但書減免其刑，
　乃原判決竟以普通未遂犯處斷，自屬不合（七○臺上七三二
　三）。

二、共　犯

　　二人以上共同加功完成犯罪者，為共犯。其態樣有三：一為共同正
犯，即二人以上共同實施犯罪之行為（第二十八條）。二為教唆犯，即教
唆他人犯罪（第二十九條）。三為從犯，即幫助他人犯罪（第三十條）。
共犯之成立要件分為：

(1)須有二人以上參與犯罪行為，不問其為共同實施或從旁加功。

(2)須參與犯罪行為之人均有刑事責任能力。

(3)共犯間必須係犯同一罪名，如為相對共犯（通相姦罪）無共犯
　　之適用。

　　(4)共犯間必須有犯罪意思之聯絡，　惟從犯雖被幫助之正犯不知情，仍成立幫助犯，是為例外。

依共犯之性質，可分為下列數種：

　　(1)必要共犯與任意共犯　前者以多數人之實施，為犯罪構成要件者，如內亂罪、賭博罪、輪姦罪是。後者由一人得單獨實施之犯罪，而多數人共同實施，如二人謀議殺人是。

　　(2)對立共犯與集合共犯　前者為二人以上各以對方為對象而互為犯罪行為，如重婚與相婚罪（第二百三十七條），通姦罪與相姦罪（第二百三十九條），行賄與受賄罪（第一百二十二條），此均不適用第二十八條規定。後者乃多數人集合而實行同一之犯罪行為，如聚眾妨害秩序是。

　　(3)共謀共犯與實施共犯　前者由二人以上謀議，而由其中一部分人實施，如甲乙二人共謀搶劫，推由甲實施是。後者二人以上有犯意聯絡，並共同實施，如甲乙二人共同殺人是。

　　(4)有形共犯與無形共犯　前者於犯罪之實施，予以直接之助力，如共同正犯是。後者在啟發他人決意，或予犯罪之實施僅予間接之影響，如教唆犯是。

　　(5)獨立共犯與從屬共犯　前者共同實施犯罪行為，可獨立構成犯罪，如共同正犯及教唆犯是。後者須從屬於正犯始得構成犯罪，如幫助犯是。

三、共同正犯

　　二人以上有犯罪意思之聯絡並共同實施同一犯罪行為，或事先同謀而由其中一部分人實施犯罪之行為者，謂之「共同正犯」，第二十八條規定：「二人以上共同實施犯罪之行為者，皆為正犯。」即指此而言。共同正犯之成立，學說有二：

1. 意思共同說　主張共犯間祇須主觀上有共同犯罪之意思聯絡已足，未必由共犯全體參與犯罪行為之實施。

2. 行為共同說　認為共犯間須有犯罪意思之聯絡，及共同實施犯罪之行為。

刑法上採「行為共同說」，認共同正犯須有犯意聯絡及行為分擔，始能構成，惟實務上趨向於「意思共同說」，認為以自己共同犯罪之意思，事先同謀，而由其中一部人實施犯罪之行為者，亦為共同正犯，謂之「共謀共同正犯」。共謀共同正犯係共同實施犯罪行為之人，在共同意思範圍內，各自分擔犯罪行為之一部，相互利用他人行為，以達成犯罪目的，其成立不以全體均參與犯罪構成要件之行為為必要，故參與犯罪構成要件之行為者，固為共同正犯，其以自己共同犯罪之意思，參與犯罪構成要件以外之行為，或事前同謀，而由其中一部分人實施犯罪行為者，該共謀人亦應對全部行為所生結果，負其責任，此項理論，依第二十八條文義而言，不相符合。蓋條文以共同實施犯罪行為為共同正犯之成立要件，若僅事先同謀，而未參與行為之實施，則僅具備「意思要件」，欠缺「行為要件」，實難認係共同正犯，此種擴張共同正犯之理論，揆之法理，殊有違背，惟共謀共同正犯之見解，經大法官會議釋字第一○九號解釋，實用上應受拘束。

實例如下：

①以自己共同犯罪之意思，參與實施犯罪構成要件以外之行為，或以自己共同犯罪之意思，事先同謀，而由其中一部分人實施犯罪之行為者，均為共同正犯（釋一○九）。

②事前與盜匪同謀，事後得贓，如係以自己犯罪之意思，推由他人實施，即應認為共同正犯（院一九○五）。

③事前同謀，事後分贓，並於實施犯罪之際擔任把風，顯係以自己犯罪之意思而參與犯罪，即應認為共同正犯（院二○三

○之一）。

(一)共同正犯之成立要件

1. 須有二人以上共同實施犯罪　必有責任能力之自然人共同實施犯罪行為，無論犯罪事實之全部或一部，皆為實施之共同。此不僅有共同行為，且須共同犯意之聯絡（二八上三二四二、二九上二四二六）。至事前教唆他人竊盜，事後分取贓物，祇能認為竊盜之教唆犯，不能認為共同正犯（院二七二七）。又共同實施犯罪行為，在合同意思範圍內，相互利用他人之行為，以達其犯罪之目的，原不必每一階段均經參與，祇須分擔犯罪行為之一部，即應對於全部所發生之結果共同負責（七二臺上五七三九、六九臺上一九九）。

2. 須有共同犯罪之意思　犯意聯絡為共同正犯成立要件之一，此不限於事先有謀議，即僅於行為當時有共同犯意之聯絡者亦屬之（三○上八七○）。共同正犯之意思聯絡，不限於事前有所協議，其於行為當時基於相互之認識，以共同犯罪之意思參與者，亦無礙於共同正犯之成立（七三臺上一八八六）。既有犯意之聯絡及行為之分擔，則犯罪動機起於何人，固非所問，且亦不必每一階段犯行，均經參與（三四上八六二）。至「同時犯」雖同時在同一處所犯罪，但基於各個之意思，分別實施犯罪，並非共同正犯（一九上一八四六）。收受賄賂罪之共同正犯，其內部間有無約定如何分配賄款，與受賄罪之成立並無影響（七○臺上五九二二）。

3. 須有二人共同實施犯罪之行為　共同正犯間，非僅就其自己實施之行為負其責任，並在犯意聯絡之範圍內，對於他共同正犯所實施之行為，亦應共同負責（三二上一九○五）。至所參與之行為為全部或一部，種類是否相同，時間先後等項，均非所問。惟利用無責任能力人共同犯罪，不適用刑法第二十八條規定，蓋刑法對

於無責任能力者之行為，既定為不罰，則其加功於他人之犯罪行為，亦應以其欠缺意思要件，認為無犯意之聯絡，而不算入共同正犯內（二八上三二四二，二八、七刑會）。

㈡共同正犯之意思聯絡範圍

1.共同正犯唯於共同故意之範圍內始得成立，超越共同犯意範圍而生之結果，由誘發此結果之行為人單獨負責。如甲乙以共同強盜之意思，於實施強盜行為中，甲因事主反抗，拔刀殺之，其殺人部分即係逾越共同之犯意，不能令其他共犯負責，故甲應負強盜殺人，乙僅負強盜罪責。實例認為，共同正犯之意思聯絡，原不以數人間直接發生者為限，即有間接之聯絡者，亦包括在內。如甲分別邀乙、丙犯罪，雖乙、丙間彼此並無直接之聯絡，亦無礙於共同正犯之成立（七七臺上二一三五）。

2.過失犯不得有共同正犯。蓋共同正犯之成立，既以有意思之聯絡為必要，自以對於該罪之實施，應有共同犯罪之認識，過失既不得視為意思之聯絡，故無共同正犯可言。雖有共同過失，亦僅各別就其行為論以過失之罪，對於他人因過失所發生之事實，不令負責，尤不適用刑法第二十八條規定，判決主文，毋庸為共同過失之宣示（二七附九三四，院二三八三）。例如甲乙共抬一木上樓，失手墜入臨近公路，傷及行人，則甲乙二人分別犯有傷害罪，並非共同正犯。

3.共同正犯之行為，無論「並進」或「分擔」，因其行為出於共同犯意，均應就整個之共同行為負責。例如甲乙二人以共同竊盜之意思，由甲啟櫃，乙則取物是。

4.共同正犯為犯罪行為之實施，即使共犯中之一人實施未遂，若其他共犯實施既遂時，共同正犯之全體均應以既遂論。例如甲乙二人共同以槍擊丙，乙開槍未中，甲擊中丙之胸部，登時身死，甲

乙均為共同殺人既遂（二九上三六一七參照）。

5. 共同正犯在共同意思之範圍內，對於其他共犯之行為所發生之應加重處罰之結果，亦應同負加重責任，但以行為人能預見者為限。例如甲乙以普通傷害之意思，共同對丙加害，但乙之行為更致丙重傷，則甲乙二人對於致重傷之結果，均應負責（二四上一八七五參照）。

6. 共同正犯之共同實施犯罪行為，不以始終參與為限，即於他人之犯罪行為實施中臨時參加，或在整個犯罪行為中，僅參與某一階段行為，彼此具有意思聯絡時，仍不失為共同正犯。例如甲持刀殺丙，為乙撞見，臨時起意用棍猛擊丙頭部，或攔阻丙之逃路，供甲加害，則甲乙二人均係共同正犯。又如侵占罪為即成犯，於持有人將持有他人之物變易為所有之意思時，即行成立，苟非事前同謀，則其後參與處分贓物之人，無論是否成立其他罪名，要難論以共同侵占(六七臺上二六六二)。再如共同正犯之意思聯絡，並不限於事前有所謀議，即僅於行為當時有共同犯意之聯絡者亦屬之，且其表示之方法，亦不以明示或通謀為必要，即相互有默示之合致，亦無不可（七三臺上一八八六，七三臺上二三六四）。

7. 共同正犯之構成，係以共同實施犯罪構成要件而參與實施，其所實施者無論是否犯罪構成要件之行為，均成共同正犯。例如甲於殺害乙時，丙以共同殺人之意思，抓住乙之手臂使之無法抵抗，便利甲之殺害，雖其所參與者為殺人罪構成要件以外之行為，仍係共同正犯（二八上三四九五）。

8. 共同正犯間雖有不遂或不能發生結果之情形，但於共同犯罪之完成並無影響者，仍應負既遂責任。其不遂或不能足以影響於犯罪之完成者，則共犯間全體均負未遂責任。且共犯中已著手於犯罪行為之實行，因己意中止或防止其結果之發生者，其中止之效力

並不及於其他共犯。例如甲乙共謀殺丙，在其飯內下毒，交丙飲
食，尚未毒發，甲有悔意，急以解毒劑喝下，丙遂未死，甲固成
殺人中止犯，乙仍應論以殺人未遂犯。惟其中止或防止之方法，
並不足阻止結果之發生者，縱共犯中有中止者，仍應負既遂責任。

(三)共同正犯與從犯區別之標準

共同正犯之成立，須有犯意之聯絡及行為之分擔，始克相當，惟其
分擔之行為，是否以犯罪構成要件之行為為限？此與區別從犯之關係，
至關重要，學說有二：

1. 主觀說　以行為人之意思為準，如以自己犯罪之意思，參與犯罪
   者為正犯；以他人犯罪之意思，參與犯罪者為從犯。
2. 客觀說　以客觀事實認定之，又有三說：
   (1)實質說　對於犯罪之完成，予以重要之助力者為正犯；僅予輕
      微之影響者即為從犯。
   (2)從屬關係說　行為人居於主動地位者為正犯，僅居於被動地位
      者，即為從犯。
   (3)形式說　其加功於實行者為正犯，加功於預備者為從犯。

我國實例曾採客觀說之「形式說」，司法院院字七八五號解釋，認為
就現行刑法解釋，從犯應採客觀說之形式說，故如甲扭乙於地，由丙持
刀殺害，甲係從犯，即其一例。嗣又改採折衷說，以正犯從犯之區別，
須依其主觀之犯意及客觀之犯行為標準。凡以自己犯罪之意思，而參與
犯罪，無論其所參與者，是否犯罪構成要件之行為，皆為正犯；其以幫
助他人犯罪之意思，而參與犯罪，其所參與者，苟係犯罪構成要件之行
為，亦為正犯；必以幫助他人犯罪之意思，而參與犯罪，其所參與者，
又為犯罪構成要件以外之行為，始為從犯（二五上二二五三）。

實例如下：

(1)區別正犯與從犯之標準如下：

①以自己犯罪之意思，而參與犯罪構成要件之行為者，為正犯。

②以幫助他人犯罪之意思，而參與犯罪構成要件之行為者，為正犯。

③以幫助他人犯罪之意思而參與，而其所參與之行為，為犯罪構成要件以外之行為者，為從犯。

④以自己犯罪之意思而參與，其所參與之行為，為犯罪構成要件以外之行為者，為正犯（二四、七刑會）。

⑵在正犯實施犯罪前，參與助成犯罪之行為者，究為從犯抑共同正犯？應視下列情形而定：

①他人已決意犯罪，如以犯罪意思助成其犯罪之實現，予以物質上（供給兇刀，貸與金錢）或精神上（諷示犯罪方法）之助力者，皆為從犯。

②他人犯罪雖已決意，如以犯罪之意思促成其犯罪之實現，或就犯罪實行之方法、犯罪實施之順序而有所表示，應認為共同正犯（二四、七刑會）。

⑶甲婦於某乙強姦丙女時，當場按住丙女之口，使其不得喊救，雖其意只在幫助強姦，而其按住被姦人之口，即係實施構成強姦要件之行為，自應成立強姦罪之共同正犯(二九上二四二六)。又如實施殺人行為時，按頭按腳，亦應論以共同正犯（二四、六刑會）。

⑷事前同謀，事後分贓，並於實施犯罪之際擔任把風，顯係以自己犯罪之意思而參與犯罪，即係共同正犯（院二〇三〇）。

⑸利用無責任人共同犯罪，不適用刑法第二十八條之規定（二八、七刑會）。

㈣共同正犯與各種犯罪之關係

1.連續犯　依刑法第五十六條雖以一罪論，但其行為仍屬各別，故

雖有共同聯絡之意思，並無參與犯罪行為者，仍不得概以連續犯論擬。例如甲乙本擬連續搶劫，初次由甲乙共同行劫，後由甲單獨進行，則甲固成連續搶奪，而乙仍成單獨搶奪之共同正犯。

2. 結合犯　乃結合二個獨立罪名，而成另一獨立罪名。例如侵入住宅竊盜（第三百二十一條第一項第一款），其具有共同聯絡之意思，雖中途參與犯罪行為之一部者，乃成結合犯之共同正犯。

3. 繼續犯　其犯罪行為在繼續關係中，雖中途參與，仍成共同正犯。例如第三百四十七條之擄人勒贖罪，固以意圖勒贖而擄人為其要件。但其勒取贖款，乃該罪之目的行為，在被擄人未經釋放前，犯罪尚在繼續中，對於擄人雖未參與實施，而其出而勒贖，即係在擄人勒贖之繼續進行中，參與該罪之目的行為，自應認為共同正犯（二八上二三九七）。

4. 牽連犯　係以犯一罪，而其方法或結果之行為犯他罪，依刑法第五十五條後段從一重處斷。故行為人對其目的、方法或結果之行為，具有共同聯絡之意思，雖分擔實施其犯罪行為之一部，仍成共同正犯。如無犯意聯絡，則不負共同正犯責任。例如甲乙共同謀議私行拘禁毆打某丙，由甲捆縛，乙據以毆打成傷，自係構成妨害自由及傷害罪牽連犯之共同正犯。

5. 追併犯　乃原罪依法律之特別規定，因與犯罪後之行為合併，變成他罪，其參加追併之行為，如與原罪並無共同聯絡之意思，不得概以共同正犯論斷。例如竊盜或搶奪，因防護贓物脫免逮捕或湮滅證據，而當場實施強暴脅迫者，依刑法第三百二十九條雖以強盜論，惟共犯間對於「行強」並無犯意聯絡，或未參與竊盜或搶奪，僅參與「行強」者，均不能認為該罪之共同正犯。

(五)共同正犯與間接正犯

犯罪行為之實施，係利用無責任能力或無故意之人為之者，學說上

稱之為「間接正犯」，乃正犯之另一態樣，情形如下：

1. 利用無責任能力人犯罪者　如利用未滿十四歲之人或心神喪失之人竊盜。

2. 利用無故意之人犯罪者　如利用不知情之人搬運贓物。

3. 以強制方法使他人犯罪者　如甲持手槍迫乙殺丙。

4. 利用他人無違法性之行為者　如長官利用屬員之職務上行為，以達自己犯罪之目的。

5. 利用無特定目的之人犯有特定目的之罪者　如普通人利用公務員收受賄賂。

6. 無特定關係之人利用有特定關係之人，實施犯罪行為者　如女子利用無責任能力之男子強制他女子為性交。

　　實例認為女子利用無責任能力男子強姦他女子，與普通人利用官吏受賄，均成強姦及受賄罪之間接正犯（院七八五）。故在教唆犯外，尚有間接正犯之存在，蓋刑法第二十九條雖認教唆犯在成立及處罰上均有獨立性，然教唆之行為，終係依存於他人之行為而發生作用，如僅係以無責任能力人或無故意之人為對象，有加以利用之意思者，則基此意思而發生之行為，不可謂非異於教唆之類型，自不足以成立教唆犯，故承認有間接正犯。又教唆無犯罪意思之人，使之實施犯罪者，固為教唆犯；若逼令他人犯罪，他人因懼於權勢，意思失其自由而實施者，在實施之人因無犯罪故意，既不構成犯罪，則教唆之人為間接正犯，而非教唆犯（二三上三六二一）。且教唆犯，除其所教唆之罪有處罰未遂犯之規定者外，必須正犯受其教唆而實施犯罪，始能成立。若他人誤信其所教唆之事項為合法之行為而實施之，並無犯罪故意者，則授意人係利用不知情之人，以實施自己之犯罪行為，即屬間接正犯，而非教唆犯；反之，如授意人誤信為合法行為，因介入他人之不法行為而致成立犯罪者，應由行為人獨立負責。在授意人因欠缺故意條件，亦無成立教唆犯之餘地（二

八上一九)。

學者間有以教唆犯既採獨立處罰主義，自不應再認有間接正犯之存在，惟刑法上處罰教唆犯，指其教唆他人犯罪之「教唆行為」，並非刑法分則各本條之「實行行為」，此觀之第二十九條第二項「教唆犯依其所教唆之罪處罰之」，同條第三項「被教唆人雖未至犯罪，教唆犯仍以未遂犯論」之規定，至為明瞭。

㈠教唆犯與間接正犯不同：

教　唆　犯	間　接　正　犯
①教唆有責人發生犯罪決意或實施犯罪行為。	①利用他人無責任之行為而實現犯罪構成要件。
②教唆者與被教唆者皆負刑責。	②刑責由利用者單獨負之。
③得依共犯獨立性說理解之。	③為共犯從屬性說之產物。
④教唆者與被教唆者須有犯意聯絡。	④利用人與被利用人並無犯意聯絡。
⑤共犯。	⑤正犯。
⑥教唆者可使被教唆者輾轉教唆他人犯罪。	⑥不能使利用者更利用他人犯罪。
⑦實定法上之犯罪。	⑦理論上之犯罪。

㈡共同正犯與間接正犯不同：

共 同 正 犯	間 接 正 犯
①共同行為人間須有犯意聯絡。	①利用人與被利用人間無犯意聯絡。
②共同行為人應就犯罪行為分擔或並進。	②利用人與被利用人非就犯罪行為分擔或並進。
③共同行為人皆應就行為負責。	③僅利用人就其行為負責。
④共犯。	④非共犯。
⑤皆為正犯。	⑤被利用人不成立犯罪。
⑥實定法上之犯罪。	⑥解釋上之犯罪。

㈢幫助犯與間接正犯不同：

幫 助 犯	間 接 正 犯
①幫助他人之有責行為完成他人之犯罪。	①利用他人無責任行為實現自己之犯罪。
②從屬於正犯皆負刑責。	②僅利用人單獨負擔刑責。
③被幫助之正犯須就自己之行為負責。	③被利用人就其實行行為不負責任。
④共犯。	④正犯。
⑤法定上之犯罪。	⑤理論上之犯罪。
⑥得按正犯之刑減輕之。	⑥利用人自負刑責。
⑦幫助已有犯罪決意之人犯罪。	⑦利用無犯意之人犯罪。

四、教唆犯

　　教唆他人犯罪者為教唆犯，乃共犯態樣之一，因刑法第二十九條採共同行為說之主觀理論，以教唆他人犯罪惡性重大，且為反社會性之表

現，遂認為獨立性犯罪加以處罰，故定為教唆他人犯罪者為教唆犯，而教唆犯依其所教唆之罪處罰之（第二十九條第一、二項）。教唆犯於被教唆人雖未至犯罪，仍應負未遂犯之責者，必以所教唆之罪，刑法有處罰未遂犯之規定者始克相當（二四上二六二）。尤足充分表現教唆犯為獨立性之犯罪，是以教唆犯以自身不參與正犯之實行行為，而使無犯意者發生犯意為其特質，故教唆犯並非因他人之行為而負責，乃因自己固有之行為而成立犯罪，並負其責任。

(一)**教唆犯之要件**

1. 教唆他人犯罪之意思　教唆者在主觀上必有教唆之故意，包含正犯之故意與使他人生犯罪行為決意之認識，故教唆犯所處罰者，乃「教唆行為」，並非「正犯之實行行為」。

2. 教唆他人犯罪之行為　教唆者必須表現其犯意，而促使他人生犯罪決意之積極行為，始得成立教唆犯。至教唆行為為明示或默示，是否在被教唆人犯罪之當場，均非所問（二九上二六六二）。教唆他人犯罪之方法雖無限制，然必使被教唆人有自由從違之可能，始得謂有犯意之聯絡，若逼令他人犯罪，他人懼於威勢，意思失其自由而實施者，在實施之人因無犯罪故意，既不構成犯罪，則造意之人為間接正犯，而非教唆犯（二三上三六二）。又被教唆人是否聽從其教唆，以實施犯罪與否，於教唆之成立，不生影響，但如教唆殺人之函件，未達到被教唆人之手，即難以未遂犯論（三九臺上一二三）。

3. 被教唆者須有責任能力　否則即為間接正犯，而非教唆犯。

4. 須被教唆人原無犯罪意思　必被教唆人本無犯意，或雖有犯意而尚未確定者，教唆人授意使之犯罪，始成教唆犯。故如教唆誣告後，又代為制作書狀向官署誣告，則為共同正犯（三一上九二〇，一八上二七六）。若他人已有犯罪決意，僅由教唆人之行為，而促

成或助成他人犯罪之實行者，則應分別情形以共同正犯或從犯論
（三〇上一六一六）。

5. 須對於特定人為之　所教唆之罪須以特定之犯罪為限，蓋共犯關
係乃特定人間之關係，依第二十九條第一、二項規定，如不限於
特定之犯罪，將無從確定「所教唆之罪」故也。

6. 須教唆人未參與犯罪行為之實施　如教唆後，又參與犯罪之實
施，無論其參與者為犯罪構成要件以外之行為，均為共同正犯，
而非教唆犯（二二上六八一）。

(二)教唆犯之分類

1. 單獨教唆與共同教唆

(1)單獨教唆　教唆者一人單獨教唆他人犯罪。

(2)共同教唆　二人以上同時教唆他人犯罪，如甲乙共同唆使丙犯
罪，甲乙固成共同教唆犯；即甲乙基於教唆他人犯罪之共同謀
議，推乙教唆丙犯罪者，甲乙仍為共同教唆犯。惟共同教唆應
就教唆行為共同負責，並不適用刑法第二十八條之規定（二八、
七、二五刑會）。又共同教唆行為不必同時為之，如有共同之犯
意，前後各個為數回之教唆，仍為共同教唆行為，故共同教唆
者須有共同意思之聯絡，而不必同時實施教唆，其先後各別為
之者，如甲乙基於共同教唆之犯意，先後分別教唆丙犯罪，丙
縱因乙之教唆，始生犯罪之決意，甲乙仍為共同教唆犯，此等
情形，學理上稱為「繼承教唆」（相續教唆）。其無共同意思聯
絡者，雖同時對一人教唆犯罪，亦僅各自獨立成立教唆犯，此
為「同時犯」，而非共犯。如甲先向乙教唆殺丙，乙未之聽，其
後復有丁者不知甲亦欲殺丙，並已先有教唆之情事，又向乙教
唆殺丙，乙因丁之教唆，始生決意，並實行既遂，則丁為教唆
殺人既遂，甲為教唆殺人未遂。

2.直接教唆與間接教唆

(1)直接教唆 教唆者直接教唆被教唆者犯罪，如甲教唆乙殺丙即是，直接教唆之為教唆犯，適用第二十九條處罰。

(2)間接教唆 教唆者教唆被教唆之人，使之轉行教唆他人犯罪，如甲教唆乙教唆丙殺丁即是。間接教唆犯，實例認係教唆犯，故第二十九條第一項定曰：「教唆他人犯罪者，為教唆犯」，同條第三項規定：「被教唆人雖未至犯罪」，而不曰「被教唆人未至實施犯罪」，足證立法意旨並未排斥教唆教唆犯之存在。故教唆之教唆仍屬教唆犯，但以所教唆之人已向他人教唆其實行犯罪為構成要件，因之，間接教唆犯亦包括在刑法第二十九條之教唆犯範圍內（二八、七刑會）。至教唆教唆犯，並無層數之限制，得輾轉為三層以上之教唆，仍不失其為教唆教唆犯。

教唆者教唆他人犯罪，其教唆行為業已完成，至被教唆人所實施之犯罪行為，其共犯之態樣，是否與被教唆者所教唆之犯罪相同，則非所問，例如甲教唆乙殺丙，乙竟轉教唆丁殺丙，仍成教唆犯。在一個犯罪事實中，無論所教唆者為一人抑為多人，均祇成立一個教唆犯（一九非七○），如以一教唆行為發掘三棺，亦祇應論以一個教唆發掘墳墓罪（一八上九九九）。

3.競合教唆與連續教唆

(1)競合教唆 教唆者一個教唆行為，而使被教唆者觸犯數個罪名。如甲教唆乙同時同地殺害三人（二八上二三三二）；或教唆殺害他人全家，結果被害者三人，即係一個行為而觸犯數罪名，應成立教唆之想像上競合罪，與刑法第五十五條前段之規定相當（三一上一一一）。

(2)連續教唆 教唆者以連續之犯意，先後教唆他人犯罪，例如甲基於連續犯意，先後教唆乙行竊，此等情形，甲應成立連續犯。

蓋其教唆行為因有數個，故依第五十六條規定論以一罪。實例認為「被教唆之某甲既已行兇二次，則上訴人當日果以連續犯意先後教唆殺人，即應成立連續犯」(三二上四四〇)，此即係「連續教唆他人犯罪」之範圍。

「連續教唆」與「教唆連續」，在學理上及處罰上均不相同。後者係以一個教唆行為，唆使他人實施多次犯罪行為，例如甲以一個教唆行為，教唆乙連續殺害丙，使之斃命。因其教唆行為祇有一個，故成立一個教唆殺人罪，實例認為：倘係以一個教唆行為，教唆某甲連續殺害同一之人，以達其殺人之目的，祇應成立一個教唆殺人罪，不發生連續犯問題(三二上四四〇，四九臺上一四一六)。又如甲以一個教唆行為教唆乙竊取支票偽造使用，雖被教唆人乙竊得支票先後連續偽造二十張支票使用，甲亦祇成立一個教唆偽造有價證券罪，不生連續問題(七四臺上九四七)。所謂「教唆他人連續犯罪」其故在此。兩者區別如下：

連 續 教 唆	教 唆 連 續
①基於概括之犯意。 ②有數個教唆行為。 ③成立連續犯。 ④依法加重其刑至二分之一。	①並無概括之犯意。 ②僅一個教唆行為。 ③不生連續犯。 ④不得加重。

4.教唆未遂與未遂教唆

　(1)教唆未遂　被教唆者已著手實行教唆行為，或實行終了而未生預期結果，係自「教唆」方面觀察，情形有三：

　　①無效之教唆　其教唆行為雖已使被教唆人決意犯罪，但被教唆人並未實施犯罪，如甲教唆乙行竊，乙雖欲為之，苦無下手機會，遂予放棄決意。

②失敗之教唆　教唆者對於被教唆人所為之教唆行為,不足使被教唆人決意犯罪,如甲教唆乙殺丙,乙念其死後遺下幼兒,不加殺害。

③最狹義之教唆未遂　被教唆者已基於教唆者之教唆,著手於犯罪行為之實行而不遂,如甲唆使乙殺丙,因開槍未中,致被逸去,而未死亡。

上列三項之教唆未遂,在理論上均不影響教唆犯之成立。但如被教唆人未至犯罪或雖犯罪而不遂,則以未遂論(第二十九條第三項)。實例認為「教唆犯在原則上應按正犯之犯罪體樣而處罰,故正犯之犯罪如屬未遂,則教唆犯亦應依刑法第二十九條第二項論以未遂,與第三項所稱被教唆人雖未至犯罪,教唆犯仍以未遂犯論之例外規定無涉」(二七上一五一一)。可知刑法上對教唆犯之成立採獨立性說,於其處罰則採從屬性說。

(2)未遂教唆　被教唆者預知被教唆者之行為不致發生犯罪結果,或以阻止其發生結果之意思,而為教唆行為。如甲明知丙家中無物,唆使不知情之乙竊取是。未遂之教唆,刑法並無處罰規定,惟學者間多主張予以處罰,蓋教唆犯之故意,以就正犯之實行行為有所認識為已足,故教唆者既有正犯之實行行為之認識,雖認識正犯之行為終歸未遂,仍屬可罰故也。

(三)教唆犯與其他犯罪之關係

1.被教唆人犯罪而有事實錯誤時,則教唆人就其所教唆之罪,依錯誤之法理解決。

(1)客體錯誤　犯罪客體雖有錯誤,侵害法益相同時,如甲教唆乙殺丙,乙誤認而殺丁,則甲仍負殺人既遂罪責。

(2)方法錯誤　在構成要件相同時,如甲教唆乙殺丙,因槍法不準誤中丁,此時甲祇於所教唆之罪為未遂犯,對丙部分負教唆殺

人未遂，至丁之死亡非屬甲之教唆範圍，不負刑責。

2. 被教唆者所實施之犯罪，與教唆者所教唆者完全無關，或於所教唆之罪外，另犯他罪者，教唆者對於非其教唆之罪或越出教唆範圍之罪，不負教唆責任。例如甲教唆乙殺丙，而乙為強盜，則甲應就教唆殺人未遂處斷，乙仍成強盜罪。又如甲教唆乙竊盜，而乙於竊取後，強姦丙妻，則甲仍僅負教唆竊盜罪責，乙構成竊盜及強姦二罪（二四上二三八五，三〇上五九七）。

3. 被教唆者因實施所教唆之罪，致發生一定之結果，刑法上有加重其刑之規定者，應以教唆者能預見其發生者為限，始負教唆犯責任。

4. 教唆者基於特殊事由，若自為該行為不成立犯罪，由他人為之則構成犯罪，如刑事被告教唆他人代為湮滅關係自己之刑事案件證據，或犯人教唆他人使之隱匿自己（第一百六十四條、第一百六十五條），則教唆者應否負責？實例認為不成立教唆罪，蓋此等情形，教唆者自為之既不成立犯罪，而教唆他人代為之，反不免於刑責，殊失公平故也。因之犯人自行隱避，刑法上既非處罰行為，則教唆他人頂替自己，以便隱避，當然亦在不罰之列（二四上四九七四）。

5. 被教唆者雖未至犯罪，仍以未遂犯論，但以所教唆之罪有處罰未遂犯之規定者為限（第二十九條第三項），此之「未至犯罪」，實包括雖犯罪而不遂之情形在內。此由於我國刑法對教唆犯採獨立處罰主義，故被教唆人雖未至犯罪，教唆犯仍以未遂犯論（七一臺上三七六二）。

教唆犯與共同正犯之區別：

教　唆　犯	共　同　正　犯
①教唆犯僅誘發他人犯罪之決意，不分擔正犯之實行行為。	①共犯間皆分擔犯罪之實行行為。
②僅教唆他人犯罪，使他人自為犯罪之實行行為。	②共同決意並實施犯罪行為。
③與被害人生間接關係。	③發生直接關係。
④不受身分關係之限制。	④有因身分關係不得為共同實行行為者（如瀆職罪）。
⑤科以所教唆之罪刑，或從屬於正犯之罪刑。	⑤各科其刑。
⑥縱的共犯。	⑥橫的共犯。
⑦教唆者如進而分擔正犯之實施行為時，則化為共同正犯。	⑦無從化為教唆犯。

6. 教唆犯以教唆行為終了時，即為犯罪成立，因係獨立之犯罪，故以其教唆時為犯罪行為時（二七、四刑會）。

7. 受託代雇殺人兇手，亦係教唆他人犯罪，應負教唆之責（二七上二二四）。且教唆犯係指僅有教唆行為而言，若於實施犯罪之際，當場有所指揮或教唆他人犯罪，而又參加實施行為者，均應以共同正犯論（三一上九二〇）。

8. 事前教唆他人行竊，事後分取贓物，祇能認為竊盜之教唆犯（院二七二七）。其於教唆行竊而收買所竊之物者亦同。

9. 教唆他人犯罪後，又進而實施犯罪行為者，其教唆行為已為實施行為所吸收，祇就其所實施之行為處斷已足，不應再論以教唆之罪（五〇臺上七四八）。故如教唆他人偽造公印後，並進而行使，蓋在私宰豬肉上，從事銷售，且與行使另一偽造公印蓋在私宰豬肉上銷售之行為，基於一個概括犯意，則論以連續行使偽造公文

書外，不應再論以教唆之罪（四三臺上三九六）。

10.原無殺人故意，經教唆者之教唆後，復送給毒藥，並又催促實施，則教唆者前之教唆與後之催促，係一個教唆行為，其送給毒藥之幫助行為，在教唆之後，應為教唆行為所吸收，自應以教唆殺人論科（四六臺上八三一）。

五、從　犯

從犯乃幫助他人犯罪，不問為物質上（如供給犯罪器具）或精神上（如指示犯罪方法），足以便利犯罪之實施或予援助者均可。且幫助行為，雖包括消極與積極二種，但必因其助力予正犯以實施犯罪之實行，方克相當，若僅於他人實施犯罪之際，以消極之態度，不加阻止，並無助成正犯犯罪之意思及便利其實施犯罪之行為者，即不能以從犯論擬。至其幫助，在他人實施犯罪前，抑在實施之際，則非所問。

㈠從犯之要件

1.須有正犯之存在　因從犯採從屬性說之當然結果，如幫助無責任能力人實施犯罪，應成立間接正犯。

2.須有幫助他人犯罪之故意　自己對正犯實行犯罪之行為須有幫助之認識，故如雙方無共同犯罪之意思，縱一方知情而幫助，應以從犯論（院七八五）。

3.須有幫助他人犯罪之行為　其為事前幫助或事中幫助，固非所問，但其幫助之行為，必須為犯罪構成要件以外之行為，否則即為共同正犯。至從犯之成立，是否須幫助行為對於犯罪之完成具有影響力？見解並不一致，通說以祇須與他人之實施行為居於有關之地位已足，不必皆在實際上有影響力，亦不必為有效之幫助。例如甲持槍殺人，乙在旁更為之裝彈，以便換槍發射，甲於未換槍前即達殺人目的，則乙仍成立幫助殺人既遂。

4.須被幫助者之行為成立犯罪　如他人受其幫助之後，並未實施犯罪，則受助之人既不成立犯罪，幫助者亦無成立從犯餘地。又以一個行為幫助多數正犯時，仍應論以一罪。

㈡從犯之分類

1.無形幫助與有形幫助

　⑴無形幫助　對於犯人以精神上之助力，如指示犯罪方法堅定犯人意志是。「無形幫助」與「教唆犯」似同實異，蓋無形幫助係對於已有犯罪決意者為之；教唆乃對於尚未決意犯特定之罪者為之。故其區別端視正犯是否已有犯罪之決意以為斷。如正犯原無決意，而因他人之誘導指示，始生犯罪之決意者，則其誘導指示之行為構成教唆犯，而非從犯。如正犯原先已有決意，因他人之精神援助而增強其犯意，充實其計劃，促成其犯罪者，則其精神上之加功行為，構成從犯而非教唆犯（七上八二〇、十八上一一二六參照）。因此，教唆幫助與幫助教唆，均為犯罪之幫助行為，應適用從犯之規定處罰（七二臺上七一一五）。

　⑵有形幫助　對於犯人予以物質上之助力，如借與犯罪工具是。

2.事前幫助、事中幫助與事後幫助

　⑴事前幫助　在正犯實施犯罪之前予以助力，如激勵他人犯罪是。

　⑵事中幫助　在他人實施犯罪之際予以幫助，如借刀殺人是。

　⑶事後幫助　正犯實行行為終了後予以幫助，如殺人後幫助其遺棄屍體，此與犯罪之成立不生影響，刑法上不認有事後從犯之存在。

3.片面幫助與間接幫助

　⑴片面幫助　被幫助之人不知幫助者為片面幫助，如甲欲殺乙，苦無尖刀，丙適將刀潛置甲旁，甲持此刀將乙殺死是。此雖他

人不知幫助之情，亦係從犯（第三十條第一項）。

(2)間接幫助　非直接幫助正犯犯罪，而幫助從犯幫助他人犯罪，如甲見乙將犯罪所用之物運往犯罪場所，助丙犯罪，而幫助乙搬運是。故又稱為「幫助之幫助」。

4.單獨幫助與共同幫助

(1)單獨幫助　一人幫助他人犯罪。

(2)共同幫助　多數人幫助他人犯罪，此等場合，各負幫助罪責，不適用第二十八條規定。

㈢從犯之處罰

1.從犯之處罰，得按正犯之刑減輕之（第三十條第二項），係採「得減」主義，其減輕與否，仍由法官自由裁量。故從犯附屬於正犯而成立，與正犯適用同一法律，同一法定刑，如正犯不成立犯罪，從犯亦無從處罰。

2.「把風」行為，究為犯罪之實行行為，抑犯罪之幫助行為？論者不一，一般以就行為人之犯意定之為妥，如以自己犯罪之意思參與犯罪時，應視為正犯，否則為從犯（二五上二二五三、二四上二二二、二四上二八六六參照）。實例認為「事前同謀，事後分贓，並於實施犯罪之際擔任把風，顯係以自己犯罪之意思而參與犯罪，即應認為共同正犯」（院二〇三〇），即有此趨向。

3.從犯係幫助他人犯罪，教唆犯係教唆他人犯罪，均非自行實施犯罪之人。故刑法上之教唆犯並無幫助犯，其幫助教唆者仍應解為實施犯罪（即正犯）之幫助犯，如幫助教唆殺人而被教唆人並未實施者，在教唆犯固應以殺人未遂論科，而幫助教唆之人，仍因無實施正犯之故，不成立殺人罪之從犯（二九上三三八〇）。

教唆犯與幫助犯之區別：

教　唆　犯	幫　助　犯
①其行為乃使人生犯罪決意或使人確定其所不確定之決意。	①其行為僅有助成或促成他人實施犯罪之效力。
②獨立性之犯罪，依其所教唆之罪處罰。	②從屬性之犯罪，得按正犯之刑減輕之。
③僅得於事前為之。	③事前或事中均可。
④須有積極之行為。	④積極或消極行為均得為之。
⑤被教唆人雖未至犯罪，教唆者仍以未遂犯論。	⑤被幫助之正犯如不成立犯罪，幫助之者不成罪。
⑥與被教唆者須有共同犯意之聯絡。	⑥被幫助者雖不知幫助之情亦得成立片面從犯。

六、共犯之責任

(一)共犯與身分

1.因身分或其他特定關係成立之罪，其共同實施或教唆、幫助者雖無特定關係，仍以共犯論（第三十一條第一項）。所謂因「身分」或其他「特定關係」成立之罪，係指法律規定以一定身分為犯罪主體之犯罪，不具備一定身分即不成立犯罪。如受賄罪之主體為公務員，偽證罪中之依法具結之證人，將受強制執行之債務人或有業務關係之人等是。

　(1)無身分或特定關係與有身分或特定關係，共同實施犯罪者，例如甲與店員乙共同侵占其店中貨款，甲原無業務關係，因與乙共同侵占，即應成立業務侵占罪之共同正犯。

　(2)無身分或特定關係者，教唆有身分或特定關係者犯罪，例如甲婦教唆乙男強姦丙女，甲婦可成立強姦罪之教唆犯。

(3)無身分或特定關係者，幫助有身分或特定關係者犯罪，例如甲幫助店員乙侵占店中貨款，甲則成為業務上侵占罪之幫助犯。

2.共犯中因身分或其他特定關係，致刑有重輕或免除之情形時，其無特定關係之人，科以通常之刑（第三十一條第二項）。

(1)因身分或特定關係加重其刑者，例如甲幫助乙殺害乙父丙，乙應論以殺直系血親尊親屬罪，甲無此親屬身分，祇科以普通殺人之幫助犯罪刑。

(2)因身分或特定關係減輕其刑者，例如甲與未滿十八歲之乙共同強姦故意殺被害人致死，依刑法第六十三條規定，乙雖不得處以死刑或無期徒刑，但甲仍應科處死刑。

(3)因身分或特定關係免除其刑者，例如甲教唆乙侵占丙之財產，乙丙為父子關係，依法乙得免除其刑，甲無此關係，仍應論以普通侵占罪刑。

　　第三十一條第一、二項之法意，並不相同。其第一項規定非有某種身分或其他特定關係不能構成犯罪，故以身分或其他特定關係為犯罪構成要件。第二項規定因身分或其他特定關係為刑罰輕重或應否免除之標準，即無身分或其他特定關係之人，亦能構成犯罪，祇不過以身分或其他特定關係為刑罰輕重或應否免除之條件而已。所謂「科以通常之刑」，非僅為無身分或特定關係之人，定科刑之標準，即論罪亦包括在內，不可離而為二，此為罪刑不可分之原則。故共犯中科通常之刑者，即應論以通常之罪名，例如甲與乙共同殺死乙之父，乙應論以殺直系血親尊親屬之罪，甲雖為共同正犯（本條第一項），但無身分關係，仍按普通殺人罪論處（本條第二項）。

　　實例如下：

　　　①刑法第三十一條第二項非僅為無特定關係之人定科刑之標準，即論罪亦包括在內，不能離而為二。上訴人對於被害人

之直系血親卑親屬，教唆其殺害或與之共同實施殺害，應論
以普通殺人之教唆或正犯罪刑，不能論以殺直系血親尊親屬
之罪，而科以普通殺人罪之刑（二七上一三三八）。

②刑法第三十一條第一、二兩項所規定之情形迥不相同，前者
非有某種身分或其他特定關係不能構成犯罪，故以身分或其
他特定關係為犯罪構成要件。後者不過因身分或其他特定關
係為刑罰輕重或應否免除之標準，質言之，即無身分或其他
特定關係之人亦能構成犯罪，僅以身分或其他特定關係為刑
罰輕重或應否免除其刑之條件（二八上三四四一）。

與有身分或其他特定關係之人共犯，其無身分或特定關係之人，究
在何種情形下，始能適用第三十一條第二項規定？論者不一：

(1)甲說以無身分或特定關係之人，如另有相當之通常罪刑可以處
罰，則依第二項科以通常之罪刑。例如無業務關係之人與有業
務關係之人，共犯業務上侵占罪，該無業務關係之人仍科以普
通侵占罪刑（院五九二）。無相當之通常罪刑者，即無第二項之
適用。例如非公務員與公務員共犯刑法上之圖利罪，無公務員
身分之人別無相當法條可資適用，即應依上開圖利罪論處（院
二五二二）。

(2)乙說認為無身分或特定關係之人，苟非與有身分或特定關係之
人共犯，根本無由成立犯罪者，不能適用第二項之規定。例如
無業務上持有關係之人對於他人業務上持有之物，苟非與業務
上持有人共犯，根本無從下手侵占，故應依共同業務侵占論處
罪刑，不能科以普通侵占之罪刑（院二三五三，二四上五二九
○）。反之，所犯之罪其性質不以與有身分或特定關係之人共犯
為要件者，亦即如與無身分或特定關係之人亦能共同犯之者，
即有本條第二項之適用。例如教唆他人殺害其父，其罪質本與

殺人相同，而殺人罪並未必須有身分或特定關係者，始能犯之，故該教唆犯依第二項規定，應科以普通殺人罪刑（二七上一三三八）。實務上概採此說，判解如下：

①侵占罪之持有關係，為特定關係之一種，如持有人與非持有人共同實施侵占持有他人之物，依刑法第三十一條第一項、第二十八條均應論以同法第三百三十五條之罪，至無業務上持有關係之人，對於他人之業務上持有物，根本上既未持有，即無由觸犯同法第三百三十六條之罪，其與該他人共同實施或教唆幫助侵占者，依同法第三十一條第一項之規定，應成立第三百三十六條第二項之共犯（院二三五三）。

②上訴人對於某店財物既未持有，自不能獨立構成侵占罪名，而其幫助有業務上特定關係之人侵占業務上所持有之物，仍應成立侵占業務上持有物罪之從犯，不能科以通常侵占之刑（二四上五二九〇）。

㈡共犯之共犯

1.教唆教唆犯　教唆他人使之教唆第三人犯罪者，為教唆教唆犯，亦稱「間接教唆犯」。刑法上之教唆犯係獨立性犯罪，故教唆教唆犯仍屬「教唆犯」，如甲教唆乙覓丙殺丁，則甲仍為教唆犯。自應依其所教唆之內容處罰，且以所教唆之人已向他人教唆其實行犯罪為成立要件（二八、七刑會）。其輾轉而為教唆者，亦為教唆之教唆，例如甲欲殺其仇人乙，託由丙覓丁，再由丁轉覓戊將之刺死，則丙丁實係輾轉教唆人，學理上稱為「輾轉教唆」。質言之，輾轉教唆，乃教唆他人使之實施犯罪，被教唆者已生犯罪之決意，但自己未當實行之任，又轉而教唆第三人實施犯罪，其最先之教唆行為對於中間之教唆者，雖似止於教唆未遂，實則不有最先之教唆，即無最後犯罪之實施，兩者具有因果關係，故無論由中間

者自己實施犯罪，或由第三者實施犯罪，最先之教唆者所負刑責，均不生影響，應依一般教唆犯處罰。

2. 教唆從犯　教唆他人使之幫助正犯犯罪，如甲教唆乙予殺人犯以物質上之援助是。在教唆從犯仍不失為教唆他人犯罪，故應依其所教唆之內容處罰。如被教唆人因正犯不成立犯罪而不受處罰時，教唆犯有無刑責？通說認教唆從犯乃教唆犯態樣之一，仍屬獨立性犯罪，雖其處罰以從犯為標準，而其獨立之可罰性不因之而變更，故應依所教唆之內容罰之，以符第二十九條之立法旨趣。

3. 幫助從犯　與幫助他人犯罪者予以幫助，即為幫助從犯。例如甲幫助乙行竊，丙則幫助甲予以乙行竊之便利是。刑法上對於從犯採從屬性說（第三十條），故幫助從犯因無正犯存在，不成立犯罪。然幫助從犯之行為，於正犯實施構成要件之行為，不能謂無相當因果關係，自理論上言，亦難謂無可罰性。

4. 幫助教唆犯　幫助他人教唆犯罪者，為「幫助教唆」。例如幫助甲教唆乙搶劫是。自理論上言，幫助教唆非不得為共犯。惟學者有謂教唆犯之行為，非直接實現犯罪構成要件之行為，不能謂為共犯，故幫助之者，即非共犯，因而幫助教唆犯即非共犯。然則實例認為幫助教唆犯應解為「正犯」之幫助犯，以為「教唆之幫助與幫助之教唆及幫助之幫助，均屬犯罪之幫助行為，仍以正犯構成為成立要件」（二八、七刑會），足見有此趨向。

㈢共犯之競合

一人而同時具有數種之共犯形態，稱之為「共犯之競合」，其態樣如下：

1. 教唆犯與正犯競合，依共同正犯論處。原則上教唆行為為實行行為所吸收，如教唆部分之處罰較實施者為重時，應從重之教唆處罰。

實例如下：

①教唆他人犯罪後，又進而實施犯罪行為者，其教唆行為已為實行行為所吸收，應以實施正犯論科（四三臺上三九六）。

②教唆犯係指僅有教唆行為者而言。如於實施犯罪之際，當場有所指揮，或教唆他人犯罪又參加實施行為者，均應以共同正犯論（三一上九二〇）。

③教唆犯如於實施犯罪之際，當場有所指揮，且就其犯罪實施之方法以及實施之順序有所計劃，以促成犯罪之實現者，則其計劃行為之人，與加功於犯罪之實施，初無異致，即應認為共同正犯，不能以教唆犯論（四五臺上四七三）。

2. 教唆犯與幫助犯競合，依教唆犯論處。故先教唆而復幫助者，則其幫助行為為教唆行為所吸收。

實例如下：

①先教唆而後幫助，當然應從情節較重之教唆行為處斷（二一上八九三）。

②某甲原無殺父之意，某乙教唆毒殺後，復送給毒藥，並又催促實施。則某乙前之教唆與後之催促係一個教唆行為，其送給毒藥之幫助行為，在教唆之後，應為教唆行為所吸收，自應以教唆殺人論科（四六臺上八三一）。

3. 幫助犯與正犯競合，應依共同正犯論處。

實例如下：

①所謂幫助他人犯罪，係指就他人之犯罪加以助力，使其便於實施之積極的或消極的行為而言。如在正犯實施前曾有幫助行為，其後復參與犯罪構成要件之行為者，即已加入犯罪之實施，其前之低度行為應為後之高度行為所吸收，仍成立共同正犯，不得以從犯論（二四上三二七九）。

②刑法上之從犯，係指僅以幫助之意思，對於正犯資以助力，而未參與實施犯罪構成要件之行為者而言。如就犯罪構成事實之一部已參與實施，即屬共同正犯（三〇上一七八一）。

㈣共犯與罪數

1. 共同正犯　共犯之實施行為，僅於決定共同責任，有同一觀察之必要，未可即視為一個犯罪行為。故共同正犯雖以共同意思，分擔實施數個犯罪事實，亦祇為一行為而觸犯數罪名，應依第五十五條前段從一重處斷。

實例如下：

①同夥上盜，分頭搶劫數家者，固應共同負責，但以有預見者為限（二一上四九）。

②被搶之事主雖為二人，上訴人既已侵害二個財產法益，但上訴人等分擔實施，本係一犯行而生二罪，應從一重處斷（一九上一三二五）。

③以共同之意思同時殺死五人，即係一行為而觸犯數罪，從一重處斷（二一上六四六）。

④上訴人等果以共同之意思，同時傷害二人，乃一行為而犯數罪名，應論以共同傷害一罪（二〇上八二六）。

2. 教唆犯　刑法上認教唆犯係獨立性犯罪，故教唆犯之個數，應以教唆行為之個數為準，與被教唆者之實行行為無關。分述如次：

①以一行為教唆一人或數人犯數罪者，其教唆行為祇有一個，實係一行為觸犯數罪名，成立教唆之想像競合犯。故如上訴人以一教唆行為發掘三棺，祇應論以一個教唆他人發掘墳墓罪（一八上九九九）。又如上訴人教唆某甲毒害某乙全家，結果被害者三人，即係一行為觸犯數罪名，應成立教唆之想像上競合罪（三二上一一一一）。

②縱教唆數人犯一罪，教唆犯仍係單純一罪。

③教唆他人犯牽連犯、連續犯或想像競合犯時，教唆犯仍應依第五十五條前段從一重處斷。

④教唆數人同時各別犯罪者，如其教唆行為單一，則仍成立教唆之想像競合犯，如甲教唆乙同時同地殺害二人，自係一個教唆殺人行為，而被害人如有二人，即與第五十五條前段之規定相符（二八上二三三二）。

3.從犯　從犯之罪數，應依幫助行為定之。故以一個行為幫助多數正犯時，應論以一罪（一一統一六七五）。

第八章　犯罪之併合

一、想像競合犯

所謂「想像競合犯」，係一行為而觸犯數罪名（第五十五條前段），其具備數個構成要件，係基於一個意思並出於一個行為，依法律之規定，競合為一罪，故其意思各別，且係數個行為，即應構成數罪。

(一)想像競合犯之種類

1. 同種想像競合犯　乃一行為而觸犯同種類之數罪名，例如同時殺死甲乙丙丁四人（二〇上一九八四），同時擄去乙丙二人勒贖（一八上六九五），公務員濫用職權於同時同地，將甲乙一併看管，已侵害二個私人法益（二八上三六五二），以一手榴彈炸斃三人（一八上七六〇）等是。

2. 異種想像競合犯　乃一行為而觸犯數項種類不同之罪名，例如一刀殺人而又傷人，失火燒燬病房致焚斃病人，應依失火罪與過失致人於死二罪，從一重處斷（三〇、八刑會），教唆殺人，被害人兩死一傷，雖有既遂未遂之分，自係一行為而觸犯數罪名（三七上二二五七）均是。

(二)想像競合犯之要件

1. 須基於單一行為　必為一個決意之一個行為，究為單一意思抑概括意思，在所不問（一九上一二一〇）。故如以一個殺人決意而開槍射死二人，同時毀三物者；或以概括殺人之意思，向群眾投擲炸彈，同時炸死二人，傷害三人，均其適例。

   (1)第五十五條前段所稱「一行為而觸犯數罪名」，係指所犯數罪名出於一個意思活動，且僅有一個行為者而言。如其意思各別，

且有數個行為，應構成數個獨立罪名，不適用第五十五條前段
規定（三八穗上一二八）。

(2)共同正犯基於一個犯罪決意而分別為實施之行為時，亦不失為
一個行為，故如甲乙既係竊割丙丁兩家之麥，顯然侵害兩個法
益，應依第五十五條處斷（二八上一二三二）。

(3)以一個過失行為，發生數個法益侵害之結果，觸犯數個過失之
罪名者，亦有想像競合犯之成立。例如一槍誤傷二人，即係一
過失而觸犯數個傷害罪名，依第五十五條從一重處斷（二〇上
一二四七）。實例認為：甲起意殺乙，置毒餅內送乙，乙未食，
甲對乙自成預謀殺人未遂罪，如乙之以餅貽送丙食，及丁之嚐
食，甲亦預見，而不違背本意，則甲對於丙丁亦有殺人之間接
故意，應成立殺人未遂罪。若應注意而不注意，或雖預見之，
而確信其不發生，丙丁既因食餅而病，則甲對於丙丁，自屬過
失傷害人，應與預謀殺乙未遂之行為，從一重處斷(院三五五)。

(4)基於一個教唆決意，以一個教唆行為教唆他人犯數罪者，亦得
成立想像競合犯。實例認為：上訴人教唆某甲殺害某乙全家，
結果被害者三人，即係一行為而觸犯數罪名，應成立教唆之想
像競合犯，與刑法第五十五條前段之規定相當(三二上一一一)。

2.須發生數個結果　其數個結果必各自獨立，且有可罰性，始克相
當。雖侵害數個法益，而該被害法益在法律上屬於單一性質者，
仍無成立想像競合犯餘地。例如偽證之對象雖有甲乙二人，而其
侵害國家審判權之法益，則仍屬一個，自僅構成一個偽證罪名，
不能因其偽證甲乙二人犯罪，即認為一行為而觸犯數罪名（三一
上一八〇七）。在連續犯，其數個犯罪行為必須有先後次序之分，
如係於同時同地一次實施以侵害數個法益，而無從分別先後者，
即係一行為而觸犯數罪名，不能以連續犯論（二九上三四五四）。

其結果之多寡，依法益之單複定之，在人格法益（如殺人罪）以人之單複為準；財產法益（如竊盜罪）以監督權之單複為準；公共法益（如偽證罪）則認為包括的一個法益。故如一狀誣告數人，不得認為一行為而犯數罪，不適用刑法第五十五條（二五、一二刑會），蓋其侵害國家之法益，僅有一個，仍成一罪故也。

3. 數個結果須觸犯數罪名　必因其係一個行為而犯數個罪名，如同時同地刀殺二人未死，無從分別先後，自與先殺一人之行為完成後，再另殺一人之情形不同，係一行為而犯數罪名（五一臺上一六九三）。

(三)想像競合與法條競合

法條競合者，乃同一犯罪行為，因法規之錯雜規定，致同時觸犯數法條，僅應適用一法條，而排斥他法條。此係法律適用問題，與想像競合係犯罪競合問題之情形有別。其適用原則如次：

1. 特別關係　一行為觸犯普通法之罪名，同時又觸犯特別法之罪名，依「特別法優於普通法」之原則，適用特別法。

   (1)特別法與普通法屬於同一法規者，如殺害直系血親尊親屬，應優先適用刑法第二百七十二條，而排斥同法第二百七十一條之適用。

   (2)特別法與普通法不屬於同一法規者，如非軍人在戒嚴地區犯搶奪罪，應優先適用陸海空軍刑法第二條、第八十三條處斷，而排斥刑法第三百二十五條之適用。

2. 補充關係　通常補充法係為補充基本法而設。故基本法與補充法競合時，依「基本法優於補充法」之原則，應適用基本法。例如公務員假借職務上之權力機會或方法而犯罪者，刑法上多有規定，而第一百三十四條又設有概括規定而補充之，必其行為不合於刑法各條之特別規定者，始能適用。

3. 擇一關係　某種犯罪，因與數法條之規定相當，應擇其最相當之一法條處斷，而排斥其他法條之適用。如為他人處理事務之人所為之侵占，為特殊之背信行為，其侵占行為雖合於背信罪之構成要件，亦僅論以侵占罪，不另成背信罪。

4. 吸收關係　在犯罪之性質上，其罪名之觀念中當然包含他行為者，學理上謂之「吸收犯」。情形如次：

⑴實害行為吸收危險行為　一行為同時具有實害行為與危險行為時，依實害行為處斷，如恐嚇後加以殺害，應依殺人罪論擬。

⑵高度行為吸收低度行為　情形有二：

　　a. 後行為吸收前行為　其犯罪行為具有階段性質，其高度行為吸收低度行為，如陰謀預備著手實行，均為犯罪既遂之階段，如已實施既遂，即應依既遂論處，不能再論以陰謀預備之罪。又如公務員收受賄賂罪中之要求、期約、收受亦為階段行為，如已收受完成，應論以收受賄賂一罪，不另認有要求或期約賄賂情形。

實例如下：

　①竊盜後之變賣贓物，祇成竊盜罪，不另犯侵占罪。

　②行使偽造有價證券，其性質本含有詐欺成分，已成行使偽造有價證券罪，不另成詐欺罪（二九上一六四八，三〇上一九一八）。

　③略誘罪原包括詐誘與略取人身行為，故妨害被誘人之人身自由，已構成略誘之內容，不另論以剝奪人行動自由罪（二九上二三〇五）。

　④以自己持有之共有不動產，詐稱係其所有，向債權人押借款項，其詐欺行為已為侵占行為所吸收，應成立侵占罪，不另犯詐欺罪（院一五一八）。

⑤使人行無義務之事或妨害人行使權利,為剝奪人行動自由所吸收 (二九上二三五九)。

⑥為他人處理事務,意圖不法所有,以詐術使人交付財物,不得於詐欺罪外,更論以背信罪 (二五上六五一八)。

⑦收集行為乃為供行使之用,故行使或交付於人,不過為達收集之目的,故行使行為或交付行為,應為收集行為所吸收(院二三八三)。

b. 重行為吸收輕行為 凡高度行為與低度行為情節輕重有別,而法律處罰之目的均同者,依較重行為處斷。如教唆幫助復共同實施者,依共同正犯論處;又如強灌毒藥,致傷害人之身體,即已吸收於殺人行為之內,並不另成傷害罪名 (一九上一三三六)。實例認為偽造有價證券而復持以行使,其行使行為吸收於偽造行為之中,祇應論以偽造罪。且有價證券所蓋之印文為構成證券之一部,所刻之印章為偽造之階段行為,均應包括偽造罪之內 (三一上八八)。

想像競合與法條競合不同:

想 像 競 合	法 條 競 合
①一行為發生數個結果,成立數罪名。	①一行為發生一個結果,成立一罪名。
②比較相競合之數罪名,從一重罪之刑處斷。	②比較相競合之數法條,擇一適當法條適用。
③從一重處斷並不排斥其相競合之輕罪之成立。	③僅適用一種法律,而排斥其他相競合之法律。
④為處刑問題。	④適用法律問題。
⑤所犯數罪基於單一之決意。	⑤犯一罪而觸犯數法條。

㈣**想像競合犯之處罰**

第五十五條定曰：「從一重處斷」，即其性質上本為數罪，而就其數罪中從其一重處斷。至各該罪是否具有總則上加重或減輕事由，則非所問（二九上八四三，院解三四五四）。又比較罪之重輕，應以所犯法條之本刑為準（二二上七三四）。

1. 重罪一經裁判，依法不得再就輕罪加以裁判；如其重罪或輕罪不成犯罪，或欠缺訴追條件，仍應專就輕罪或重罪處斷。

2. 追訴權時效，依重罪之刑計算。

3. 各罪中有經赦免者，其赦免之效力不及於餘罪。

4. 各罪中之一部經追訴者，依公訴不可分原則，其效力及於全部，不得再就他罪另行起訴。

5. 各罪之一部裁判確定者，效力及於全部，不得另就餘罪部分再行裁判。

二、牽連犯

犯一罪而其方法或結果之行為犯他罪名者，學理上稱為「牽連犯」（第五十五條後段）。即行為人之目的欲犯某罪，而其實施之方法或實施之結果，另犯其他罪名，因其數罪間具有特殊關係，故從一重處斷。例如使用偽造變造文書誣告（二四上二一六五、三〇上三二三二），私人拘禁加以歐打（二八上二六四五），行使偽造私文書而圖姦和誘（二九上八四三），行使變造私文書詐欺（二九上九九〇、一九上一三三〇），煽惑他人逃避兵役並使人為之頂替（二九上二一四六），妨害公務並故意傷人（院二四八九），夜間侵入住宅強姦（四八臺上九一〇），偽造署押背書並塗改支票（四七臺上一五二三），偽造畢業證書，並偽造學校印章（院解三〇二〇），製造偽藥而販賣（六六、一刑會），侵入住宅強盜，以及簽發空頭支票持以詐欺等，均其適例。

㈠牽連犯之要件

1.須有二以上之可罰行為　在一方須有方法或結果之行為，他方須
　有目的或原因行為，此二個以上之犯罪各自獨立，彼此不屬於同
　一犯罪構成要件，方克相當。因之所謂牽連犯必須二個以上之行
　為有方法與結果之關係者，始足構成，亦即必須以犯一罪之方法
　行為犯他罪，或以犯一罪之結果行為犯他罪，方有牽連關係可言
　（七三臺上五四四六）。

2.二以上之行為相互間須有牽連關係　其方法行為與目的行為，或
　原因行為與結果行為之間，在意思上具有聯絡關係，且在客觀上
　各為獨立犯罪，其相互間有直接牽連關係。故如縱放依法逮捕之
　人，其妨害公務包括於縱放罪之中，不得謂其方法又犯妨害公務
　之罪，即無牽連關係可言。

3.二以上之行為須觸犯不同之罪名　即所犯數罪必其構成要件及侵
　害法益均不相同，如其行為同時觸犯同一法條之數罪，或行為已
　包括於某行為之一部時，均不成立牽連犯，故如發掘墳墓，當然
　於墳墓有所毀損，不另行成立毀損罪。實例認為：同時偽造同一
　被害人之多件同類文書或同一被害人之多張支票時，其被害法益
　仍屬一個，不能以其偽造之文書件數或支票張數，計算其法益，
　此與同時偽造不同被害人之文書或支票時，因有侵害數個人法益，
　係一行為觸犯數罪名者迥異（七三臺上三六二九）。

㈡牽連犯之處罰

1.數行為之間因有牽連關係，故從一重處斷。所謂從一重處斷，應
　以法定刑為比較輕罪之標準（院解三四五四）。

2.牽連犯追訴權時效，在各個犯罪間各自獨立，不相干連應分別計
　算。牽連之輕罪，如追訴權時效已完成，而重罪部分仍應諭知科
　刑時，應於判決內說明輕罪部分因屬裁判上一罪，不另諭知免訴

之理由（六九臺上四九一七）。

3.牽連犯數罪中之一部，已有確定之裁判者，其效力及於全部，依一事不再理之原則，不得就餘罪再行起訴，如以空頭支票為詐財之方法，苟違反票據法裁判確定，即不得再就詐欺部分提起公訴（五〇臺非一〇八）。

4.牽連犯數罪中，有為告訴乃論之罪而已撤回者，對於他罪仍得追訴。如傷害與私行拘禁二罪，有方法結果之關係，若傷害部分已撤回告訴，僅就妨害自由部分處斷（二五上一三二八）。

5.如有牽連關係，復為連續犯時，仍依第五十五條後段從一重處斷，並得加重其刑至二分之一。實例認為「某甲夥同某乙，分別冒充刑警及憲兵，共同檢查某丙皮箱，前後詐取財物，係共犯第一百五十八條第一項、第三百三十九條第一項之罪，其間既有方法結果關係，且係連續犯罪，應依第五十五條從一重處斷，並得加重其刑至二分之一」（四〇臺非一八）。

6.某甲以一行為觸犯數罪名，其觸犯之數罪名之犯罪構成要件均屬相同，且係以一行為犯之，依一行為僅受一次審判之原則，其已因前一確定判決所為無罪之諭知而確定，此與連續犯之數行為及牽連犯有方法結果之情形不同，不容再有其他有罪或無罪之實體判決，是對於後起訴者應為免訴判決（六七、九、一九刑會，五〇臺非一〇八）。

7.誣告者教唆他人出庭偽證，應依誣告、偽證二罪適用刑法第五十五條處斷（二五、二刑會）。

8.牽連犯與想像競合犯不同，前者為二個以上行為成立二個以上罪名，彼此間有方法結果之牽連關係。後者為一個行為成立二個以上罪名，彼此間更無方法結果之牽連關係。被告砍殺執行公務警察，僅以一個行為而觸犯殺人未遂及妨害公務之二罪名，而非二

個行為成立二個罪名，自係異種之想像競合犯，應從一重之殺人
未遂罪處斷（七二臺上六七一九）。

　　㈢牽連犯與其他犯罪比較

㈠牽連犯與想像競合犯不同：

牽　連　犯	想　像　競　合　犯
①二個行為成立二個獨立罪名。 ②僅能成立二以上不同種類之罪名。 ③二以上行為間有方法目的或原因結果之牽連關係。	①一個行為成立二以上罪名。 ②得成立同種異種之罪名。 ③二以上行為無此關係。

㈡牽連犯與吸收犯不同：

牽　連　犯	吸　收　犯
①二以上相牽連行為各自獨立成罪並同時存在。 ②處斷上一罪。 ③比較相牽連之數罪從一重處斷。 ④牽連犯之牽連性依主觀及客觀之標準決之。	①此行為吸收彼行為，非二以上之犯罪同時存在。 ②實質上一罪。 ③依所犯一罪之法定刑論科。 ④自一般法律規定可知當然適用之法條。

㈢牽連犯與結果加重犯不同：

牽 連 犯	結 果 加 重 犯
①二以上之獨立行為，成立二以上之獨立罪名。	①僅係一個行為所生超乎犯意之重果。
②數罪之間有牽連關係。	②僅係一行為誘發之結果。
③比較相牽連之數罪從一重處斷。	③就其法定刑酌科。
④為處斷上問題。	④為刑罰加重事由。
⑤牽連性就具體犯罪決定之。	⑤依法律之規定定之。
⑥係一般犯罪之處斷關係。	⑥特定犯罪之處罰關係。

㈣牽連犯與結合犯：

　　牽連犯之本質，係屬數罪，因其犯罪行為具有方法或結果之關係，依第五十五條後段併合而從其一重處斷。與結合犯之併合數個獨立犯罪，而另成一獨立罪名之情形，迥然不同。故所謂「結合犯」，乃數個獨立之犯罪行為，依法律規定，使之結合成為一個犯罪。例如侵入住宅竊盜罪（第三百二十一條第一項第一款），侵入住宅搶奪罪（第三百二十六條），侵入住宅強盜罪（第三百三十條），強姦故意殺被害人罪（第二百二十三條），強盜擄人勒贖罪（第三百三十二條第三款），海盜擄人勒贖罪（第三百三十四條第三款），皆其適例。

　　結合犯，究應如何適用法律，依下列情形定之：

　　⑴無未遂犯與有未遂犯之罪相結合時，如侵入住宅竊盜罪（第三百二十一條第一項第一款），其侵入住宅並無處罰未遂，其侵入住宅未遂，既不成罪，自與竊盜不生結合關係，僅成立普通竊盜罪。

　　⑵有未遂犯與無未遂犯之罪相結合時，如強盜放火罪（第三百三十二條第一款），其結合之放火罪，具有第一百七十四條第二項

或第一百七十五條第二項之情形者，雖無處罰未遂之規定，故其應否構成結合犯，端視強盜放火罪結合犯有無處罰未遂之特別規定為斷。

⑶有未遂犯與有未遂犯之罪相結合時，如強姦故意殺被害人（第二百二十三條），強姦與殺人二罪，各有未遂規定，如強姦未遂，而殺被害人既遂時，仍為結合犯；反之，強姦既遂，而殺被害人未遂時，仍為強姦與殺人未遂，併合處罰。

⑷結合犯是否須告訴乃論，應以結合之獨立罪名有無特別規定為斷，與其所結合之數罪是否均須告訴乃論無關。如強姦故意殺被害人罪，依第二百三十六條規定仍須告訴乃論，強姦部分未經告訴者，既與非告訴乃論之殺人罪分別獨立，不相結合，自應僅就殺人罪加以審判（院一九五四、一九非八五）。又如侵入住宅竊盜及強盜強姦罪，雖係結合告訴乃論之罪與非告訴乃論之罪而成，但各該結合犯，並無告訴乃論之規定，自無須告訴乃論。

牽連犯與結合犯不同：

牽　連　犯	結　合　犯
①二以上犯罪間有牽連關係。	①無此關係。
②不另外成立新罪。	②另外成立新罪。
③無須法律明文規定。	③必須法有明文。
④處斷上一罪。	④實質上一罪。
⑤比較數罪從一重處斷。	⑤依其法定刑酌科之。

三、連續犯

　　基於概括之單一犯意，反覆為數個可以獨立致罪之行為，而犯同一罪名者，謂之「連續犯」。第五十六條規定：「連續數行為而犯同一罪名者，以一罪論。但得加重其刑至二分之一。」故連續犯在主觀上以意思之單一或連續，為其要件，本質上原屬數罪，因其行為具有連續性，遂以一罪論，並得為加重原因而已。

　　英美及日本刑法多無連續犯之設，我國刑法所以有此規定者，實係基於刑事政策觀點，訴訟經濟要求以及法律地位安定之原因，故連續犯不僅為實體上論罪科刑問題，且與程序法上之「審判不可分」「一事不再理」原則，至有關係。現行刑法中關於連續犯之規定，有主張予以廢止者，亦有主張仍應保留者，論者見解不一：

　　(1)主張廢止之理由

　　　①訴訟程序重在迅速審結，以維人權，而連續犯之範圍廣泛，殊難於短期內檢舉無遺，極易延誤審判時間。

　　　②行為人基於概括犯意，連續實施數行為，法律上祇論以一罪，未免涉有鼓勵犯罪之嫌。

　　　③如將偵審時間延長，用資發覺全部犯罪事實，事實上有所難能，有損司法信譽。

　　　④如以一罪論，有違刑罰公平原則，使犯人主觀上存有多次犯罪心理。

　　(2)主張保留之理由

　　　①廢除連續犯並非消滅連續犯之法律事實，仍得就其所犯數罪分別論科。

　　　②刪除連續犯規定，論以數罪併罰，則在裁判主文上不勝列舉，且因刑罰加多，執行上將感困難。

③對漏未發覺之犯罪，隨時可以偵結審判，不致影響司法及人
　權之安定。

④如任由司法人員解釋認定連續犯之概念，易滋流弊，人權失
　去保障。

　　刑法上對於連續犯概念之規定過於抽象，法官在適用上殊不明確，
補救之道，在審判時斟酌主觀惡性、客觀損害以及犯罪次數等項，予以
論科，以求其平。

(一)連續犯之要件

　　連續數行為以一罪論，究係單純因其客觀上具有連續性，或主觀上
有連續犯之犯意，學說有三：

　1.法意說　即以其數行為是否侵害同一法益為準。

　2.行為說　即以其數行為之方法是否同一為準。

　3.犯意說　即以其數行為是否有繼續之犯意為準。

　　刑法上既定連續數行為，而犯同一之罪名者，並非單純客觀上因其
行為之具有連續性，必因其主觀上有一定之意思，始得併數罪為一罪，
故學者通說及實務上均採「行為說」及「犯意說」。觀之下列各例自明：

①第五十六條採主觀說，如臨時起意，則為新犯意發生，仍須
　數罪併罰（二四、七刑會）。

②某甲於夜間侵入某乙住宅竊盜既遂後，又於次日侵入某丙住
　宅竊盜未遂，兩次竊盜如係出於概括之犯意，反覆而為，自
　屬連續犯，否則即應按數罪併罰辦理（院二六八二）。

③連續犯以主觀方面基於概括之犯意，客觀方面有各個獨立成
　罪之數行為，為必要條件。如先後數行為，並非發動於概括
　之犯意，或以數個動作多方侵害促成二個行為之結果者，均
　非所謂連續犯（三一上八五九）。

④刑法上之連續犯，除客觀上具備連續數行為而犯同一性質之

罪名外，在主觀上尤須具備概括之犯意。故行為人就某種法益，雖反覆為數次之侵害，而後之行為係臨時起意者，無論其所侵害之法益，是否相同，不得認為連續犯（二四上二八六一）。

⑤刑法上之連續犯，其數個犯罪行為，必有先後次序之可分，如係於同時同地一次實施或同時分頭下手，以侵害數個法益，而無從分別先後者，即屬一行為而觸犯數罪名，不能以連續犯論（七〇臺上三二四一）。

基上所述，連續犯之要件如次：

1. 須基於一個概括犯意　即行為人在犯罪之初，自始有一預定之計劃，依此範圍反覆實施犯罪行為，次數是否確定，則非所問。又稱「概括犯意」或「單一之決意」，係對於二以上之犯罪事實之概括的預見。

實例如下：

①連續犯之要件，須出於單一之意思，即須犯人自始即為一個預定之犯罪計劃，而連續以數行為而實施之者為連續犯，若中途有新犯意發生，縱其原因同一，並非自始即為一個預定之計劃，則基於新犯意發生之犯罪行為，即為併合罪，不成連續犯（二三上二三八九）。

②連續犯係指一次可以成罪之行為，而以特定或概括之犯意，數次反覆為之者而言，故以意思之連續為成立之重要條件（二二上二二〇五）。

③先後殺死二人以上，如出於一個概括之意思，應以一罪論。若殺人後又以新發生之犯意殺害另一人者，應併合處罰（院六九二）。

④公務員侵占管有物多次，無論其逐月侵占，或遇機侵占，如

係出於概括犯意，應以連續侵占論（院八六五）。

⑤連續犯之所謂出於概括犯意，必須其多次犯罪行為自始均在一個預定犯罪計劃以內，由於主觀上始終同一犯意之進行，若中途另有新犯意發生，縱所犯為同一罪名，究非連續其初發的意思，即不能成立連續犯（七〇臺上六二九六）。

2.須反覆為數個行為　連續犯以有數個行為為前提，而其數個行為且須各別獨立致罪之同種或類似之行為。反覆所為之數犯罪行為，其時間不必緊接，亦不以侵害特定之一個法益為限，故如婦女與多數人通姦，基於連續犯意者，應論以一罪；若係先後與數人相姦而犯意各自不同者，即應論以數罪。

實例如下：

①本於概括之犯意，而先後實施罪質相同之犯行，其數個犯罪行為，必有先後次序之可分，但不以緊接為必要。如係於同時同地一次實施，以侵害數個法益，而無從分別先後者，即係一個行為，而觸犯數項罪名，不能以連續犯論（二九上三四五四）。

②同時同地犯罪，而從一重處斷者，係指其犯罪行為仍祇一個者而言。上訴人將某甲開槍擊斃後，又復開槍射擊某乙，其殺人行為既有二個，而其時間又有先後之分，顯與連續犯之要件相符，非一行為而犯數罪（三一上五四九）。

③刑法上之連續犯，係指有數個獨立之犯罪行為，基於一個概括的犯意反覆為之，而觸犯同一性質之數罪名者而言。如果該項犯罪，係由行為人以單一行為接續進行，縱令在犯罪完畢以前，其各個舉動已與該罪之構成要件相符，但在行為人主觀上對於各個舉動不過為其犯罪行為之一部分者，當然成立一罪，不能以連續犯論（二八上三四二九）。

④持有手槍曾為長時間之繼續，既係一個持有行為，自不生連
　續犯之問題（二四上三四○一）。

3. 須犯同一之罪名　同一之罪名指性質相同之罪，不以同條或同章
　之罪為限，僅以犯罪侵害法益之性質相同為已足。且侵害之法益，
　不限特定之一個法益，例如竊盜、強盜、詐欺、侵占、恐嚇取財
　等罪，均為財產上犯罪，雖非同章之罪，仍係同一之罪名。

實例如下：

①同一罪名云者，以罪質言，不以章次言（二六、二刑會）。即
　構成犯罪要件相同之罪名而言（釋一五二）。

②連續犯所侵害者，不以特定之一個法益為限，縱所侵害者為
　複數之法益，而其手段亦先後不一，均與連續犯之本質無關
　（二○上九三八，二○非一六九，二一上三二七）。

③連續數行為而犯同一性質之罪，縱令涉及數個法條，其較輕
　之罪名，在法律上即已包含於重罪之內，自應就其較重者以
　連續犯論（二八滬上二○三）。

④連續犯規定同一罪名，係指罪質相同之罪而言。又曰以一罪
　論，其非單一罪可知。故凡連續數行為而犯罪質相同之罪，
　均可構成連續犯，則罪有重輕時，自應論以重罪（二三上二
　三八九）。

⑤依照司法院大法官會議釋字第一五二號解釋，關於刑法及特
　別刑法上連續犯之適用範圍及其標準：

　a. 連續犯須基於概括之犯意，則：
　　既遂犯、未遂犯、預備犯、陰謀犯；單獨犯、共犯（包括
　　教唆、幫助犯），如行為人基於概括之犯意，連續數行為而
　　犯同一罪名者，當成立連續犯。過失犯無犯罪之故意，不
　　發生連續犯問題。

　　b. 連續犯須連續數行為而犯同一罪名。依照司法院大法官會
　　　議釋字第一五二號解釋，所謂「同一罪名」，指構成犯罪要
　　　件相同之罪名而言。因之：

⒜在同一法條或同一項款中，如其犯罪構成要件不同時，不
　得成立連續犯。

⒝結合犯與相結合之單一犯（例如強盜故意殺人與殺人）不
　得成立連續犯。反之，結合犯與其基礎之單一犯（例如強
　盜故意殺人與強盜）則得成立連續犯。

⒞擬制之罪與真正罪（例如刑法第三百二十九條之準強盜罪
　與第三百二十八條之強盜罪）不得成立連續犯。

⒟觸犯刑法之罪與觸犯刑事特別法之罪，或觸犯二種以上刑
　事特別法之罪，除其犯罪構成要件相同者外（例如竊盜與
　竊取森林主、副產物）不得成立連續犯。

　　c. 基上原則，關於得認為同一罪名成立連續犯者，除上開a.及
　　　結合犯與其基礎之單一犯之情形外，尚有下列二種類型：

⒜屬於加重條件者：例如刑法第二百二十一條與第二百二十
　二條、第三百二十條與第三百二十一條。

⒝屬於加重結果者：例如刑法第二百七十七條第一項與第二
　項、第三百零二條第一項與第二項（六七、六刑會）。

㈡連續犯之處罰

1.連續數行為各罪，如有輕重不同罪名時，論以重罪，並得加重其
　刑至二分之一，此為「得加」而非「必加」。

2.連續犯之追訴時效，自連續行為終了之日起算。

3.連續行為之一部起訴者，其效力及於全部，法院應就全部事實而
　為審判。

4.連續數行為之一部經有罪判決確定者，其餘之行為雖相繼發覺，

依一事不再理之原則，偵查中應為不起訴之處分，審判中諭知免訴之判決。

5. 連續犯之犯罪行為，不因起訴而中斷其連續，凡裁判確定前所有連續之行為，均應論以一罪。

6. 連續犯之數行為，其處罰條款不同者，應就其中一行為所犯之條款予以論科，毋庸併列（四九臺上二一七）。

㈢**連續犯與其他犯罪之關係**

㈠連續犯與想像競合犯不同：

連　續　犯	想　像　競　合　犯
①連續數行為而犯同一之罪名。 ②數行為以一罪論，並得加重其刑至二分之一。 ③所犯之罪性質必須相同。 ④刑罰加重之一般事由。	①一行為而觸犯數罪名。 ②從一重處斷。 ③所犯數罪性質有相同相異者。 ④否。

㈡連續犯與牽連犯不同：

連　續　犯	牽　連　犯
①為數罪間之連續關係。 ②數罪之性質必須相同。 ③數罪以一罪論而加重其刑。 ④刑罰加重之一般事由。	①數罪間之牽連關係。 ②必須數罪之罪質不同。 ③數罪從一重處斷。 ④否。

㈢連續犯與結合犯不同：

連　續　犯	結　合　犯
①數罪罪質相同。	①否。
②數罪間有連續關係。	②否。
③數罪以一罪論。	③數罪另成一單獨之新罪。
④數罪依法律規定加重其刑。	④依新罪之法定刑處斷。
⑤無須法律明文規定即可知為連續犯。	⑤須有明文規定始得成立。
⑥處斷上一罪。	⑥單純一罪。
⑦刑罰之一般加重要件。	⑦否。

㈣連續犯與繼續犯

　　繼續犯，乃犯罪之既遂狀態，必須繼續一定之時間，即於犯罪完成後，其法益之侵害猶然繼續，故繼續犯實係一個犯罪行為持續的侵害一個法益，又稱為「行為繼續」。例如私行拘禁罪（第三百零二條），略誘罪（第二百九十八條），和略誘罪（第二百四十條、第二百四十一條），擄人勒贖罪（第三百四十七條），侵入住宅罪（第三百零六條）均是。

　　實例如下：

　　　　①刑法上之連續犯與繼續犯有別，蓋繼續犯係一個行為持續的侵害一個法益，自其行為延長之點觀之，雖與連續犯類似，然連續犯係反覆實行數個性質相同之行為，而繼續犯之特性，則僅屬一個行為，不過其不法之狀態，常在持續之中。本件上訴人等開設館舍供人吸用鴉片，顯屬繼續犯之一種，無論行為時期之延長如何，當然祇構成一罪，與連續犯之本係數個獨立行為，因明文規定之結果，而論為一罪者，迥然不同（二○上九八八）。

　　　　②縱上訴人之持有手槍，曾為長時間之繼續，但既係一個持有

行為，自不生連續犯問題（二四上三四〇一）。

③在被誘人被擄人或被拘禁人未脫離犯罪者實力支配前，仍在
犯罪行為繼續中（院三八五九）。

④某甲於某日將某氏私禁於室後，又遷入場園內派人輪流把
手，禁至某日始行放出，其私禁地點雖有分別，而私禁行為
並未間斷，仍為包括的一個實行行為之繼續，祇應論以單純
一罪（二九上二五五二）。

基上以觀，連續犯與繼續犯實有不同：

連　續　犯	繼　續　犯
①實體數罪。	①實體一罪。
②數個獨立犯罪行為相連續。	②一個犯罪行為之繼續。
③數個犯罪行為觸犯同一罪名。	③一個行為觸犯一個罪名。
④基於一個概括之犯意。	④基於單一之犯意。
⑤處斷上一罪。	⑤單純一罪。
⑥加重其刑至二分之一。	⑥不以加重其刑為必要。

㈤連續犯與狀態犯

犯罪完成後，實行行為雖已停止，而違法之狀態仍然存續者，謂之
「狀態犯」。例如竊佔罪、傷害罪以及毀損罪，其犯罪行為一經完成，其
竊佔傷害及毀損之狀態，仍然存在，故又稱為「狀態繼續」。其與連續犯
之區別如下：

連 續 犯	狀 態 犯
①反覆實行數個性質相同之行為。	①僅有一個行為，而不法之狀態仍然存在。
②單純一罪。	②數罪在法律上論以一罪。
③得加重其刑至二分之一。	③依法定刑論科。
④基於概括之犯意。	④基於單一之犯意。
⑤刑罰加重之一般事由。	⑤否。

㈥連續犯與常業犯

對於同一犯罪事實，以一定之意思傾向，反覆實施者，謂之「常業犯」。此等犯罪，依法律之特別規定，構成一罪，因其性質係集合同種之數行為，而構成一罪，既非連續犯，亦不生數罪併罰問題。常業犯不問行為之次數，祇須認有慣常性，即足成立，視為單純一罪，其行為本已含有連續性，法律上既有加重規定，自不能更論以連續犯。例如第二百六十七條、第二百九十七條、第三百二十七條、第三百三十一條、第三百四十五條、第三百五十條皆是。其與連續犯不同者：

連 續 犯	常 業 犯
①處斷上一罪。	①單純一罪。
②無須法律規定可知為連續犯。	②須有法律明文始得成立。
③並非當然有連續性。	③當然含有連續性。
④得加重其刑至二分之一。	④法律定有固定刑度。
⑤不必以營利為目的。	⑤亦有以營利為目的者。

㈣連續犯與想像競合犯或牽連犯之競合

1.行為人犯一罪之方法或結果行為，又犯他罪名，而復連續為之者，

為牽連犯與連續犯之競合，應先就牽連犯從一重處斷，再論以連續犯加重其刑。

第一次——日間侵入住宅……竊盜

連續關係　第二次——日間侵入住宅……竊盜

第三次——日間侵入住宅……竊盜

牽連關係

2.牽連犯或連續犯之一行為中，有想像競合之情形時，亦應先就想像競合部分決定其所從重處斷之重罪部分，再與牽連部分比較從一重處斷，而後依連續犯論以一罪，加重其刑。

第一次——侵入建築物……同時傷害及殺人

連續關係　第二次——侵入建築物……同時傷害及殺人

第三次——侵入建築物……同時傷害及殺人

牽連關係　想像競合關係

四、數罪併罰

同一犯人在裁判確定前所犯二以上之罪，分別宣告其刑，而依其所定之刑，合併定其應執行之刑者，為數罪併罰。第五十條「裁判確定前犯數罪者併合處罰之」，第五十一條「數罪併罰分別宣告其罪之刑」，此之「裁判確定前犯數罪」，係指犯實質的數罪而言，蓋實質數罪出於數個獨立犯罪行為，原應分別裁判，逐一處罰，然因基於刑事政策及訴訟經濟要求，將裁判確定前同一犯人之獨立數罪合併裁判處罰，以節勞費而已。

(一)數罪併罰之要件

1.須所犯係獨立數罪　同一犯人犯有數罪，其獨立數罪乃「實質上

數罪」而非一罪。且數個單純一罪，即可認為數罪，至數罪之罪名與刑度是否相同，在所不問。

2. 須在裁判確定前犯數罪　所犯數罪必在裁判確定前完成，並在裁判確定前發覺，始得併合處罰，否則僅能依第五十二條就未經發覺之餘罪處斷。故數罪之宣告刑，得依第五十一條規定而定其執行刑者，以裁判確定前所犯之罪為限（院解二九八八）。

數罪併罰應就各罪分別宣告其罪刑，而在同一裁判為之，並定其執行刑。

實例如下：

①侵占稻谷後，復偽造農民切結，矇請糧食機關填發倉單，以抵掩侵占數目，則侵占與偽造私文書應併合處罰（四八臺上一三七七）。

②甲與有夫之婦相姦，嗣因戀姦起意，將乙誘逃，應依相姦及意圖姦淫而和誘二罪併罪，若以姦淫目的誘逃，行至中途始與姦淫，應就相姦及意圖姦淫而和誘二罪，從一重處斷（院一七六八）。

③上訴人初意在殺死某甲，因某乙將上訴人抱住，致某甲脫逃，始遷怒某乙，臨時起意將其殺死，應併合處罰。

④數罪併罰有二裁判以上者，固得依刑法第五十一條之規定，定其應執行之刑，但須以裁判確定前為前提，倘若被告先後犯甲、乙、丙三罪，而甲罪係在乙罪裁判確定前所犯，甲、乙兩罪均經判決確定，並已裁定定其應執行之刑，則丙罪雖在乙罪裁判確定前所犯，但因其在甲罪裁判確定之後，且乙罪既已與甲罪合併定其應執行之刑，則丙罪即不得再與乙罪重複定其應執行之刑，祇能單獨執行（七二臺非四七）。

㈡數罪併罰與其他犯罪比較

㈠數罪併罰與法條競合不同：

數　罪　併　罰	法　條　競　合
①實質上數罪。 ②將數罪併合裁判。 ③數罪分別宣告其刑。 ④可能有二以上裁判。 ⑤數罪適用之法律不生比較關係。 ⑥為罪數論問題。	①單純一罪。 ②一罪單獨裁判。 ③擇一適當法條宣告一個罪刑。 ④否。 ⑤比較相競合之法律，擇一適用。 ⑥適用法律問題。

㈡數罪併罰與結合犯不同：

數　罪　併　罰	結　合　犯
①數個犯罪，各自獨立存在。 ②數罪各別宣告其刑。 ③處刑問題。 ④實質上數罪而非一罪。 ⑤總則上之一般原則。 ⑥可能有二以上之裁判。	①二個獨立犯罪結為一個獨立新罪。 ②衹宣告一個罪刑。 ③犯罪問題。 ④實質上一罪而非數罪。 ⑤分則上之特別犯罪。 ⑥否。

㈢數罪併罰與想像競合犯不同：

數　罪　併　罰	想　像　競　合　犯
①數個行為觸犯數個罪名。 ②按各罪之宣告刑依法定標準處罰之。 ③須分別宣告各罪之刑另定數罪應執行之刑。 ④係想像競合罪之原則。 ⑤基於數個犯罪決意。	①一個行為觸犯數個罪名。 ②比較相競合之數個罪名之法定刑，從一重處斷。 ③否。 ④為數罪併罰之變例。 ⑤基於一個犯罪決意。

㈣數罪併罰與牽連犯不同：

數　罪　併　罰	牽　　連　　犯
①數罪並無牽連關係。 ②按各罪宣告刑依法定標準處罰之。 ③基於數個犯罪決意。 ④係牽連犯之處理原則。	①二以上犯罪互有牽連關係。 ②比較相牽連之罪之法定刑，從一重處斷。 ③基於一個犯罪決意。 ④為數罪併罰之變例。

㈢數罪併罰之方法

數罪之併合，依第五十一條規定，情形如下：

1.吸收主義

　⑴宣告多數死刑者，執行其一。

　⑵宣告之最重刑為死刑者，不執行他刑。但從刑不在此限。

　⑶宣告多數無期徒刑者，執行其一。

　⑷宣告之最重刑為無期徒刑者，不執行他刑。但罰金及從刑，不在此限。

(5)宣告多數褫奪公權者，僅就其中最長期間執行之。

2.併科主義

(1)宣告多數沒收者，併執行之。

(2)同時宣告多數之有期徒刑，多數之拘役，多數之罰金，多數之褫奪公權及多數之沒收者，應依上述標準分別定刑，併執行之。

(3)同時宣告無期徒刑及罰金者，併執行之。

3.限制加重主義

(1)宣告多數有期徒刑者，於各刑中之最長期以上，各刑合併之刑期以下，定其刑期。但不得逾二十年。

(2)宣告多數拘役者，比照前款定其刑期。但不得逾四個月。

(3)宣告多數罰金者，於各刑中之最多額以上，各刑合併之金額以下，定其金額。

(四)**數罪併罰之裁判**

1.數罪併罰，於裁判確定後發覺未經裁判之餘罪者，就餘罪處斷(第五十二條)。

數罪併罰於裁判確定後，始行發覺他罪者，僅能就後發覺之罪論科。如犯殺人竊盜二罪，其殺人部分裁判確定，始行發覺犯有竊盜罪，仍應就竊盜部分科刑。蓋先之裁判既經確定，即已生執行力，如欲以後之裁判分別宣告前罪與餘罪之罪刑，並定其執行之刑，法所不許也。所謂「裁判確定後」，乃包括「裁判甫經確定」，「裁判確定後已經開始執行」，以及「執行已完畢」而言，故凡經裁判確定前犯實質上數罪，除一部分經裁判確定者外，其餘未經裁判之罪，均包括在內。

2.數罪併罰，有二以上裁判者，依第五十一條之規定，定其應執行之刑(第五十三條)。

裁判確定前犯數罪經分別裁判，而有二以上科刑裁判時，不問其為一罪或數罪，如有併罰必要，應俟其確定後，依第五十一條定其應執行

之刑。惟數罪之犯罪行為，均須在裁判確定前，始克相當。數罪併罰中依刑法規定得易科罰金，若因與不得易科之他罪併合處罰之結果而不得易科罰金時，原可易科罰金部分所處之刑，自亦無庸為易科折算標準之記載（釋一四四）。所謂「二以上裁判」，其裁判之內容雖有已依第五十一條定其執行之刑者，合併時仍應就所宣告各罪之刑定之，不得以各裁判原有之執行刑為依據，蓋一經更定執行刑，原有之執行刑當然失效，豈得以已經失效之執行刑為更定執行刑之基礎。本條係指第五十條裁判確定前犯數罪者始有適用。若於一罪之裁判確定後，又犯他罪者，自應於他罪之科刑裁判確定後，與前罪應執行之刑，合併執行，而不適用刑法第五十一條數罪併罰之規定（七一臺非七七）。又第五十三條所謂數罪併罰，有二裁判以上者，依第五十一條之規定，定其應執行之刑，係指二以上之確定裁判，定其應執行之刑而言。如第一審判決所宣告之刑，一部分業經第二審判決予以撤銷確定後，其經撤銷之刑，自無合併其他刑罰，定其應執行之刑之餘地（四五臺非六六）。

　　3.數罪併罰已經處斷，如各罪中有受赦免者，餘罪仍依第五十一條
　　　之規定，定其應執行之刑。僅餘一罪者，依其所宣告之刑執行（第
　　　五十四條）。

　　所謂「已經處斷」，指已定其應執行刑而言，其為同一裁判之數罪依第五十一條各款定其執行刑，抑為二以上之裁判依第五十三條規定定其執行刑，則非所問。「赦免」包含大赦、特赦、免其刑之執行或行刑權時效消滅等足以消滅刑罰執行之事由者在內。如各罪中所定之執行刑已經執行完畢，其中某罪縱合赦免之事由，亦毋庸更定其執行刑。

五、罪　數

罪數，亦即犯罪之個數問題。蓋一人犯一罪或數罪，在刑法上各有不同之處遇，關係頗大。同一人之犯罪何者為一罪，何者為數罪，學說有三：

1. 法益說　認犯罪為侵害法益之行為，侵害一個法益為一罪，數個法益即為數罪，例如同時同地將甲乙二人一併拘禁，已侵害兩個私人之自由法益，應成立二罪。

2. 行為說　認犯罪為有結果之意思活動，故一個行為為一罪，數個行為為數罪，例如一槍射死三人，僅有一個行為，當僅構成一罪。

3. 犯意說　認犯罪乃意思之發動，而後始有犯罪行為，故一個犯意為一罪，數個犯意為數罪。例如以連續詐財之意思犯罪，自係一罪。

以上三說，各有其理，一般認為法益說及行為說偏於客觀事實，而犯意說又太注重主觀意思，難以決定犯罪之單複，故犯罪之單複，應就「犯意」、「行為」、「結果」三者包括的認定，其標準如下：

(1)以一犯意為一行為，侵害一個法益者，為單純一罪。

(2)以一犯意為數行為，而構成一罪者，為實質一罪。

(3)以數犯意為數行為，侵害數個法益，成立數罪者，為實質數罪。

(4)以一犯意為一行為，侵害數個法益，觸犯數罪名者，為想像上數罪。

(5)以一犯意為一行為，而其方法或結果之行為，犯他罪名者，為牽連數罪。

(6)以一犯意連續數行為，侵害一法益或數法益，而犯同一罪名者，為連續數罪。

依上言之，犯罪之類型區分如下：

1. 單純一罪（本位一罪） 以一個犯意支配一個行為，侵害一個法益，合於一個構成要件者，為單純一罪，例如甲持刀殺死乙是。實例認為：「上訴人等於夜間潛入某甲家中，將某甲所有財物及其妻某乙所有國民身份證一併竊去，其所竊取者雖屬兩人之財物，但係侵害一個監督權，不生一行為觸犯數罪問題」（六二臺上四〇七）。

2. 形式上數罪 依法律之規定，將想像上數罪或牽連之數罪及連續之數罪，從其一重處斷之刑處斷，或論為一罪而加重其刑，例如第五十五條之想像競合犯及牽連犯，第五十六條之連續犯均是。形式上數罪在訴訟法上關係至為重要，故又稱為「處斷上一罪」或「裁判上一罪」。

3. 實質上數罪 凡有數個犯意並有數個行為，而侵害數個法益，合於數個犯罪構成要件者，即為實質上數罪，例如第五十條數罪併罰之情形即是。

4. 實質上一罪 乃集合數個各別完成構成要件之行為，而包括的評價為一罪，故又稱為「包括的一罪」。其情形如下：

   (1) 結合犯 結合數個不同種類之犯罪行為而為構成要件者，即為結合犯，例如強姦故意殺被害人、強盜殺人及海盜殺人均是。

   (2) 集合犯 在構成要件內容上，預定其為基於同一意思傾向，反覆為多數同種類之行為，例如第二百六十七條、第三百二十二條、第三百四十五條之情形，皆其適例。此等常業犯罪，當然含有連續性，自僅包括一罪處斷，不生連續犯問題。

   (3) 接續犯 行為人就同一犯罪事實，在時間空間密接之情形下，以單一之行為，無間斷的接續進行，而實現構成一個犯罪要件，成立一罪者，即屬「接續犯」。例如以數次毒殺一人之意思，每日投以少量毒藥，積多次之毒量，而發生殺人之結果，其繼續

進毒之行為，不外為一個殺人行為之實施過程，僅成單一之殺人罪。此等情形，在一個犯罪實行行為過程中，聚合多數之事實上同種行為，而成一個犯罪實行行為，此多數事實上之行為，雖係繼續實施，而有連續行為之外觀，但無各自可以獨立之性質，故僅成立一罪而已。實例認為：刑法上之連續犯，係指有數個獨立之犯罪行為，基於一個概括的犯意，反覆為之，而觸犯同一性質之數罪名者而言。如果該項犯罪係由行為人以單一行為接續進行，縱令在犯罪完畢以前，其各個舉動已與該罪之構成要件完全相符，但在行為人主觀上對於各個舉動不過為其犯罪行為之一部分者，當然成立一罪，不能以連續犯論（二八上三四二九），故接續犯與連續犯似同而實異，區別如下：

連 續 犯	接 續 犯
①處斷上一罪。	①單純一罪。
②得加重其刑至二分之一。	②依其法定刑度酌科之。
③數個獨立致罪之行為相連續。	③單一行為之接續。
④須有繼續之犯意。	④僅利用同一機會而承繼的發生新犯意。
⑤數行為所觸犯之罪名不必相同。	⑤祇成立一個罪名。
⑥基於一個概括犯意。	⑥基於單一之犯意。

又一行為觸犯數罪名之想像競合係指行為人以一個意思決定發為一個行為，而侵害數個相同或不同之法益，具備數個犯罪構成要件，成立數個罪名之謂，乃處斷上一罪。此與行為人就同一犯罪構成事實，以單一行為之數個舉動接續進行，以實現一個犯罪構成要件，侵害同一法益，成立一個罪名之接續犯不同。雖接續犯於犯罪行為完畢之前，其各個舉

動與該罪之構成要件相符，但行為人主觀上係以其各個舉動僅為全部犯罪行為之一部，而客觀上亦認係實施一個犯罪，是以僅成立一個罪名（七一臺上二八三七）。

六、累　犯

因犯罪而受刑之執行後再犯者，即屬累犯。第四十七條規定：「受有期徒刑之執行完畢，或受無期徒刑或有期徒刑一部之執行而赦免後，五年以內再犯有期徒刑以上之罪者，為累犯。」故凡再犯有期徒刑以上之罪者，均成立累犯，不問其犯罪之種類是否相同，祇要再犯之罪法定本刑為有期徒刑以上之刑，即已相當，至最輕本刑如何，則非所問。

刑法設有累犯制度，因犯罪既經裁判確定，並已受刑之執行，如仍不知悔改，再行犯罪，習於為惡，則為社會秩序所不容，若僅繩以初犯之刑，實不足以昭懲戒，故刑法規定累犯應加重本刑至二分之一（第四十七條），乃基於刑事政策之要求而設。

㈠**累犯之要件**

1. 前犯之罪須受有期徒刑以上刑之執行　前科犯罪之宣告刑如何，在所不計，惟執行者必為有期徒刑以上之刑始可。至前科之罪宣告徒刑而准易科罰金時，因易科罰金執行完畢者，其所宣告之刑以已執行論（第四十四條），故仍得為累犯之基礎。

2. 須受有期徒刑之執行完畢或受無期徒刑一部之執行而受赦免　徒刑之執行必須已完畢，或雖未完畢而已受赦免，至「赦免」係指特赦及免除其刑而言，不包括大赦在內（二四、七刑會，院解三五三四）。受緩刑之宣告者，其刑罰未經執行，故在緩刑期內再犯，不能以累犯論。又假釋中更犯罪，受有期徒刑以上之刑之宣告，祇得為撤銷假釋之原因，不適用累犯之規定（二五非一〇）。

3. 前犯之刑執行完畢或赦免後五年以內再犯罪　自前科執行完畢或

赦免之翌日起算，至後犯著手日止，如已逾五年，即足徵具有悔悟，自無依累犯加重必要。

4.再犯有期徒刑以上之罪　再犯之罪須其法定最重本刑為有期徒刑以上之罪，始得成立累犯，所謂「有期徒刑以上」，自包括死刑與無期徒刑在內。

㈡**累犯之處罰**

1.加重本刑至二分之一，由法院自由裁量之。

2.裁判確定前發覺為累犯者，以上訴方法變更裁判，更定其刑；至裁判確定後發覺為累犯者，逕以裁定更定其刑，但刑之執行完畢或赦免後發覺為累犯者，不在此限（第四十八條）。

3.前科之刑如係受軍法裁判，或於外國法院受裁判者，雖於其執行完畢或執行一部而赦免後，五年以內再犯有期徒刑以上之罪，不得認為累犯（第四十九條）。但前科之刑係受普通法院之裁判，如於執行完畢或赦免後五年以內，再犯有期徒刑以上之罪，而受軍法裁判時，除有特別規定者外，仍應以累犯論，蓋適用特別法之結果也。

第九章　刑　罰

一、刑罰之種類

刑,分為主刑及從刑二種(第三十二條)。主刑又有死刑、無期徒刑、有期徒刑、拘役及罰金;而從刑則有褫奪公權及沒收之別(第三十三條、第三十四條)。分別述之:

(一)**生命刑**

剝奪生命之刑為生命刑,刑法規定僅有死刑一種,惟少年犯及老年犯不得科處死刑(第六十三條第一項)。

(二)**自由刑**

拘束犯人身體自由之刑為自由刑,又有無期徒刑及有期徒刑及拘役三種。少年犯及老年犯不得處以無期徒刑(第六十三條),而有期徒刑指二月以上,十五年以下而言,遇有加減時,得減至二月未滿,或加至二十年(第三十三條第三款)。又拘役指一日以上,二月未滿,遇有加重時,得加至四個月(第三十三條第四款),但仍不失為拘役。

(三)**財產刑**

剝奪犯人財產利益之刑為財產刑,有罰金及沒收二種。罰金之最低度為一元以上,其範圍依刑法分則各本條規定定之。沒收原係從刑,以下列之物為限:

1. 違禁物(如鴉片、炸藥、外幣)。
2. 供犯罪所用或犯罪預備之物(如殺人之兇刀、毒人之農藥)。
3. 犯罪所得之物。在違禁物不問屬於犯人與否,均得沒收,但供犯罪所用或供犯罪預備之物,則以屬於犯人者為限,始得沒收,如有特別規定,則依其規定(第三十八條)。又贓物係屬他人之物,

自不得沒收（二三非五七）。沒收於裁判時併宣告之，然違禁物得單獨宣告沒收（第四十條），犯罪雖已免除其刑，仍得專科沒收之（第三十九條）。

㈣能力刑

剝奪犯人享有公權力之刑為能力刑。刑法僅有褫奪公權一種，其褫奪之公權如下：

1. 為公務員之資格。

2. 公職候選人之資格。

3. 行使選舉罷免創制複決四權之資格（第三十六條）。犯人宣告死刑或無期徒刑者，應宣告褫奪公權終身；宣告六月以上有期徒刑，依犯罪之性質認為有褫奪公權之必要者，得宣告褫奪公權一年以上十年以下（第三十七條第一、二項）。又褫奪公權於裁判時併於主文內宣告之，如係死刑或無期徒刑者，自裁判確定時發生效力，有期徒刑者自主刑執行完畢或赦免之日起算（第三十七條第三、四項）。

刑罰重輕之標準，如何定之？第三十五條設有規定：

1. 主刑之重輕，依第三十三條規定之次序定之。

2. 同種之刑，以最高度之較長或較多者為重，最高度相等者，以最低度之較長或較多者為重。

3. 除前二項規定外，刑之重輕參酌前二項標準定之，不能依前二項標準定之者，依犯罪情節定之。上列刑罰重輕之比較，在實務上至關重要，諸如第五十五條從一重處斷，第二條法律變更之適用等，均與此有關。

二、刑罰之適用

刑法採相對的罪刑法定主義，在法定刑範圍內，如何量刑以求至當，

即刑之酌科是也。依第五十七條規定，科刑時應審酌一切情狀，尤應注
意下列事項，為科刑輕重之標準：

1. 犯罪之動機。

2. 犯罪之目的。

3. 犯罪時所受之刺激。

4. 犯罪之手段。

5. 犯人之生活狀況。

6. 犯人之品行。

7. 犯人之智識程度。

8. 犯人與被害人平日之關係。

9. 犯罪所生之危險或損害。

10. 犯罪後之態度。如係科罰金時，除應注意上列事項外，並應審酌
　　犯人之資力及因犯罪所得之利益（第五十八條）。

㈠刑之加重

1. 法定加重　依法律之規定而加重其刑者。

　⑴總則加重　累犯（第四十七條）及連續犯（第五十六條）二種。

　⑵分則加重　情形如下：

　　①公務員假借職務上之權力機會或方法，以故意犯瀆職罪以外
　　　之罪者（第一百三十四條）。

　　②公務員包庇他人犯意圖使男女與他人為性交或猥褻之行為，
　　　而引誘、容留、媒介或以詐術犯之而營利，或以為常業之罪
　　　者（第二百三十一條第三項）。

　　③意圖陷害直系血親尊親屬，而犯誣告或偽造變造證據或使用
　　　之罪者（第一百七十條）。

　　④對於直系血親尊親屬犯侵害墳墓屍體之罪者（第二百五十
　　　條）。

⑤公務員包庇他人犯鴉片罪或賭博罪者（第二百六十四條、第二百七十條）。

⑥對直系血親尊親屬犯第二百九十四條之遺棄罪者（第二百九十五條）。

⑦對直系血親尊親屬犯剝奪行動自由或傷害罪者（第三百零三條、第二百八十條）。

2. 裁判加重　基於裁判上之量定而加重其刑。在科罰金時，固應審酌犯人之資力及因犯罪所得之利益，如所得之利益，超過罰金最多額時，得於所得利益範圍內酌量加重（第五十八條），此與第六十八條加重方法之規定無涉。

㈡刑之減輕

1. 法定減輕　依法律之規定而減輕其刑者。

　⑴總則減輕　依刑法總則規定，為一般犯罪共通適用之減輕事由。

　　①絕對減輕　總則法條上有「減輕」者屬之。

　　　a. 自首（第六十二條）。

　　　b. 不能犯（第二十六條但書）。

　　　c. 中止犯（第二十七條）。

　　　d. 未滿十八歲或滿八十歲人犯死刑或無期徒刑之罪者（第六十三條）。

　　②相對減輕　總則法條上有「得減輕」者屬之。

　　　a. 十四歲以上未滿十八歲人之行為（第十八條第二項）。

　　　b. 滿八十歲人之行為（第十八條第三項）。

　　　c. 精神耗弱人之行為（第十九條第二項）。

　　　d. 瘖啞人之行為（第二十條）。

　　　e. 防衛行為過當者（第二十三條但書）。

f. 避難行為過當者（第二十四條第一項但書）。

g. 不知法律者（第十六條但書）。

h. 未遂犯（第二十六條前段）。

i. 從犯（第三十條第二項）。

(2)分則減輕　依刑法分則規定，對各別犯罪適用之減輕事由。

①絕對減輕

　a. 湮滅證據之罪，於他人刑事被告案件裁判確定前自白者（第一百六十六條）。

　b. 配偶五親等內之血親或三親等內之姻親，圖利犯人或依法逮捕拘禁之脫逃人，而犯第一百六十四條藏匿人犯，或第一百六十五條湮滅證據之罪者（第一百六十七條）。

　c. 犯偽證及誣告罪，於所虛偽之陳述，或所誣告之案件裁判或懲戒處分確定前自白者（第一百七十二條）。

　d. 預備或陰謀犯內亂罪而自首者（第一百零二條）。

　e. 對於公務員或仲裁人關於違背職務之行為，行求期約或交付賄賂或其他不正利益而自首者（第一百二十二條）。

　f. 參與以犯罪為宗旨之結社而自首者（第一百五十四條）。

②相對減輕

　a. 對於公務員或仲裁人，關於違背職務之行為，行求期約或交付賄賂或其他不正利益，在偵查或審判中自白者（第一百二十二條第三項）。

　b. 配偶五親等內之血親或三親等內之姻親，犯便利脫逃罪者（第一百六十二條）。

　c. 犯略誘罪於裁判宣告前，送回被誘人或指明所在地因而尋獲者（第二百四十四條）。

　d. 犯略誘婦女罪於裁判宣告前，送回被誘人或指明所在地因

而尋獲者（第三百零一條）。

　　　　e.擄人勒贖未經取贖而釋放被害人者（第三百四十七條第五
　　　　　項）。

　2.裁判減輕

　　⑴酌量減輕　犯罪之情狀可憫恕者，得酌量減輕其刑（第五十九
　　　條）。

　　⑵同時併減　依法律加重或減輕者，仍得依第五十九條之規定，
　　　酌量減輕其刑（第六十條）。

　㈢刑之免除

　1.法定免除

　　⑴總則免除

　　　①不知法律者（第十六條但書）。

　　　②防衛行為過當者（第二十三條但書）。

　　　③避難行為過當者（第二十四條但書）。

　　　④不能犯（第二十六條但書）。

　　　⑤未遂犯（第二十七條）。

　　⑵分則免除

　　　①孕婦必要之墮胎行為（第二百八十八條第三項）。

　　　②預備或陰謀犯內亂罪者（第一百零二條）。

　　　③行賄罪自首者（第一百二十二條第三項）。

　　　④參與犯罪結社自首者（第一百五十四條第二項）。

　　　⑤湮滅證據罪自首者（第一百六十六條）。

　　　⑥親屬間犯藏匿犯人湮滅證據罪者（第一百六十七條）。

　　　⑦偽證誣告罪自白者（第一百七十二條）。

　　　⑧謀為同死參與自殺罪者（第二百七十五條第三項）。

　　　⑨親屬間犯竊盜罪者（第三百二十四條第一項）。

⑩親屬間犯侵占罪者（第三百三十八條）。

⑪親屬間犯詐欺背信罪者（第三百四十三條）。

⑫親屬間犯贓物罪者（第三百五十一條）。

2.裁判免除

犯左列各罪之一，情節輕微，顯可憫恕，認為依第五十九條規定減輕其刑，仍嫌過重者，得免除其刑（第六十一條）：

一、犯最重本刑為三年以下有期徒刑拘役或專科罰金之罪。但第一百三十二條第一項、第一百四十三條、第一百四十五條、第一百八十六條、第二百七十二條第三項及第二百七十六條第一項之罪，不在此限。

二、犯第三百二十條之竊盜罪。

三、犯第三百三十五條之侵占罪。

四、犯第三百三十九條之詐欺罪。

五、犯第三百四十九條第二項之贓物罪。

第六十一條第一款注重在刑，以所犯為最重本刑在三年以下有期徒刑、拘役或專科罰金之罪為限，如有加重情形，在總則上之加重，縱使超過三年以上有期徒刑，仍屬第一款之案件，自得酌免其刑；在分則上之加重，因係刑罰之延長，其最重本刑超過三年以上有期徒刑時，即非第一款案件，不得酌免其刑。至於第二款至第五款注重在罪，有無加重情形，均無影響。

(四)自 首

犯人對於未發覺之犯罪，自為報告而接受裁判者，謂之自首。犯罪尚未發覺而行自首，顯見犯人具有悔過遷善之意向，復可免偵查犯罪之勞費，自可鼓勵，故第六十二條規定「對於未發覺之罪自首而受裁判者，減輕其刑，但有特別規定者，依其規定。」刑法上關於自首之減刑，採取「必減」，對於預謀殺人而惡性重大犯罪之自首，每有不能貫澈刑事政策

之要求，為防止寬濫計，似應將「必減」改為「得減」，並將「未發覺之罪」，從嚴解釋，務使不肖之徒無法倖邀寬典也。

自首減刑之要件有三：

1. 須犯罪未發覺　「未發覺」指有偵查權之機關或公務員尚未發覺犯罪事實或犯罪之人而言，即就「犯罪事實」與「犯人」有一未發覺，即為犯罪未發覺。反之，所謂發覺，係指有偵查犯罪職權之公務員已知悉犯罪事實與犯罪之人而言。而所謂知悉，固不以確知其為犯罪之人為必要，但必其犯罪事實確實存在，且為該管公務員所確知，始屬相當。如犯罪事實並不存在而懷疑其已發生，或雖已發生，而為該管公務員所不知，僅係推測其已發生而與事實巧合，均與已發覺之情形有別（七五臺上一六三四）。

2. 須有自首之行為　原則上應向有偵查權之機關或公務員為之，如向其他機關自首犯罪者，以移至偵查機關時，犯罪尚未發覺，始得認為自首（二四、七刑會）。至自首之方法，並無限制。因之第六十二條所謂自首，祇以犯人在其犯罪未發覺前，向該管公務員自承犯罪而受裁判為已足，並不以使用自首字據為必要（五一臺上一四八六）。

3. 須接受裁判　必須在自首後接受該管公務員之裁判，始合減輕之要件。是犯人在犯罪未發覺之前，向該管公務員告知其犯罪而不逃避接受裁判，即與刑法第六十二條規定自首之條件相符，不以言明「自首」並「願受裁判」為必要（六三臺上一一〇一）。

自首之效力，僅及於所自首之罪，而減輕其刑。如刑法分則對於自首減輕有特別規定者（如第一百零二條、第一百二十二條）均依其規定。且自首僅及於未發覺之犯罪，故所犯數罪雖經發覺，而就未發覺之餘罪自首者，仍應就其所自首之罪予以減輕。如犯輕罪而首重罪，或犯重罪而首輕罪，亦與自首之成立，並無影響。

㈤刑之併科

同一犯罪，依刑法分則之規定，併科數種刑罰者，謂之「刑之併科」，此與數罪併罰係就裁判確定前犯數罪各別宣告其刑罰，合併定其應執行之刑罰者，迥然不同。情形有二：

1. 主刑併科　主刑，依第三十三條規定，有死刑、無期徒刑、有期徒刑、拘役及罰金五種，在一罪而併科兩種以上主刑者，僅有罰金一種，如森林法第五十條宣告有期徒刑後，仍應併科罰金是。

2. 從刑併科　一罪而併科數種從刑，依第三十四條規定從刑有沒收與褫奪公權二種，均得併科。

㈥刑之易科

刑之易科，乃以他刑罰代其所宣告或可宣告之刑罰。可分三種：

1. 易科罰金　係代替刑之一種，即以財產刑代替自由刑之執行。蓋刑罰之作用，重在特別預防，短期自由刑每有不易獲致實效，難以使犯人悔過遷善，尤以偶犯或初犯之人，如受短期監禁，易染惡習，殊非刑罰之機能所在，故第四十一條第一項規定「犯最重本刑為五年以下有期徒刑以下之刑之罪，而受六個月以下有期徒刑或拘役之宣告，因身體、教育、職業、家庭之關係或其他正當事由，執行顯有困難者，得以一元以上三元以下折算一日，易科罰金。但確因不執行所宣告之刑，難收矯正之效，或難以維持法秩序者，不在此限。」其要件有三：

⑴犯最重本刑為五年以下有期徒刑以下之刑之罪　「最重本刑」指法定最重本刑之最高者而言，包括五年以下有期徒刑拘役或罰金之罪在內（院解三七五五）。數罪併罰之案件，其中之一罪，其最重本刑雖在五年以下，而他罪之最重本刑，如已超過五年，則因合併處罰之結果，自不得易科罰金（院二七〇二）。

⑵受六個月以下有期徒刑或拘役之宣告　其所受宣告之刑必在六

個月以下有期徒刑或拘役，方克相當。如犯某罪，其最重本刑雖為五年以下有期徒刑，惟經加重結果，其最重本刑已逾五年者，即不得適用第四十一條第一項之規定。

(3)因身體、教育、職業、家庭之關係或其他正當事由，執行顯有困難者　法院認有上述情形而在執行上有窒礙時，得以一元以上三元以下，折算一日，易科罰金，於判決主文內併宣示之。

併合處罰之數罪，均有前項情形，其應執行之刑逾六月者，亦同（第四十一條第二項）。此乃基於刑法「從新從輕」主義，就併合處罰之數罪，凡符合第四十一條第一項規定者，縱令法院宣告應執行之刑已逾六月，仍有本條第一項之適用。至數罪併罰中之一罪，依刑法規定得易科罰金，若因與不得易科之他罪併合處罰結果，而不得易科罰金時，原可易科部分所處之刑，自亦無庸為易科折算標準之記載（釋一四四）。

2.易服勞役　亦係代替刑之一種，即以服勞役代替罰金之執行，期使無力完納罰金之人，得以其勞力換取代價，認為業已執行也。故罰金應於裁判確定後兩個月內完納，期滿而不完納者，強制執行，其無力完納者，易服勞役（第四十二條第一項）。至易服勞役則以一元以上三元以下，折算一日，但其勞役期限，不得逾六個月（第四十二條第二項）。在數罪併罰之案件，已定其應執行之金額者，概依應執行之金額折算易服勞役之日數。罰金總額折算逾六個月之日數者，以罰金總額與六個月之日數比例折算（第四十二條第三項）。至科罰金之裁判，應載明折算一日之額數，如有不滿一日之零數不算（第四十二條第四、五項）。又易服勞役乃代替罰金之執行，故在易服勞役期內仍可隨時完納罰金，至在易服勞役期內完納罰金者，應依裁判所定之標準折算，扣除勞役之日期（第四十二條第六項）。

3.易以訓誡　受拘役或罰金之宣告，而犯罪動機在公益或道義上顯

可宥恕者，得易以訓誡（第四十三條），亦屬代替刑之一。此之拘役或罰金，必以宣告刑為準，惟不包括易科罰金之情形在內。

刑之易科（易刑），其效力如何？第四十四條規定「易科罰金，易服勞役或易以訓誡執行完畢者，其所受宣告之刑，以已執行論。」是以其原所宣告之刑並未變更或消滅，如受有期徒刑之宣告，雖經易科罰金，五年以內再犯有期徒刑以上之罪者，仍成立累犯，但罰金之易服勞役，不能視為徒刑之執行，自不生累犯之問題。

㈦刑之加減

1.刑罰加減之限制

⑴死刑不得加重，但得減為無期徒刑，或為十五年以下十二年以上有期徒刑（第六十四條）。

⑵無期徒刑不得加重，但得減至七年以上有期徒刑（第六十五條）。

⑶有期徒刑、拘役不得減至罰金，罰金亦不得加至有期徒刑或拘役。

⑷有期徒刑、拘役兩者，不得相互加減。

⑸有期徒刑減至二月未滿，加至二十年；拘役加重時至多為四個月。

2.刑罰加減之分量

⑴死刑減輕者為無期徒刑，或為十五年以下十二年以上有期徒刑（第六十四條第二項）。

⑵無期徒刑減輕者，為七年以上有期徒刑（第六十五條第二項）。

⑶有期徒刑、拘役、罰金減輕者，減輕其刑至二分之一，但同時有免除其刑之規定者，其減輕得減至三分之二（第六十六條）。

3.刑罰加減之方法

⑴有期徒刑之加減，其最高度及最低度同時加減之（第六十七

條)。

⑵拘役或罰金之加減，僅加減其最高度（第六十八條）。

⑶有二種以上之主刑者，加減時併加減之（第六十九條）。

⑷有二種以上刑之加重或減輕者，遞加或遞減之（第七十條）。所謂「遞加遞減」者，指二種以上加重或減輕原因同時存在，就其法定刑加重或減輕後，再就加得或減得之刑，依二分之一或三分之二之分數予以加減。至減輕之分數不等者，須先以較少之數減輕之（第七十一條第二項）。

⑸同一犯罪之刑，同時有加重及減輕原因存在者，先加後減（第七十一條第一項）。

⑹因刑之加重減輕而有不滿一日之時間或不滿一元之額數不算（第七十二條）。

⑺酌量減輕其刑者，準用減輕其刑之規定（第七十三條）。

三、緩　刑

　　刑罰之機能，重在特別預防；短期自由刑對於偶發之輕微犯罪，不足以收改善之實效，反易形成犯罪之習慣，故設緩刑制度，用以補救短期自由刑之弊。因緩其刑之宣告，究與延不處罰不同，且在緩刑期內更行犯罪者，得撤銷緩刑，執行其宣告刑，使犯人改過遷善，符合「刑期無刑」之目的。故緩刑實係對於輕微犯罪宣告刑罰時，基於法定要件，定一相當期限，暫緩其刑之執行，促使犯人自新，預防再犯。

　　㈠緩刑之要件

　　依第七十四條規定其要件如下：

　　1.須受二年以下有期徒刑、拘役或罰金之宣告　最輕法定本刑超過二年有期徒刑以上之刑，而因選科或易科之結果，宣告二年以下有期徒刑、拘役或罰金者，於緩刑條件，不生影響。至數罪併罰

案件，其各罪之宣告刑及執行刑均在二年以下者，亦得諭知緩刑。
又主刑緩刑時，從刑除違禁物之沒收外，亦皆緩之（院七八一）。

2.須未受有期徒刑以上刑之宣告，或雖受有期徒刑之宣告，執行完
畢或赦免後，五年以內未受有期徒刑以上刑之宣告　所謂「受有
期徒刑以上刑之宣告」，指受刑之宣告且經裁判確定者而言，已否
執行，則非所問。

3.以暫不執行為適當　由法院就被告有無累犯之虞，及能否於刑罰
之宣告而策其自新等一切情形，依其自由裁量定之，與犯罪情狀
是否可憫，並無關係。

㈡緩刑之效力

1.緩刑之期間，應自裁判確定之日起算。如裁判未確定前，雖更犯
罪，受有期徒刑以上刑之宣告，仍不得撤銷緩刑。

2.受緩刑之宣告，在緩刑期內，得付保護管束（第九十二條第一項）。

3.緩刑期滿而緩刑之宣告未經撤銷者，其刑之宣告失其效力（第七
十六條）。所謂「刑之宣告失其效力」包括主刑及從刑在內，故曾
受徒刑及褫奪公權之宣告者，於緩刑期滿而緩刑之宣告未經撤銷
時，依該條規定褫奪公權之宣告亦失其效力（院解三九三〇），故
與未曾受有罪之裁判者同，在五年以內犯有期徒刑之罪，並非累
犯。

㈢緩刑之撤銷

1.必撤銷之情形

⑴緩刑期內更犯罪，受有期徒刑以上刑之宣告者（第七十五條第
一項第一款）　此係指在裁判確定之日起至所宣告之緩刑期間
屆滿為止。

⑵緩刑前犯他罪，而在緩刑期內受有期徒刑以上刑之宣告者（第
七十五條第一項第二款）　此係指他罪之犯罪行為在本罪緩刑

宣告之前，而裁判在本罪緩刑期間以內而言。故緩刑前犯他罪，又非在緩刑期內受有期徒刑以上刑之宣告，則其宣告緩刑，並不違法，亦不得為撤銷緩刑之原因，祇應就他罪所宣告之刑，予以執行（院解二九一八參照）。又如先後犯有甲乙兩罪，乙罪先發覺經宣告緩刑，在緩刑期內發覺甲罪，復經宣告緩刑確定者，如甲罪受有期徒刑以上刑之宣告，應為撤銷乙罪緩刑宣告之原因，至於甲罪緩刑之宣告，與第七十五條第一項第二款所列情形不符，如乙罪係宣告有期徒刑以上之刑者，得依非常上訴糾正（院一九八〇）。

　2.得撤銷之情形

　受緩刑宣告者，在緩刑期內得付保護管束，如違反保護管束規則，而情節重大者，得撤銷其宣告（第九十三條第三項）。

四、假　釋

　現代刑事政策，在使受刑人悛悔向上，適應社會生活，而非對犯罪者予以應報之惡害，故受刑人在執行中如有悛悔實據者，其行刑績效已著，基於刑罰經濟之觀念，用以救濟長期自由刑之弊害，獎勵受刑人之自新，並預防再犯，乃有假釋制度之設。

　假釋為救濟長期自由刑而設，故其要件有二：

　1.受徒刑之執行而有悛悔實據者。

　2.無期徒刑逾十五年後，累犯逾二十年後。有期徒刑逾二分之一後，累犯逾三分之二後。以上情形，均由監獄報請法務部得許假釋出獄，但有期徒刑之執行未滿六月者，不在此限（第七十七條第一項）。無期徒刑裁判確定前逾一年部分之羈押日數，算入前項已執行之期間內（第七十七條第二項）。

　假釋以犯人悛悔為條件，如出獄後更行犯罪，足見不能改善，故設

撤銷假釋之規定，情形有二：

1. 必撤銷　假釋中因故意更犯罪，受有期徒刑以上刑之宣告者，撤銷其假釋（第七十八條第一項）。稱「假釋中更犯罪」，須所犯之罪經裁判確定，並受有期徒刑以上刑之宣告，始克相當，縱宣告有期徒刑而易科罰金，亦應撤銷假釋。本條項既稱「因故意」而更犯罪，則因過失而更行犯罪者，自不得撤銷。至假釋撤銷之後，仍應繼續受刑之執行。前項犯罪，其起訴及判決確定均在假釋期滿前者，於假釋期滿後六個月以內，仍撤銷其假釋。其判決確定在假釋期滿後者，於確定後六月以內撤銷之（第七十八條第二項）。

2. 得撤銷　假釋出獄者，在假釋中付保護管束（第九十三條第三項），假釋期內違反保護管束情節重大者，得撤銷之。假釋被撤銷後，在假釋中所付之保護管束，當然消滅（院一五六七）。

假釋之效力如何？分別言之：

1. 假釋撤銷後，其出獄日數不算入刑期內（第七十八條第三項），故仍應執行其殘餘之刑期。

2. 在無期徒刑假釋後滿十五年，或在有期徒刑所餘刑期內未經撤銷假釋者，其未執行之刑，以已執行論，但依第七十八條第二項撤銷其假釋者，不在此限（第七十九條第一項）。

3. 假釋中另受刑之執行或羈押或其他依法拘束自由之期間，不算入假釋期內（第七十九條第二項）。

至於二以上徒刑併予執行，或二以上徒刑併無期徒刑者，第七十七條所定最低應執行之期間，如何合併計算，依第七十九條之一規定，應依下列定之：

1. 二以上徒刑併執行者，第七十七條所定最低應執行之期間，合併計算之。

2. 前項情形，併執行無期徒刑者，適用無期徒刑假釋之規定，二以

上有期徒刑合併刑期逾三十年，而接續執行逾十五年者，亦得許假釋。

3. 依第七十九條之一第一項規定合併計算執行期間而假釋者，第七十九條第一項規定之期間，亦合併計算之。

4. 前項合併計算後之期間逾十五年者，準用前條無期徒刑假釋之規定。

5. 經撤銷假釋執行殘餘刑期者，無期徒刑於執行滿二十年，有期徒刑於全部執行完畢後，再接續執行他刑，第七十九條之一第一項有關合併計算執行期間之規定不適用之。

假釋與緩刑二者，在刑法上各有不同之用意，區別如下：

假　　釋	緩　　刑
①為救濟長期自由刑之弊害而設。	①為救濟短期自由刑之弊害而設。
②以有刑之執行為前提。	②自始即免刑之執行。
③司法行政處分，不經裁判為之。	③裁判上審酌事項，以判決宣告之。
④必須付保護管束。	④得付保護管束。
⑤宣告刑最低在一年以上始可。	⑤宣告刑為二年以下有期徒刑、拘役或罰金。
⑥期間屆滿，殘餘刑期以已執行論，得為累犯之事由。	⑥期間屆滿，宣告之刑失其效力，與未受刑之宣告者同，不成累犯原因。

五、刑罰之消滅

刑期，自裁判確定之日起算，而裁判雖經確定，其尚未受拘禁之日

數，不算入刑期內（第四十五條）。至裁判確定前羈押之日數，以一日抵有期徒刑或拘役一日，或第四十二條第四項裁判所定之罰金額數（第四十六條）。

刑罰消滅之情形如下：

㈠**受刑人死亡**

受刑人死亡者，刑罰權之行使，失其對象，在偵查中應處分不起訴（刑事訴訟法第二百五十二條第六款），審判中諭知不受理（同法第三百零三條第五款）。但財產刑仍得就受刑人之遺產執行（同法第四百七十條第三項）。

㈡**赦免**

1. 大赦　一經大赦，已受罪刑之宣告者，其宣告為無效，未受罪刑之宣告者，其追訴權消滅。

2. 特赦　對於受罪刑宣告之人，免除其刑罰之執行，其效力向將來發生。

3. 減刑　對受有罪宣告之人，免除其刑罰之一部分。

4. 復權　對受褫奪公權之宣告者，回復其所褫奪之公權，其公權回復，刑罰自然消滅。

㈢**時效**

刑法上之時效，乃規定經過一定期間，刑罰之請求權或執行權因而消滅，情形有二：

1. 追訴權時效

因時效之完成而使追訴權消滅，追訴權因下列期間內不行使而消滅（第八十條）：

⑴死刑、無期徒刑或十年以上有期徒刑者，二十年。

⑵三年以上，十年未滿有期徒刑者，十年。

⑶一年以上，三年未滿有期徒刑者，五年。

(4)一年未滿有期徒刑者，三年。

(5)拘役或罰金者，一年。

前項期間自犯罪成立之日起算。但犯罪行為有繼續或連續之狀態者，自行為終了之日起算。追訴權之時效期間，依本刑之最高度計算。有二種以上之主刑者，依最重主刑或最重主刑之最高度計算（第八十一條）。至本刑遇有加重或減輕情形，仍依本刑計算（第八十二條）。又追訴權之時效，如依法律之規定偵查、起訴、或審判之程序不能開始或繼續時，停止其進行（第八十三條第一項），具有上述原因之時效停止，自停止原因消滅之日起，與停止前已經過之期間，一併計算（同條第二項）。停止原因繼續存在之期間，如達於第八十條第一項各款所定期間四分之一者，其停止原因，視為消滅（同條第三項）。追訴權時效消滅，即不能更行追訴，在偵查中應為不起訴處分（刑事訴訟法第二百五十二條第二款），審判中應諭知免訴之判決（同法第三百零二條第二款）。

2.行刑權時效

行刑權即為刑罰執行權，指宣告刑而言，因下列期間不行使而消滅（第八十四條）：

(1)死刑、無期徒刑或十年以上有期徒刑者，三十年。

(2)三年以上十年未滿有期徒刑者，十五年。

(3)一年以上三年未滿有期徒刑者，七年。

(4)一年未滿有期徒刑者，五年。

(5)拘役、罰金或專科沒收者，三年。

上列期間，自裁判確定之日起算，如依法律之規定不能開始或繼續執行時，則應停止其進行（第八十五條第一項）。此項時效停止，自停止原因消滅之日起，與停止前已經過之期間，一併計算（第八十五條第二項），惟其停止原因繼續存在之期間，如達於第八十四條第一項各款所定期間四分之一者，其停止原因視為消滅（第八十五條第三項）。

實務上，時效制度尚有下列問題，宜加注意：

㈠追訴權時效與行刑權時效之停止原因，在刑法第八十三條第一項及第八十五條第一項設有規定。惟「時效停止」與「時效中斷」二者，其意義並不相同。前者於停止之原因消滅後，其停止前經過之期間與停止後回復進行之期間合併計算；後者則自停止原因消滅後，更新計算時效期間。由於時效停止，其以前所經過之期間並不消滅而合併計算，較之時效中斷須更新計算期間者，對於犯人尤為有利，自可免受訴訟之拖累。德瑞等國兼採時效停止與時效中斷制度，日本則採單一時效停止制度，我國刑法亦無時效中斷之規定。

㈡偵查審判中通緝之被告，或執行中通緝之受刑人，其追訴權或行刑權之時效，是否停止進行？又於停止進行一定期間後，是否仍應回復進行？論者不一：

1.積極說 認為依第八十三條第一項：「追訴權之時效，如依法律之規定，偵查、起訴或審判之程序不能開始或繼續時，停止其進行。」第三項：「停止原因繼續存在之期間，如達於第八十條第一項各款所定期間四分之一者，其停止原因視為消滅。」及第八十五條第一項：「行刑權之時效，如依法律之規定，不能開始或繼續執行時，停止其執行。」第三項：「停止原因繼續存在之期間，如達於第八十四條第一項各款所定期間四分之一者，其停止原因視為消滅。」則追訴權與行刑權如依法律之規定不能開始或繼續進行時，其追訴權或行刑權之時效，即應有限制的停止進行，俟停止原因消滅後，仍應繼續進行。因之，偵查起訴審判中通緝之被告，應停止追訴權或行刑權時效之進行，但須注意第八十三條第三項及第八十五條第三項所定期間之限制，即停止進行之期間，不得逾第八十條第一項或第八十四條第一項各款所定時效期間四分之一，否則仍應回復時效之進行。

2.消極說　認為依第八十條第一項所定追訴權時效因不行使而消滅，係指追訴權得行使而怠於行使者而言。德瑞等國對於在法定期間內有行使追訴權之行為者，視為時效中斷，重行起算時效期間，足見追訴權時效之完成，以有追訴權之機關怠於行使為要件，如被告既已起訴或通緝，則追訴權顯已行使，自不發生追訴時效停止與否之問題。且第八十四條所定之行刑權，如在法定期間內已有行使之行為者，即不發生時效問題，故受刑人既經通緝，自無時效可言。

目前在實務上，概採積極說，觀之下列各例自明：

①被告在逃曾經通緝者，其追訴權之時效，依刑法第八十三條第一項固應停止進行（三一上一一五六）。

②於偵查或審判中通緝之被告，其追訴權之時效均應停止進行，但須注意刑法第八十三條第三項之規定（院一九三六）。

③審判中被告經依法通緝者，其追訴權之時效，固應停止進行，本院院字第一九三六號解釋並未有所變更。至於執行中之受刑人經依法通緝，不能開始或繼續執行時，其行刑權之時效，亦應停止進行，但仍須注意第八十五條第三項之規定（釋一二三）。

④追訴權如在行使中不生時效問題（五一、七刑會）。

⑤案經提起公訴或自訴且在審判進行中，此時追訴權既無不行使之情形，自不發生時效進行之問題（釋一三八）。

㈢追訴權時效，如在偵查中時效完成者，檢察官應依刑事訴訟法第二百五十二條第二款為不起訴之處分；在審判中時效完成者，應依同法第三百零二條第二款諭知免訴之判決。至行刑權時效完成後，刑罰因而消滅，受刑人即可享受時效完成之利益。

第十章　保安處分

　　現代刑事政策，重在犯罪之特別預防，用以改善犯人，防衛社會，然犯罪原因各有不同，有因懶惰成習者，有因智能缺乏者，亦有因身罹疾病者，此等犯人，如與常人課以同樣之刑罰，勢必難收實效，故設有保安處分之規定，對於有危險之人防止再犯，其與刑罰不同者：

保　安　處　分	刑　　罰
①以行為之危險性為基礎。	①以犯罪之違法性為前提。
②注重特別預防。	②重在一般預防。
③不因犯罪而訂不同之期間。	③刑期因犯罪之輕重而不同。
④不能假釋。	④得予假釋。
⑤不能折抵刑期。	⑤得將羈押日數折抵刑期。
⑥在特別場所執行之。	⑥在監獄內執行。
⑦一律適用新法。	⑦新舊法不同時，適用最有利於行為人之法律。
⑧無時效之規定。	⑧有行刑權時效。
⑨不能受赦免。	⑨得受赦免。

一、保安處分之對象

　　㈠少年人　因未滿十四歲而不罰者，得令入感化教育處所，施以感化教育（第八十六條第一項），因未滿十八歲而減輕其刑者，得於刑之執行完畢或赦免後，令入感化教育處所，施以感化教育（同條第二項）。

　　㈡精神病人　包含心神喪失人與精神耗弱人二種。

　　㈢瘖瘂人　既聾且啞之人為瘖瘂人。不以先天者為限，但須出生後

自幼痼癖始可。

　㈣吸食鴉片、施打嗎啡、或使用高根海洛因或其化合質料者。

　㈤酗酒人。

　㈥習慣犯、常業犯、遊蕩成習犯或懶惰成習犯。

　㈦患花柳病人或痲瘋病人。

　㈧受緩刑宣告者。

　㈨假釋人。

　㈩外國人。

二、保安處分之種類

　㈠感化教育處分　未滿十四歲不罰及未滿十八歲而減輕其刑者，均得宣告感化教育，其期間為三年以下。

　㈡監護處分　心神喪失人、精神耗弱人及痼癖人犯罪者，得施以監禁及保護，期間為三年以下。

　㈢禁戒處分　使用毒品或酗酒之犯罪，施以禁制戒絕之處分，禁戒煙毒期間在六個月以上，禁戒酗酒期間則在三個月以下。

　㈣強制工作處分　有犯罪之習慣，或以犯罪為常業，或因遊蕩或懶惰成習而犯罪者，得於刑之執行完畢或赦免後，令入勞動處所強制工作（第九十條一項）。其期間為三年以下。

　㈤強制治療處分　患有花柳病或痲瘋病之人，得令入相當處所，強制治療（第九十一條）。其期間至治癒時為止。犯第二百二十一條至第二百二十七條、第二百二十八條、第二百二十九條、第二百三十條、第二百三十四條之罪者，於裁判前應經鑑定有無施以治療之必要，有施以治療之必要者，得令入相當處所，施以治療（第九十一條之一第一項）。前項處分於刑之執行前為之，其期間至治癒為止，但最長不得逾三年（同條第二項）。至其治療處分之日數，則以一日抵有期徒刑或拘役一日或第

四十二條第四項裁判所定之罰金額數（同條第三項）。

　　㈥驅逐出境　外國人受有期徒刑以上宣告者，得於刑之執行完畢或赦免後，驅逐出境（第九十五條）。

　　㈦保護管束　對於有危險性之人由特定人或機關加以保護管束，應交由警察官署、自治團體、慈善團體、本人之最近親屬或其他適當之人行之（第九十四條）。保護管束適用於下列案件：

　　1.代替其他處分之保護管束　對於受感化教育、監護、禁戒與強制工作處分者，按其情形，得以保護管束代之，其期間為三年以下，不能收效者，得隨時撤銷之，仍執行原處分（第九十二條）。

　　2.假釋與緩刑之保護管束　受緩刑之宣告者，在緩刑期內，得付保護管束；假釋出獄者，在假釋中應付保護管束。如違反保護管束規則情節重大者，得撤銷緩刑之宣告或假釋（第九十三條）。

三、保安處分之執行

　　保安處分，應於裁判時併宣告之（第九十六條前段），惟假釋或刑之赦免後付保安處分者，由檢察官聲請法院裁定之。

　　保安處分之執行，在下列處所為之：

　　1.感化教育，於感化教育處所執行之（第八十六條）。

　　2.監護，於相當處所執行（第八十七條）。

　　3.禁戒，於相當處所執行之（第八十八條、第八十九條）。

　　4.強制工作，於勞動場所執行之（第九十條）。

　　5.強制治療，於相當處所執行之（第九十一條）。

　　6.保護管束，交由警察官署、自治團體、慈善團體、本人之最近親屬或其他適當之人行之（第九十四條）。

　　依第八十六條至第九十條及第九十二條規定宣告之保安處分，期間未終了前，認為無繼續執行之必要者，法院得免其處分之執行，如認為

有延長之必要者，法院得就法定期間之範圍內，酌量延長之（第九十七條）。至依第八十六條、第八十七條、第八十九條及第九十條規定宣告之保安處分，於刑之執行完畢或赦免後，認為無執行之必要者，法院亦得免其處分之執行（第九十八條）。至保安處分在第八十六條至第九十一條之情形，自應執行之日起，經過三年未執行者，非得法院許可，不得執行之（第九十九條），應否許可，由檢察官聲請法院裁定之。

第二編　刑法分則

第一章　內亂罪

犯罪依侵害法益之性質，得分為三大類，即侵害國家法益之罪（第一章至第十章），侵害社會法益之罪（第十一章至第二十一章），侵害個人法益之罪（第二十二章至第三十五章）。內亂罪因侵害國家內部存立之條件而成立，私人法益在原則上不屬於內亂罪客體之中，所涉之法益為國家之生存與安全，且刑法之處罰內亂罪行，重在阻遏亂萌，防患於未然，故特別注重內亂之意圖而以之為構成要件之主觀要素，凡本此意圖而著手實行者，即為犯罪之成立，不生未遂之問題，刑法第一百條及第一百零一條均未設處罰未遂之規定，其故在此。

一、普通內亂罪

第一百條第一項規定：「意圖破壞國體，竊據國土，或以非法之方法變更國憲，顛覆政府，而以強暴或脅迫著手實行者，處七年以上有期徒刑，首謀者處無期徒刑。」第二項規定：「預備犯前項之罪者，處六月以上五年以下有期徒刑。」故其要件：

㈠須有政治上犯罪之意圖　所謂「意圖」，其內容有四：

　1. 破壞國體。

　2. 竊據國土。

　3. 以非法之方法變更國憲。

　4. 顛覆政府。

四者之中，祇須具備其一，而以強暴或脅迫著手實行者，即足構成本罪。

㈡須以強暴或脅迫之手段　基於憲法賦予人民之言論或著作等自由，須以強暴或脅迫手段，內亂罪始克成立。

㈢須已著手實行　必須以強暴或脅迫手段，而著手實行，始足當之。

本罪以高等法院為第一審管轄法院（刑事訴訟法第四條）。

二、暴動內亂罪

第一百零一條第一項規定：「以暴動犯前條第一項之罪者，處無期徒刑，或七年以上有期徒刑，首謀者處死刑或無期徒刑。」第二項規定：「預備或陰謀犯前項之罪者，處一年以上七年以下有期徒刑。」故其要件：

㈠須有暴動行為　即多眾協同實施強暴脅迫，此不限於對人實施，亦不限於使已喪失自由之程度，故以擾亂治安為已足。且必多數人實施，是為「必要共犯」之一種。

㈡其暴動行為，須以犯內亂罪為目的　必以暴動行為著手實行內亂始可，故其內亂，須以暴動為手段，而其暴動，必須以內亂為目的，始與本罪構成要件相當。

犯第一百條二項或第一百零一條二項之罪，情節較輕，危險未著，苟自行首告，不妨從寬，故減輕或免除其刑（第一百零二條）。

第二章　外患罪

本章之罪，以妨害國家外部存立條件為內容，因立國於世，必須保持國家主權之獨立與領土之完整，並享受基於國家地位而生之一切權益，如有人援引敵國入侵或為其他行為，實已嚴重損及國權，故外患罪明定以國家之外部安全為保護對象，其處罰除第一百零五條之犯罪主體，須為本國人外，其餘各條，無論為本國人或外國人或無國籍之外人，均可一律適用，懲治叛亂條例，即為本章之特別法。

一、誘致外患罪

第一百零三條第一項規定：「通謀外國或其派遣之人，意圖使該國或他國，對於中華民國開戰端者，處死刑或無期徒刑。」故其要件：

㈠須與外國或其派遣之人通謀　「通謀」者，雙方互通謀議之謂。通謀方法不問為言語文字，祇以有互通謀議之事實為已足。

㈡須意圖使該國或他國，對中華民國開戰端　凡以使外國對民國開戰端之意思，與外國或其派遣之人互通謀議時，即使外國對民國並未開戰端，罪亦成立。

預備或陰謀犯之者，處三年以上十年以下有期徒刑（第一百零三條第三項），本條第一項之未遂犯罰之（同條第二項）。

二、意圖喪失民國領域罪

第一百零四條第一項規定：「通謀外國或其派遣之人，意圖使中華民國領域，屬於該國或他國者，處死刑或無期徒刑。」並罰其未遂犯（同條二項），故其要件：

㈠須通謀外國或其派遣之人。

㈡須意圖使中華民國領域，屬於該國或他國。

預備或陰謀犯之者，處三年以上十年以下有期徒刑（同條第三項）。如其行為藉誘發戰爭而使民國喪失領域者，應成立第一百零三條第一項之罪，不另論以本罪。使民國領域屬於外國人民者，亦與本罪構成要件不合，自不成本罪。至受政府委任之人而違背其任務，將領域之一部擅令屬於他國者，為本罪與第一百十四條違背委任罪之競合，應依第五十五條從一重處斷。

三、直接反抗民國罪

第一百零五條第一項規定：「中華民國人民，在敵軍執役，或與敵國械抗中華民國，或其同盟國者，處死刑或無期徒刑。」並罰其未遂犯（同條第二項），故其要件：

㈠犯罪主體須為中華民國之人民　其國籍如非中華民國者，不構成本罪，其可罰性在於個人之違反效忠義務，而投效敵國，對抗民國。

㈡須在敵軍執役，或與敵國械抗中華民國或其同盟國　「執役」乃在敵軍中服務，其事務之性質並非所問。「械抗」則係非正式擔任職務，而加入敵方戰鬥行列，執持武器而言。

預備或陰謀犯本罪者，處三年以上十年以下有期徒刑（同條第三項）。

四、助敵罪

第一百零六條第一項規定：「在與外國開戰，或將開戰期內，以軍事上之利益供敵國，或以軍事上之不利益害中華民國或其同盟國者，處無期徒刑或七年以上有期徒刑。」故其要件：

㈠犯罪時間，須在與外國開戰或將開戰期內　「開戰」指正式宣戰或不宣而戰而言，「將開戰」則係兩國調軍佈防，客觀上已無和平解決之狀態。

㈡須以軍事上之利益供敵國，或以軍事上之不利益害中華民國或其同盟國　「利益」或「不利益」須依客觀事實認定之，其以利益供敵國，或以不利益害民國或其同盟國，均不以在敵軍執役者為限。

預備或陰謀犯本罪者，處五年以下有期徒刑（同條第三項），第一項之未遂犯罰之（同條第二項）。本罪之行為範圍雖廣，但對於第一百零七條之規定而言，僅有補充性質，如助敵行為相當該條列舉之內容，即構成加重助敵罪，逕依該條論處。

五、加重助敵罪

犯第一百零六條第一項之罪，而有下列情形之一者，處死刑或無期徒刑（第一百零七條第一項）：

㈠將軍隊交付敵國，或將要塞、軍港、軍營、軍用船艦、航空機及其他軍用處所建築物，與供中華民國軍用之軍械、彈藥、錢糧及其他軍需品，或橋樑、鐵路、車輛、電線、電機、電局及其他供轉運之器物，交付敵國，或毀壞，或致令不堪用者　本款犯罪客體為軍隊，軍用處所建築物及軍需品三者。至犯罪手段則有「交付」「毀壞」及「致令不堪用」，祇須列舉之妨害行為有一具備，而涉及任何一種列舉之標的物，犯罪即屬成立。

㈡代敵國招募軍隊，或煽惑軍人使其降敵者　本款之罪，以有招募或煽惑之行為而成立，至招募有無成軍，煽惑是否生效，均與本罪之既遂無關。

㈢煽惑軍人不執行職務，或不守紀律，或逃叛者　本款之罪，重在動搖軍心，喪失戰力，故煽惑軍人「不執行職務」，「不守紀律」或「逃叛」者，有一於此，罪即成立。

㈣以關於要塞、軍港、軍營、軍用船艦、航空機及其他軍用處所建築物、或軍略之秘密文書、圖畫、消息或物品，洩漏或交付於敵國者。

本款犯罪客體為軍事上之秘密，至其秘密是否為敵國已知或未知，則非所問。

㈤為敵國之間諜，或幫助敵國之間諜者。

凡具有上列各款情形之一者，即成本罪；如有二款以上情形，亦應將加重條件並列論為一罪，不能依第五十五條或第五十六條論以想像競合或連續犯。若僅著手於本條各款之行為而不遂者，即屬未遂（同條第二項），預備或陰謀犯之者，處三年以上十年以下有期徒刑（同條第三項）。

六、戰時不履行軍需契約罪

第一百零八條第一項規定：「在與外國開戰或將開戰期內，不履行供給軍需之契約或不照契約履行者，處一年以上七年以下有期徒刑，得併科五千元以下罰金。」故其要件：

㈠犯罪主體，須為與政府訂有供給軍需契約之人　「契約」不以與國家機關直接訂立者為限，即依其契約之性質及內容，足認其係供給軍需者，亦包括在內（二九上三七三一）。

㈡須故不履行契約或不照契約履行　如其不能照約履行，係因盜賣或侵占公有財物所致者，應另成他罪，並有第五十五條之適用（院解三七三四）。如用以供敵國或害民國而致違約者，依第一百零六條之助敵罪處斷，而非本罪。

㈢須在與外國開戰時或將開戰期內為之。

締結上項契約，對於契約之履行，應負特別注意義務，而因過失犯本罪者，處二年以下有期徒刑、拘役或一千元以下罰金（同條第二項）。故不能照約履行，是否因轉包工廠遲誤，或因訂約後不即時招工，或買集材料，以致工人難僱或材料缺乏之類，均非所問（二九上三七三一參照）。

七、洩漏國防秘密罪

第一百零九條第一項規定:「洩漏或交付關於中華民國國防應秘密之文書、圖畫、消息或物品者,處一年以上七年以下有期徒刑。」故其要件:

㈠須有洩漏或交付之行為　「洩漏」乃使不知其秘密之人知悉,而「交付」則係離卻自己持有,移轉他人持有。

㈡所洩漏或交付者,須為關於中華民國國防上應秘密之文書、圖畫、消息或物品。

本罪之犯罪主體,不限於公務員,如係公務員假借職務上之權力機會或方法而犯之者,應依第一百三十四條加重其刑。又本罪並罰其未遂犯(同條第三項),預備或陰謀犯之者,處二年以下有期徒刑(同條第四項)。

洩漏或交付第一百零九條第一項之文書、圖畫、消息或物品於外國或其派遣之人者,處三年以上十年以下有期徒刑(同條第二項),此為加重洩漏國防秘密罪,因其情形影響國防甚鉅,故予加重處罰,並罰其未遂犯(同條第三項),預備或陰謀犯之者,亦予處罰(同條第四項)。

八、公務員過失洩漏國防秘密罪

第一百十條規定:「公務員對於職務上知悉或持有前條第一項之文書、圖畫、消息或物品,因過失而洩漏或交付者,處二年以下有期徒刑、拘役或一千元以下罰金。」其要件為:

㈠犯罪之主體須為公務員。

㈡國防上之秘密,須本於職務上知悉或持有。

㈢須因過失而洩漏交付。

九、刺探或收集國防秘密罪

第一百十一條第一項規定：「刺探或收集第一百零九條第一項之文書、圖畫、消息或物品者，處五年以下有期徒刑。」其要件為：

㈠須有刺探或收集之行為 「刺探」指以詭秘手段，偵察情實之謂；「收集」則為用種種方法搜羅持有。本罪僅有刺探或收集行為已足，如於刺探或收集後，已洩漏或交付於人者，應依第一百零九條第一項處斷。

㈡所刺探或收集者，須為關於中華民國國防上應秘密之文書、圖畫、消息或物品 其所刺探或收集之目的物，無論為全部或一部，均得成立本罪，且必有刺探或收集之故意，始克相當。

預謀或陰謀犯之者，處一年以下有期徒刑（同條第三項），並罰第一項之未遂犯（同條第二項）。

十、意圖刺探或收集國防秘密而侵入軍事處所罪

第一百十二條規定：「意圖刺探或收集第一百零九條第一項之文書、圖畫、消息或物品，未受允准而入要塞、軍港、軍艦及其他軍用處所建築物，或留滯其內者，處一年以下有期徒刑。」其要件為：

㈠須意圖刺探或收集關於中華民國國防應秘密之文書、圖畫、消息或物品 以有刺探或收集之意圖為已足，不以實行刺探或收集為必要，如已實行，則依第一百十一條處斷，而非本罪。

㈡須未受允准，而入要塞、軍港、軍艦，及其他軍用場所建築物，或留滯其內 如其無故侵入或留滯其內，並非意圖刺探或收集國防秘密者，應依妨害軍機治罪條例第七條、第八條處斷。

十一、私與外國訂約罪

第一百十三條規定：「應經政府允許之事項，未受允許，私與外國政

府或其派遣之人為約定者,處無期徒刑或七年以上有期徒刑。」其要件為:

㈠須應經政府允許之事項,未受允許而為約定。

㈡須私與外國政府或其派遣之人為約定 如與外國私人訂約,不成本罪,並以「私為約定」之時,即屬既遂,是否足生損害於中華民國,與本罪之成立則無影響。又其私與外國或其派遣之人約定,有第一百零三條或第一百零四條之要件時,應依該條論處,不另成立本罪。

十二、違背委任罪

第一百十四條規定:「受政府之委任,處理對於外國政府之事務,而違背其委任致生損害於中華民國者,處無期徒刑或七年以上有期徒刑。」其要件為:

㈠須受政府之委任,處理對於外國政府之事務。

㈡須違背委任,必其違背委任係出於故意為限。

㈢須因其背任,致生損害於中華民國 不以損害國家主權為限,即國家信用或名譽上損害,亦包含之,至損害程度如何,尚非所問。

十三、毀滅國權書證罪

第一百十五條規定:「偽造、變造、毀棄或隱匿可以證明中華民國對於外國所享權利之文書、圖畫或其他證據者,處五年以上十二年以下有期徒刑。」其要件為:

㈠本罪之客體,須為可以證明中華民國對於外國所享權利之文書、圖畫、或其他之證據。

㈡本罪之行為,須對於上開證明民國國權之書證,加以偽造、變造、毀棄或隱匿 因此種行為,均足影響真正國權書證之證據力,且易發生外交上之紛爭,故不依普通偽造文書罪處斷,而認為外患罪之一種。

第三章　妨害國交罪

妨害國交罪，乃侵害國家間和平之罪，蓋國際社會欲保和平，必先講求親善，促進邦交，故凡有妨害國交之行為者，為防引起國際糾紛計，概予處罰。情形有三：

一、侵害友邦元首或外國代表身體自由名譽罪

第一百十六條規定：「對於友邦元首或派至中華民國之外國代表，犯故意傷害罪、妨害自由罪，或妨害名譽罪者，得加重其刑至三分之一。」其要件為：

㈠被害客體為友邦元首或派至中華民國之外國代表　「元首」以現任者為限，「外國代表」則包含外國政府指派之全權大使、全權公使、代辦公使、代理公使及其他一切使節而言。

㈡行為必為犯故意傷害罪、妨害自由罪或妨害名譽罪　三者如有其一，罪即成立，其中犯傷害罪，則以故意者為限，其因過失犯之者，不包括在內。

二、違背局外中立命令罪

第一百十七條規定：「於外國交戰之際，違背政府局外中立之命令者，處一年以下有期徒刑、拘役或三千元以下罰金。」其要件為：

㈠須犯罪於外國交戰之際　稱「交戰之際」，指國家與國家間正式宣戰，或實際上陷於戰爭而未停戰者而言。

㈡須違背局外中立之命令　外國交戰之際，中國不加入任何一方戰爭，而宣布中立者，人民即有服從義務，如有違背，構成本罪。

三、侮辱外國國旗國章罪

第一百十八條規定:「意圖侮辱外國,而公然損壞除去,或污辱外國之國旗國章者,處一年以下有期徒刑、拘役或三百元以下罰金。」其要件為:

㈠須意圖侮辱外國而犯本罪。

㈡被害客體,須為外國之國旗國章。

㈢須有公然損壞、除去或污辱之行為。

本章之罪,在訴追上受有限制,第一百十九條規定:「第一百十六條之妨害名譽罪及第一百十八條之罪,須外國政府之請求乃論。」因此等犯罪,原為尊重友邦元首及外國體面而設,如其並不介懷,自可不論,且各國習俗互異,關於名譽觀念,並不一致,故定為請求處罰始行論罪。必在接獲外國政府之請求,或司法行政長官之令知後,始得偵查起訴,檢察官不得自動檢舉。

第四章 瀆職罪

公務員依法執行其職務，自宜盡忠職守，廉潔奉公。如委棄守地，收受賄賂，違背職務或濫用職權，均有瀆職責，予以處罰，其類型有二：

1. 純粹瀆職罪 即犯罪之構成以公務上特有之違法行為為要素，如第一百二十條至第一百三十三條之情形均是。

2. 非純粹瀆職罪 即犯罪之構成原非公務上特有之違法行為，通常人有此行為亦足構成，但公務員犯之者，特加處罰。如第一百三十四條規定公務員假借職務上之權力機會或方法，以故意犯第四章瀆職罪以外各罪者，除因公務員身分已特別規定其刑外，應加重其刑至二分之一。

瀆職罪侵害之對象，為國家之法益，有時並及於個人之法益，如公務員利用職務上之權力機會傷害人之身體健康，除違背職務外，又同時妨害個人法益，犯罪之被害人自得提起自訴。公務員在何種情形下，始構成刑法上之職務犯及準職務犯？得依其犯罪類型分為：

1. 濫用職權罪 如枉法裁判或仲裁罪（第一百二十四條），濫用職權追訴處罰罪（第一百二十五條），凌虐人犯罪（第一百二十六條），違法行刑罪（第一百二十七條），越權受理訴訟罪（第一百二十八條），違法徵收罪（第一百二十九條）。

2. 賄賂罪 如不背職務之受賄罪（第一百二十一條），違背職務之受賄罪（第一百二十二條），準受賄罪（第一百二十三條），行賄罪（第一百二十二條）。

3. 違背忠實或廉潔義務罪 如委棄守地罪（第一百二十條），廢弛職務成災罪（第一百三十條），公務員圖利罪（第一百三十一條），洩漏秘密罪（第一百三十二條）。

上列各罪，除第一百二十三條為「準職務犯」外，其餘均為「職務犯」，不可不辨。又戡亂時期貪污治罪條例自五十二年七月十五日起公布施行，乃本章之特別法，注意適用。

一、委棄守地罪

第一百二十條規定：「公務員不盡其應盡之責，而委棄守地者，處死刑、無期徒刑或十年以上有期徒刑。」其要件為：

㈠犯罪主體須為有守土責任之公務員。

㈡須有委棄守地之行為　其守地一經委棄，罪即成立，至事實上是否因其委棄，而為他方佔領，則非所問。

㈢所守之地，須由於不盡其應盡之責而委棄　如因兵盡糧絕，實力不敵，或退守險要，以致喪失守地者，均不成本罪。

二、不背職務之受賄罪

第一百二十一條規定：「公務員或仲裁人對於職務上之行為，要求期約或收受賄賂或其他不正利益者，處七年以下有期徒刑，得併科五千元以下罰金。」其要件為：

㈠須以公務員或仲裁人為本罪主體　「公務員」乃依法令從事於公務之人，「仲裁人」則為依法令仲裁雙方爭議之人，如無其身分之人，教唆或幫助公務員或仲裁人受賄者，仍以共犯論（第三十一條第一項）。

㈡本罪之目的物，須為賄賂或其他不正利益　凡有財產價值之物品，而為不正餽贈者，皆為賄賂，並不以金錢為限。是受賄罪之客體，一為賄賂，一為不正利益，所謂賄賂，指金錢或可以金錢計算之財物而言，所謂不正利益，指賄賂以外足以供人需要或滿足慾望之一切有形或無形之利益而言（二一上三六九）。「不正利益」，則凡可以供人需要滿足慾望者，不問為有形無形利益，如設定債權、免除債務、款待盛筵、介

紹職位、允許性交等均屬之。至於收受賄賂罪以他人有行使賄賂之事實為前提，若他人所交付之物並非本於行賄之意思，則其物即非賄賂，自無收受賄賂可言（二七上七四三）。

㈢須有要求期約或收受賄賂或其他不正利益之行為　「要求」係指公務員或仲裁人提出希望，促使對方答允，一有要求，罪即成立。「期約」則指雙方就其期望而為約定，以交付賄賂或其他不正利益。「收受」為他方業已交付，從而受領利益。故「要求」「期約」「收受」三者，有一於此，即成本罪，其行為在處理職務之事先或事後，則非所問。

㈣須對於職務上之行為而要求、期約、或收受　稱「職務上之行為」指公務員或仲裁人在其職權範圍內應執行之事務，並不背其職務者而言，如無此職務而收受利益，則成立詐欺罪，又違背職務收受賄賂者，應成立第一百二十二條之違背職務收受賄賂罪。

實例如下：

①刑法第一百二十一條之收受賄賂罪，以公務員或仲裁人對於職務上之行為非法收受報酬為必要，若公務員就非職務之行為取得人民財物而出於恐嚇或詐欺之行為者，則應成立恐嚇或詐欺之罪（二九上三四二六）。

②收受賄賂罪所保護之法益，為國家公務執行之公正，故公務員因某種職務同時向數人受賄，其所侵害之法益，仍屬一個，僅應成立單純一罪（二八上三一三六、六九臺上一四一四）。

③收受賄賂罪，不論其受賄出於收受人之自動或被動，均應成立。而期約賄賂則為收受之先行行為，如果先期約而後收受，則其期約行為當然為收受行為所吸收（二七上四四八）。

④刑法第三百四十六條第一項之恐嚇罪，係以恐嚇使人交付財物為要件。如果僅有恐嚇行為，並無使人交付財物之表示，被害人交付財物，乃因其為公務員有職務關係之故，則應成

立收受賄賂罪,要與恐嚇罪之要件不合(四九臺上一六三六)。

⑤刑法上瀆職罪之賄賂,係指對於公務員或仲裁人關於職務上行為所給付之不法報酬而言。倘無給付不法報酬意思,而係由於藉勢勒索,使被勒索人心理上發生恐怖,從而交付財物,即屬假借職務上之權力恐嚇取財,與收受賄賂之罪質有別(五○臺上九○○)。

⑥刑法上之收受賄賂罪,以他人有行求賄賂之事實為前提,若他人所交付之物並非基於行賄意思,則其物即非賄賂,自無收受賄賂可言。故賄賂之不法報酬必須與公務員之職務行為具有一定之對價關係,苟非關於職務行為之報酬,即不得謂為賄賂(七○臺上一一八六)。

犯本罪所收受之賄賂沒收之,如全部或一部不能沒收時,追徵其價額(同條第二項)。

三、違背職務之受賄罪

第一百二十二條第一項規定:「公務員或仲裁人對於違背職務之行為,要求期約或收賄賂或其他不正利益者,處三年以上十年以下有期徒刑,得併科七千元以下罰金。」故其構成要件與第一百二十一條不背職務之受賄罪相同,不過以違背職務為目的而已。又「違背職務」乃對於職務上義務有所違背,至事實上有無違背,則非所問。

如因而為違背職務上之行為者,處無期徒刑或五年以上有期徒刑,得併科一萬元以下罰金(同條第二項),此為因受賄而違背職務罪,必係要求期約或收受賄賂或其他不正利益在先,事後更進而違背職務之行為而成立,如因違背職務而更犯他罪者,依第五十五條處斷。

本罪所收受之賄賂沒收之,如全部或一部不能沒收時,追徵其價額(同條第四項)。如已返還行賄者,得向行賄者追徵沒收之。

實例如下：

①違背職務之行為，非必為犯罪行為，若因違背職務而更犯其他罪名者，依第五十五條處斷。上訴人身充法警，如因收受賄賂，任令傳喚執行之煙犯逃避，是其使犯人隱避，即係違背職務行為之內容，自屬一行為而觸犯受賄，與使犯人隱避之二罪，依法應從一重處斷（二六上一五一三）。

②違背職務之行為，能否滿足對公務員期約賄賂者之希望，與本罪之成立無關（二九非七六）。

③期約在先，收賄在後，仍無解於本罪之成立（二九上一八一二）。惟在執行職務完畢索賄者，不成立本罪（二八上三九一二）。

④刑法第一百二十二條第二項為第一項之加重規定，收受賄賂因而為違背職務之行為，依該條第二項處斷，即已將第一項行為吸收於其中，無再引第一項之必要（二六上一一四九）。

⑤刑法上之賄賂罪所謂職務上之行為，係指公務員在其職務範圍內所應為或得為之行為。所謂違背職務上之行為，係指在其職務範圍內不應為而為或應為而不為者而言（五八臺上八八四）。

⑥刑法第一百二十二條第二項之公務員因受賄而違背職務罪，與同條第一項之公務員違背職務受賄罪，既以公務員是否已因受賄，而發生違背職務之結果行為，以為區別之標準，則法院就該違背職務事項之具體內容，以及公務員作為或不作為之結果，已否達於違背職務之程度，均須明確予以認定，方足資為適用法律之依據（六五臺上一六八八）。

⑦刑法上之收受賄賂罪，以他人有行求賄賂之事實為前提，若他人所交付之物並非基於行賄意思，則其物即非賄賂，自無

收受賄賂之可言。故賄賂之不法報酬必須與公務員之職務行為或違背職務行為具有一定之對價關係，苟非關於職務行為或違背職務行為之報酬，即不得謂為賄賂（七〇臺上一一八六）。

四、行賄罪

第一百二十二條第三項規定:「對於公務員或仲裁人關於違背職務之行為，行求期約或交付賄賂或其他不正利益者，處三年以下有期徒刑，得併科三千元以下罰金。但自首者，減輕或免除其刑，在偵查或審判中自白者，得減輕其刑。」其要件為:

㈠本罪主體為一般行賄之人　受賄罪之主體，必限於公務員或仲裁人，而行賄罪則否，故行賄行為，在性質上不屬於瀆職罪，其幫助或教唆者亦同（釋九六）。

㈡須有行求期約或交付賄賂或其他不正利益之行為　「行求」指行賄人指定賄賂，以備交付之謂。直接或間接交付，在所不問。行求與要求，只須一方表示為已足，不以對方允許為必要。且「行求」、「期約」、或「交付」之行為，有一於此，即成本罪。因之:

⑴行賄與受賄，係必要之共犯，二者侵害法益既不一致，罪質亦不相同，故公務員先則向人行賄，繼復自行受賄，則屬兩事，不能認為一罪或以連續犯論擬。

⑵行賄罪係妨害公務員誠實公正執行其職務，自係對於公益上犯罪，故以一行為向同一案件之數公務員行賄，仍係概括一罪。

㈢須對於公務員或仲裁人關於違背職務之行為而行賄　行賄重在指明具體事實，請託公務員或仲裁人，為違背職務上之行為。所謂「違背職務」，必公務員或仲裁人有其職權，始能為違背職務之行為。且違背職務之受賄與行賄，均以含有違背職務之觀念為已足，並不以意在必行為

條件。因之：

 (1)有心行賄，而被人詐騙者，則行賄者不罰，並成為詐欺罪之被害人。

 (2)有交付行為，而對方拒不收受者，仍成立行賄罪。

 (3)行求、期約、交付行為，是否出於公務員或仲裁人之要求，無解於行賄罪之成立。

 (4)以恐嚇手段要求賄賂，而使對方交付財物者，如要求賄賂罪之手段，已備恐嚇罪之條件，應依第五十五條從一重處斷，被恐嚇之人，成為恐嚇罪之被害人。

實例如下：

 ①刑法第一百二十二條第三項之賄賂罪，其行求期約交付各行為，係屬階段行為，經過行求期約而最後交付賄賂，或於行求期約當時即行交付者，均應依交付行為處斷（三二非二八）。

 ②上訴人交款，果係因某公務員之恐嚇，而非出於上訴人之求情，其外形雖不失為行賄，但缺乏行賄之故意，自難論以行賄罪（二〇上一九四〇）。

 ③甲為要求第二審維持勝訴，向無其職務之第一審檢察官行賄，不成立行賄罪名（院一七六〇）。

 ④刑法第一百二十二條第三項但書自白減刑之規定，限於行求期約或交付賄賂或其他不正利益之人，始得適用，並非收受賄賂之人，亦得邀此寬典（二八上三〇七五）。

 ⑤上訴人將一百元券四張塞入交通警察某甲之左側褲袋內而被拒收，該警員顯無收受之意思，則上訴人之行為應僅止於行求階段，乃仍依交付賄賂論科，自有違誤（六二臺上八七九）。

於未為公務員或仲裁人時，預以職務上之行為，要求期約或收受賄

賂或其他不正利益，而於為公務員或仲裁人後履行者，以公務員或仲裁人要求期約或收受賄賂或其他不正利益論（第一百二十三條），是為「準受賄罪」。其要件為：

㈠於未為公務員或仲裁人時，預受賄賂。

㈡預以職務上之行為，要求期約或收受賄賂或其他不正利益。

㈢於為公務員或仲裁人後，履行其職務上之行為。

如並無為公務員或仲裁人，或雖有此身分而不履行者，應論以詐欺罪，至本罪行賄者並無明文處罰，不得援引第一百二十二條第三項論處。

五、枉法裁判罪

第一百二十四條規定：「有審判職務之公務員或仲裁人，為枉法之裁判或仲裁者，處一年以上七年以下有期徒刑。」其要件為：

㈠本罪主體，須為有審判職務之公務員或仲裁人。

㈡須為枉法之裁判或仲裁　「裁判」包含民事、刑事以及行政訴訟三者而言。「枉法」指故意不依法律規定而為裁判，即明知法律而故為出入者是。例如法條只有徒刑拘役而減輕為罰金（二四、七刑會）。如因受賄而枉法，則成立因受賄而為違背職務行為之罪，應依第一百二十二條第二項處罰。

六、濫用職權追訴處罰罪

依第一百二十五條第一項規定，其要件為：

㈠本罪主體，須為有追訴或處罰犯罪職務之公務員　此係對於犯罪案件有檢察或審判職權之人而言(院二九六六)，司法警察官不包括在內。其有下列情形之一者，處一年以上七年以下有期徒刑。

㈡本罪行為，須有下列三款之一：

1.濫用職權為逮捕或羈押者　濫用職權逮捕或羈押之公務員，如無

追訴或處罰犯罪之職務，構成第三百零二條之妨害自由罪，依第一百三十四條加重其刑，不成本罪。

2. 意圖取供而施強暴脅迫者　其施強暴脅迫，以意圖取供為已足。

3. 明知為無罪之人，而使其受追訴或處罰。或明知為有罪之人，而無故不使其受追訴或處罰者　即應受追訴或處罰而不追訴或處罰，或不應追訴或處罰而追訴或處罰，均須有直接故意。

犯上述各款之罪，因而致人於死者，處無期徒刑或七年以上有期徒刑，致重傷者，處三年以上十年以下有期徒刑（同條第二項），係加重的結果犯。

實例如下：

①上訴人濫用職權，於同時同地將某甲某乙一併看管，已侵害兩個私人之自由法益，係一行為而觸犯同一之罪名（二八上三六五二）。

②刑法第一百二十五條第一項第一款之犯罪，以濫用職權為前提，若羈押或逮捕未遂者，應依第三百零二條第一、三項、第一百三十四條處斷（院一九二二）。

③犯本罪而致普通傷害者，在第二款之情形，已包括於強暴脅迫行為之內，不另論以傷害罪，在第一款或第三款之情形，仍成傷害罪，並有第五十五條之適用（三〇上五一一參照）。

七、凌虐人犯罪

第一百二十六條第一項規定：「有管收、解送或拘禁人犯職務之公務員，對於人犯施以凌虐者，處一年以上七年以下有期徒刑。」其要件為：

㈠本罪主體，須為有管收、解送或拘禁人犯職務之公務員　「管收」指依管收條例規定，管收民事被告者而言。「解送」指拘提或因通緝逮捕之被告，應解送指定處所而言。「拘禁」含看守所、監獄及拘留所等情形

在內。

㈡須對於人犯施以凌虐　不以強暴脅迫為限，凡以積極或消極方法，為一切違背人道之行為者，皆為凌虐。

犯本罪因而致人於死者，處無期徒刑或七年以上有期徒刑，致重傷者，處三年以上十年以下有期徒刑（同條第二項）。如僅致普通傷害者，因與凌虐罪競合，應適用第五十五條處斷。又本罪所侵害者雖為國家法益，同時亦侵害被害人，故被凌虐人得提起自訴（院一六〇一）。

八、違法行刑罪

第一百二十七條第一項規定：「有執行刑罰職務之公務員，違法執行或不執行刑罰者，處五年以下有期徒刑。」其要件為：

㈠本罪主體，須為有執行刑罰職務之公務員　如監獄官吏或檢察官均係有此職務之人。

㈡本罪行為，須為違法執行刑罰或違法不執行刑罰　均以有直接故意為限，如諭知死刑確定，不待司法行政最高官署令准，逕予執行死刑，即屬違法執行刑罰。又如監獄官吏對於依法拘禁之受刑人，准其自由出監入獄在外住宿，亦為違法不執行刑罰。

因過失而執行不應執行之刑罰者，處一年以下有期徒刑、拘役或三百元以下罰金（同條第二項），但以有積極過失為限，如檢察官誤將執行罰金刑之人犯執行徒刑，或誤算刑期，或監獄長官逾期未將執行期滿之人犯釋放（院解三三二五），皆其適例。

九、越權受理訴訟罪

第一百二十八條規定：「公務員對於訴訟事件，明知不應受理而受理者，處三年以下有期徒刑。」其要件為：

㈠本罪主體，為無權受理訴訟之公務員　不以行政機關之公務員為

限，即審判機關之公務員無受理訴訟之職務者，亦包括在內。

㈡須對於訴訟事件，明知不應受理而受理　必以直接故意為限，不包括應受理而不受理之消極行為在內。

十、違法徵收罪

第一百二十九條第一項規定：「公務員對於租稅或其他入款，明知不應徵收而徵收者，處一年以上七年以下有期徒刑，得併科七千元以下罰金。」其要件為：

㈠本罪主體須為有權徵收租稅或其他入款之公務員。

㈡須對於租稅或其他入款，不應徵收而徵收　「租稅」指政府之稅捐而言，「其他入款」則指租稅以外一切經濟上收入。「不應徵收而徵收」，並不問有無原有徵收該項租稅或其他入款之依據，凡依法令不應徵收者，竟而徵收，均包含在內。且不應徵收而徵收，以主觀上明知者為限，並罰其未遂犯（同條第三項）。

實例如下：

①本罪侵害國家權利之行使及其財產信用，故與詐取罪之侵害私人財產法益者不同，仍構成一罪，不能以數罪論（四上四九九）。

②本罪之徵收行為，本有詐欺性質，故施用詐術向人徵收不應徵收之租稅，已吸收於本罪之內，不另成立詐欺罪。惟以租稅等以外之名義詐取之者，不能論以本罪（二八非四七）。

③第一百三十一條第一項雖有公務員對於主管或監督之事務，直接或間接圖利之處罰，但此乃一般之規定，而本罪之明知不應徵收而徵收，藉以圖利者，係屬特別規定，依特別法優於普通法之原則，自應依本罪處斷，並無適用第一百三十一條第一項之餘地（二八非四七）。

④明知不應徵收而徵收，則不問其徵收之目的是否圖利自己或第三人，即圖利公庫，亦包括在內（院解三六一八）。

⑤本罪以原有徵收該項租稅或入款根據之存在為前提，如巧立名目徵收商民捐款，本無租稅或入款根據者，祇應構成詐欺罪名（二八上四二四）。

十一、抑留剋扣罪

第一百二十九條第二項規定：「公務員對於職務上發給之款項物品，明知應發給而抑留不發或剋扣者亦同。」其要件為：

㈠犯罪主體，須為有發給款項物品職務之公務員。

㈡須對於職務上發給之款項物品，有抑留不發或剋扣之行為 「抑留」指全部言，「剋扣」指一部言，故「抑留」係全部不發，而「剋扣」係已經發給或作為已經發給而提扣。

㈢須明知應發給而抑留不發或剋扣 以直接故意為限，至是否圖利公庫，可以不問。如捏稱已發，實際已侵占入己，或開支不實侵蝕入己者，均為侵占問題，與本罪無涉（三〇上二五六二）。又抑留後又發給他人，乃犯罪後之處分行為，與本罪之成立並無影響（二八上三四三一）。本罪並罰其未遂犯（同條第三項）。

十二、廢弛職務釀災罪

第一百三十條規定：「公務員廢弛職務，釀成災害者，處三年以上十年以下有期徒刑。」其主體必為公務員，係消極的不作為犯之一種，且釀成災害之事實與消極的廢弛職務之行為，須有因果關係。本罪因公務員廢弛職務，對於災害不為預防或遏止，以致釀成災害，如故意招致災害，自非本罪。

十三、公務員圖利罪

　　第一百三十一條第一項規定：「公務員對於主管或監督之事務，直接或間接圖利者，處一年以上七年以下有期徒刑，得併科七千元以下罰金。」其要件為：

　　㈠須為公務員對其主管或監督之事務圖利。

　　㈡須有對於主管或監督之事務，直接或間接圖利之行為　「直接圖利」乃企圖使自己取得利益，如主管人員將收入款項存放銀行私取利息，購買物品收取回扣。「間接圖利」指以迂迴曲折方法取得利益，如監督長官派其私人在其監督之機關，坐領乾薪，得款朋分。本罪祇須於利果有所圖，即為既遂，其得利與否，並非所問。且不以圖利自己或第三人為限，即圖利國庫亦包含在內。

　　公務員對於職務上之行為收受賄賂，或侵占公有財物，均係圖利，何以刑法另設圖利罪之規定？蓋公務員在職務上，因圖利而犯罪者，散見於刑法分則者甚多，如第一百二十二條賄賂罪，第一百二十三條之準受賄賂，第一百二十九條之違法徵收與抑留剋扣罪，第三百三十六條之公務上侵占罪之類，公務員直接或間接圖利，如合於各該條之特定要件者，應依其特別規定處罰，不另成本罪，故其範圍頗廣，必不合其他專條規定者，始有本條之適用。

　　犯本罪所得之利益沒收之，如全部或一部不能沒收時，追徵其價額（同條第二項）。「利益」除不能計算無法追徵者外，不問有形無形之一切利益，均包括之。

　　實例如下：

　　　　①公務員圖利罪，係注重處罰瀆職，故無論圖利國庫或私人，
　　　　　均足構成（三○上八三一）。

　　　　②公務員處理事務，如非主管或監督之事務，應分別情形，論

以詐欺或侵占罪（院二五一三）。

③刑法第一百三十一條之罪，旨在懲罰瀆職，只須公務員對於主管或監督之事務，有直接或間接圖利之意思，而表現於行為，即已構成，並不以實際得利為限（四六臺上一七五）。

④刑法第一百三十一條之圖利罪，係關於公務員職務上圖利之概括規定，此類犯罪散見於刑法各條者不一而足，必其圖利行為不合於刑法各條之特別規定，始有適用（五〇臺上九四）。

⑤刑法第一百三十條之罪，係關於公務員職務上圖利之概括規定，必其圖利行為不合刑法各條特別規定者，始受本條之支配，若其圖利行為合於其他條文之特別規定，即應依該特定條文論擬，不得適用本條（五一臺上七五〇）。

⑥刑法第一百三十條第二項係規定犯同條第一項之罪者，所得之利益沒收之，如全部或一部不能沒收時，追徵其價額，是其應沒收或追徵者，應以實施犯罪行為者自己或其共犯所得之利益為限，如實施犯罪行為者自己或其共犯並未得利，即無沒收或追徵之可言（六九臺上八二〇）。

十四、洩漏國防以外秘密罪

第一百三十二條第一項規定：「公務員洩漏或交付關於中華民國國防以外應秘密之文書、圖畫、消息或物品者，處三年以下有期徒刑。」其要件為：

㈠犯罪主體須為公務員。

㈡須有洩漏或交付秘密之行為。

㈢須故意洩漏或交付。

㈣洩漏或交付者，須為國防以外應秘密之文書圖畫或消息物品。

本罪之構成，是否因職務上知悉或持有之者，並無限制，即非因職

務上知悉或持有者，亦包括在內。公務員因過失而洩漏或交付關於中華民國國防以外應秘密之文書、圖畫、消息或物品者，處一年以下有期徒刑、拘役或三百元以下罰金（同條第二項）。至非公務員因職務或業務知悉或持有第一百三十二條第一項之文書、圖畫、消息或物品而洩漏或交付之者，處一年以下有期徒刑、拘役或三百元以下罰金（同條第三項）。

十五、拆匿郵電罪

第一百三十三條規定：「在郵務或電報機關執行職務之公務員，開拆或隱匿投寄之郵件或電報者，處三年以下有期徒刑、拘役或五百元以下罰金。」犯罪主體必以在郵電機關執行職務之公務員為限，其開拆或隱匿他人投寄之郵件電報，必無正當理由，始克相當。開拆隱匿，如為普通一般人民，則成第三百十五條之妨害秘密罪。若違背職務而收受賄賂將掌管之郵包開拆，代人掉換私貨，應成立第一百三十三條、第一百二十二條第二項之罪，相互間有方法結果之關係，應從一重處斷（四七臺上二七〇）。

十六、非純粹之瀆職罪

第一百三十四條規定：「公務員假借職務上之權力、機會或方法，以故意犯本章以外各罪者，加重其刑至二分之一，但因公務員之身分，已特別規定其刑者，不在此限。」此係瀆職罪之概括規定，蓋公務員瀆職行為，非本章所能概括無遺，而犯本章以外各罪者，若與普通人同罰，又嫌過輕，故設本條以資概括。其要件為：

㈠犯罪主體須為公務員。

㈡須假借職務上之權力機會或方法而犯罪。

㈢須以故意犯本章以外各罪。

㈣其所犯者，須為並未因公務員身分，已特別規定其刑之罪。

合於上列要件者，加重其刑。若利用職務而犯本章以外各罪，不問其為實施、教唆或幫助，均可適用。至無公務員身分者，雖得與公務員成為他罪之共犯，但本條加重之效力，不能及於無身分之共犯。

實例如下：

①刑法第一百三十四條關於公務員犯罪加重處罰之規定，祇以假借職務上權力、機會或方法，而故意犯瀆職罪以外各罪為已足，初不以其合法執行職務為條件，故公務員之執行職務，縱非合法，苟係利用其職務上之權力、機會或方法，而故意犯罪，即不能解免加重之責（二四上一三四四）。

②凡公務員故意犯瀆職罪章以外之罪，除有該條但書所載情形外，苟於職務上之權力、機會或方法，一有假借，即應加重其刑，並非須就其權力、機會或方法同時假借，方得加重（二七上一五五四）。

③刑法第一百三十四條加重其刑之規定，係指公務員犯瀆職罪以外刑法上之各種罪名而言，其犯特別刑事法令之罪名，並不包括在內（四四臺上五一七）。

④公務員侵占公務上所持有之物，不適用刑法第一百三十四條加重其刑（院一九三六）。

⑤刑法第一百三十四條對於公務員故意犯刑法瀆職罪章以外之罪加重其刑之規定，須以其故意犯罪係利用其職務上所享有之權力、機會或方法為要件，如犯人雖為公務員但其犯罪並非利用其職務上之權力、機會或方法而為之者，即無適用該條規定之餘地（三三上六六六）。

⑥原判決既適用刑法第一百三十一條加重其刑至二分之一，則被告等所犯刑法第二百七十七條第一項之傷害罪，因加重之結果，其最重本刑已超過三年以上有期徒刑，自與刑法第六

十一條第一款前段規定犯最重本刑為三年以下有期徒刑之罪不相適合，乃原判決仍依該條款諭知免刑，顯屬於法有違（五七臺上二四一四）。

第五章　妨害公務罪

一、妨害一般公務罪

(一)狹義之妨害公務罪

1.事中妨害公務罪

第一百三十五條第一項規定:「對於公務員依法執行職務時,施強暴脅迫者,處三年以下有期徒刑、拘役或三百元以下罰金。」其要件為:

(1)須對於執行職務之公務員,施以強暴脅迫之行為　「強暴」指對公務員身體加以暴行而未成傷者而言,「脅迫」則指可使公務員發生恐怖觀念之一切行為。此種行為足以妨害國權之作用,而非侵害公務員個人之權利,一經實行,即屬既遂。

(2)須對於公務員依法執行職務時,施以強暴脅迫　其執行職務屬於公務員之權限,且具備法定之形式者始可。凡執行其職務範圍內之行為,不問其係依法律之規定,或上級公務員之命令,或其職務上所得處理之事項,均包括在內。

2.事前妨害公務罪

第一百三十五條第二項規定:「意圖使公務員執行一定之職務,或妨害其依法執行一定之職務,或使公務員辭職,而施強暴脅迫者,亦同。」其情形為:

(1)意圖使公務員執行一定之職務,而施強暴脅迫　不以使其違法執行職務為限,即使其合法執行職務,亦得成立。

(2)意圖妨害公務員依法執行一定之職務,而施強暴脅迫　指非當公務員正在依法執行職務之時而言,若當其正在依法執行職務時,而施強暴脅迫者,不問有何意圖,均成第一百三十五條第

一項之罪。

　　(3)意圖使公務員辭職而施強暴脅迫。

　　以上情形，均以施強暴脅迫，為構成犯罪之要件，一經實行強暴脅迫，即屬既遂。且其犯罪行為，各本於一定之遠因，實行於公務員執行職務或辭職之先，而非實行於執行職務之時，此即與第一項所定「事中妨害罪」不同之點。

　　犯前二項之罪，因而致公務員於死者，處無期徒刑或七年以上有期徒刑，致重傷者，處三年以上十年以下有期徒刑（同條第三項），既以致死或致重傷為加重要件，則僅致普通傷害者，自不在加重之列。

　　實例如下：

　　①妨害公務，並故意致死或重傷或普通傷害者，均適用第五十
　　　條併合論罪（院六九）。

　　②所謂「依法」，指依據法令而言，故公務員所執行者，若非法
　　　令內所應為之職務，縱對之施以強暴脅迫，除其程度足以構
　　　成他項罪名者，得論以他罪外，要難以妨害公務論（二四上
　　　三四八八）。

　　③若公務員執行職務，顯然違法，則雖對之有妨害之行為，仍
　　　不能成立妨害公務罪（二一上九六六）。

　㈡聚眾妨害公務罪

　　第一百三十六條第一項規定：「公然聚眾犯前條之罪者，在場助勢之人，處一年以下有期徒刑、拘役或三百元以下罰金。首謀及下手實施強暴脅迫者，處一年以上七年以下有期徒刑。」其要件為：

　　1.須聚眾　集合不特定之多數人，使可以隨時增加之情形，即為聚
　　　眾。

　　2.須公然　指不特定之多眾，所能共見共聞之情形。

　　3.須公然聚眾犯前條之罪。

如首謀者復參與下手實施強暴脅迫之行為，仍以首謀論處，不生想像競合犯問題，亦不為低度之實行行為所吸收。助勢者亦為本罪之正犯，與從犯不同。因而致公務員於死或重傷者，首謀及下手實施強暴脅迫之人，依第一百三十五條第二項之規定處斷（同條第二項）。

二、妨害考試罪

第一百三十七條第一項規定：「對於依考試法舉行之考試，以詐術或其他非法之方法，使其發生不正確之結果者，處一年以下有期徒刑、拘役或三百元以下罰金。」其要件為：

㈠須對於依考試法舉行之考試。

㈡須以詐術或其他非法方法犯之　「詐術」乃以欺罔方法使人陷入錯誤，「其他非法方法」指反乎法所許可之一切行為，如冒名頂替，換取試卷之類，犯罪主體包括應考人及頂替人在內。

㈢須使考試發生不正確之結果　如未發生不正確之結果，論以未遂（同條二項），辦理考試之公務員，利用職務上之權力機會或方法，犯本條之罪者，加重其刑（第一百三十四條）。以賄賂方法犯之者，分別成立第一百二十一條、第一百二十二條之罪。

三、毀壞文書罪

第一百三十八條規定：「毀棄、損壞或隱匿公務員職務上掌管或委託第三人掌管之文書、圖畫、物品或致令不堪用者，處五年以下有期徒刑。」其要件為：

㈠本罪目的物，須為公務員職務上掌管或委託第三人掌管之文書圖畫或物品　掌管之人或委託掌管之第三人，自為毀棄者，亦成本罪。至機關發給人民之書類，即為人民所有，而非委託保管，縱有毀棄，不成本罪（二五上三一二、二七上二三五三號參照）。如臺灣電力公司在用戶

電錶上裝置之封印，一面刻有電力公司字標，一面印有閃光圖標，既用以證明為電力公司所加封，即與第二百二十條所稱足以表示其用意之證明者相當，自應以文書論。且已隨同出租之電錶由用戶保管，如加以毀壞，即應成立第一百三十八條毀壞公務員委託第三人掌管之文書罪（五九、七刑會）。又如警員依規定制作之談話筆錄，即屬公務員職務上掌管之文書，若於氣憤中加以撕毀，致不能辨認其全部內容，顯不堪用，對其所為即構成本罪（六四臺上四二二）。

㈡須有毀棄、損壞、隱匿或致令不堪用之行為　此四種行為之中，有一於此，即成本罪。如投考機關職員所領取之試卷（院二八五二），已送達於當事人之傳票繕本（二七上二三五三），已實施封禁之封條（二五上三一二），均非公務員職務上掌管之文書。又公務員犯本罪者，依第一百三十四條加重其刑。

四、污損封印標示罪

第一百三十九條規定：「損壞、除去或污穢公務員所施之封印或查封之標示，或為違背其效力之行為者，處一年以下有期徒刑、拘役或三百元以下罰金。」其要件為：

㈠本罪之目的物，須為公務員所施之封印或查封之標示　「封印」指封條而言，「查封之標示」多在實施扣押處分之物用之，即標明某物已經查封，不得任意處分。

㈡須有損壞除去污穢或為違背其效力之行為　「損壞」、「除去」、「污穢」均侵害封印及查封標示之外觀，至「違背其效力」凡足以喪失查封之效力者，均包含之。如竊取或侵占公務員施以封印或查封標示之財物，係以一行為而觸犯數罪名，依第五十五條處斷。

本罪與損害債權罪（第三百五十六條）不同：

污損封印標示罪	損害債權罪
①無不法處分其財產之可能。 ②並無以債務人為主體之限制。 ③於實施封印等處分後犯之。 ④對公務員所施之封印及查封之標示為之。	①有損害債權人債權之意圖。 ②犯罪主體必為債務人。 ③於將受強制執行之際為之。 ④對於自己財產為損壞隱匿或處分之。

五、侮辱公務員罪

　　第一百四十條第一項規定：「於公務員依法執行職務時，當場侮辱，或對於其依法執行之職務公然侮辱者，處六月以下有期徒刑、拘役或一百元以下罰金。」情形有二：

　　㈠當場侮辱公務員罪　「當場」，並不以當面為限，即在當時視聽所能及之處所，亦包括在內。

　　㈡公然侮辱職務罪　「公然」，指在不特定人或多數人得以共聞之狀況而言。至公然侮辱公務員依法執行之職務，同時侮辱公務員者，係一行為而觸犯數罪名，從一重處斷。又對於公署公然侮辱者，亦與本條第一項同其處罰（同條第二項）。同時侮辱公署及公務員者，仍有第五十五條之適用。

六、侵害文告罪

　　第一百四十一條規定：「意圖侮辱公務員或公署，而損壞、除去或污穢實貼公眾場所之文告者，處拘役或一百元以下罰金。」此必有意圖侮辱公署或公務員，始得成立，雖有損壞除去污穢實貼於公眾場所文告之行為，並非意圖侮辱公署或公務員者，依違警罰法處分，或雖有侮辱之意

思，而損壞者，並非張貼於公眾場所之文告，均不成本罪。其損壞除去或污穢文告，已達侮辱公務員或公署之程度，與第一百四十條之規定相當者，仍有第五十五條之適用。

第六章　妨害投票罪

一、妨害投票自由罪

第一百四十二條第一項規定：「以強暴脅迫或其他非法之方法，妨害他人自由行使法定之政治上選舉或其他投票權者，處五年以下有期徒刑。」其要件為：

㈠須有強暴脅迫或其他非法之方法。

㈡須妨害他人自由行使其投票權。

㈢被妨害者，須為他人自由行使法定之政治上選舉或其他投票權。

本條之罪係侵害投票者投票權之自由，與第一百四十七條之妨害投票事務罪不同，且有本罪情形，亦不構成第三百零四條之強制罪，又本罪並罰其未遂犯（同條第二項）。

二、投票受賄罪

第一百四十三條第一項規定：「有投票權之人，要求期約或收受賄賂或其他不正利益，而許以不行使其投票權，或為一定之行使者，處三年以下有期徒刑，得併科五千元以下罰金。」其要件為：

㈠犯罪主體，須為有投票權之人　本罪為身分犯之一種，其主體以有投票權者為限。

㈡須有要求期約或收受賄賂或其他不正利益之行為。

㈢須許以不行使投票權，或為一定之行使　至是否已因受賄，而果不行使或為一定之行使，與本罪之成立無涉。犯本罪所收受之賄賂沒收之，不能沒收時追徵其價額。

三、投票行賄罪

第一百四十四條規定:「對於有投票權之人,行求期約或交付賄賂或其他不正利益,而約其不行使投票權或為一定之行使者,處五年以下有期徒刑,得併科七千元以下罰金。」其要件為:

㈠須對於有投票權之人為之。

㈡須有行求期約交付賄賂或其他不正利益之行為。

㈢須約其不行使投票權或為一定之行使 如候選人於投票時,以車輛接送投票之人,或為之備餐,而約其為投票權一定之行使之類(院解三七〇三)。

四、誘惑投票罪

第一百四十五條規定:「以生計上之利害,誘惑投票人不行使其投票權或為一定之行使者,處三年以下有期徒刑。」其要件為:

㈠須以生計上之利害,對投票人施以誘惑 「生計上之利害」,指一切利害關係,足以誘惑投票權人生活必需者而言,其利害不問直接或間接,凡能影響於投票人之生計者,皆屬之。至其利害關係,則應依客觀情形定之。

㈡須誘惑投票權人,不行使投票權或為一定之行使 本罪僅以誘惑使投票人不行使其投票權,或為一定之行使為已足,至被誘惑者果因而受其影響與否,在所不問。

五、妨害投票正確罪

第一百四十六條規定:「以詐術或其他非法之方法,使投票發生不正確之結果,或變造投票之結果者,處五年以下有期徒刑。」其要件為:

㈠須以詐術或其他非法之方法犯本罪 如無投票權人以詐術獲得投

票選舉，重複行使投票權或變造投票之結果，均足構成。

(二)須使投票發生不正確之結果，或變造投票之結果 「使投票發生不正確之結果」，指在投票前或投票時，故意以非法方法，使其投票發生不正確之結果而言。又「變造投票之結果」，指投票結果本屬正確，因用非法方法加以變造，使成為不正確，如虛報或隱匿票額之類。本條之罪，以舉行投票為前提，倘依法應用投票選舉而改用口頭推舉，實際並未投票者，縱以詐術或其他非法之方法，使此項選舉發生不正確之結果，除其行為觸犯其他罪名，另當別論外，不構成該條之妨害投票罪（三二上二八三）。

公務員利用職務上之權力機會或方法，犯本罪者，依第一百三十四條加重其刑。本罪已生結果者，即為既遂，否則罰以未遂（同條第二項），故如捏造投票權人名冊，尚未發生不正確之結果者，則屬未遂，惟投票名冊常為公文書之一，足以構成偽造文書罪與本罪未遂犯之想像競合，應從一重處斷。

六、妨害投票事務罪

第一百四十七條規定：「妨害或擾亂投票者，處二年以下有期徒刑、拘役或五百元以下罰金。」其要件為：

(一)須有妨害或擾亂之行為 「妨害」指妨礙侵害而言，「擾亂」指騷擾紊亂而言，如以強暴方法奪取投票紙，毀損投票箱，或阻止發票人之發票行為，皆屬之。

(二)須對於投票事務，加以妨害擾亂 其妨害或擾亂，以對於投票施之已足，並不以在投票當時為限。且被妨害或擾亂者，必係不特定人之投票，如係對於特定之投票權人妨害其投票時，應成第一百四十二條之罪，不另成本罪。又其妨害投票，同時有騷擾合法集會之故意者，係以一行為犯數罪名，應依第五十五條從第一百五十二條處斷。惟對於監督

或辦理投票事務之公務員，有妨害其職務之行為者，構成妨害公務罪。

七、妨害投票秘密罪

第一百四十八條規定：「於無記名之投票，刺探票載之內容者，處三百元以下罰金。」其要件為：

㈠須係無記名之投票　「無記名之投票」，指投票僅記載被投票人之姓名，而未記投票人之姓名者而言。

㈡須有刺探票載內容之行為　「刺探」乃刺取窺探之意，至其用意如何，則非所問。故刺探無記名投票之票載內容，係以無記名投票上刺探其票載內容為要件，如僅於無記名投票時，在選舉票背面記載阿拉伯字或其他符號，並無刺探他人無記名投票所載內容之情形，僅發生該投票是否有效之問題，與本罪之要件並不相符（院解三三一九）。

第七章　妨害秩序罪

一、騷擾罪

㈠聚眾不解散罪

第一百四十九條規定:「公然聚眾,意圖為強暴脅迫,已受該管公務員解散命令三次以上而不解散者,在場助勢之人處六月以下有期徒刑、拘役或三百元以下罰金,首謀者處三年以下有期徒刑。」其要件為:

1. 須公然聚眾　須多眾集合,有隨時可以增加之狀態,如僅結夥三人以上,不得謂聚眾。至其公然聚眾當初,是否即有強暴脅迫之意圖,並無此必要。

2. 須有強暴脅迫之意圖　僅有強暴脅迫之意圖已足,如公然聚眾,而又實施強暴脅迫者,應構成次條之罪,而非本罪。

3. 須受該管公務員解散命令三次以上而不解散　稱「三次以上」應連本數計算,最高度並無限制,故已受解散命令三次以上而不解散者,固成本罪,即已解散者,亦成本罪。因之,受該管公務員解散之命令,即解散者,不成本罪。本罪係純正不作為犯之一種,其要件雖有三項,而「不解散」一點,實為其要件之要件也。

㈡公然聚眾施強暴脅迫罪

第一百五十條規定:「公然聚眾施強暴脅迫者,在場助勢之人,處一年以下有期徒刑、拘役或三百元以下罰金。首謀及下手實施強暴脅迫者,處六月以上五年以下有期徒刑。」其要件為:

1. 須公然聚眾。

2. 須實施強暴脅迫　「強暴」指對人對物,或對多數之不特定人,行強之謂。至強暴脅迫之前,曾否經過前條解散之命令,與本罪

之成立無關。如其強暴脅迫，復觸犯其他罪名者，如毀損他人物品，妨害公務執行，或殺人傷害等行為時，應依第五十五條處斷。

3.須其行為程度，足以危害地方之安寧秩序　本罪係妨害秩序罪之一種，故下手實施強暴脅迫之人，須具有妨害秩序之故意，方與該條之罪質相符，如實施強暴脅迫，僅係對於特定人，或其目的係在另犯他罪，雖其行為有時足以影響地方之公共秩序，除應成立其他罪名外，既欠缺主觀之犯意，自不能以該罪相繩（二八上三四二八、三一上一五一三）。至其強暴脅迫以足致地方安寧秩序發生危害之程度為已足，並不以果受妨害為必要。

本罪，因共犯關係之不同，依下列各款處斷：①首謀。②下手實施強暴脅迫之人。③在場助勢之人。

二、恐嚇危害公安罪

第一百五十一條規定：「以加害生命、身體、財產之事恐嚇公眾，致生危害於公安者，處二年以下有期徒刑。」其要件為：

㈠須以加害生命身體財產之事相恐嚇　「恐嚇」乃用威嚇方法，以將來加害之事，通知於人，使生恐怖觀念。

㈡須對於公眾恐嚇　本罪所保護之對象，在公眾之安全，其被害人必為公眾，至恐嚇公眾之遠因如何，可以不問。如對於特定人為恐嚇者，應依第三百零五條論科。

㈢須因其恐嚇，致生危害於公安　以致生危害於公安之程度為要件，否則與本罪之成立要件不相符合。

三、妨害集會罪

第一百五十二條規定：「以強暴脅迫或詐術，阻止或擾亂合法之集會者，處二年以下有期徒刑。」其要件為：

㈠須阻止或擾亂合法之集會　人民有集會及結社之自由，故對合法之集會，為非法之阻止或擾亂者，足以妨害國權之作用。又集會之範圍並無限制，凡其宗旨正當，且依法令召集者均屬之。

㈡其阻止或擾亂集會之方法，須為強暴脅迫或詐術　「阻止」行於集會之前，「擾亂」行於集會之際，以有阻止或擾亂合法集會之行為已足，至其集會是否果受妨害，則非所問。

四、煽惑罪

以文字圖畫演說或他法，公然為煽惑或抗拒之行為者，構成本罪，處二年以下有期徒刑、拘役或一千元以下罰金（第一百五十三條），其要件為：

㈠須以文字圖畫演說或他法，為煽惑之行為。

㈡煽惑之對象，須為不特定之一般人眾　被煽惑者如為軍人，不在本罪範圍。如對特定人煽惑犯罪，構成教唆他人犯罪。

㈢須有煽惑之目的　情形有二：

1.煽惑他人犯罪者　必煽惑不特定之人犯罪始可，如其所煽惑者係犯特定之罪，應分別依教唆犯或從犯處斷。

2.煽惑他人違背法令，或抗拒合法之命令者　「法令」指一切法令在內，而「合法之命令」則指具體的合法命令而言，至被煽惑者違背法令或抗拒合法之命令與否，則非所問。

㈣煽惑之行為，須公然為之　煽惑係對於不特定之人行之，故以公然為要件，一經以文字圖畫演說或他法，公然煽惑者，罪即成立，此與教唆未遂情形，如無處罰未遂犯之規定，仍在不罰之列者不同。

五、參與犯罪結社罪

第一百五十四條第一項規定：「參與以犯罪為宗旨之結社者，處三年

以下有期徒刑、拘役或五百元以下罰金。首謀者，處一年以上七年以下有期徒刑。」其要件為：

(一)須有參與以犯罪為宗旨之結社行為　以犯罪為宗旨，指其結社之宗旨，在於犯罪之義，至擬犯何罪，並非本罪之要件。如以犯特定之罪為目的，（如陰謀內亂與外患）而多眾結合，已成其他罪名者，則應先於本罪而為適用。

(二)須知為以犯罪為宗旨之結社而參與　本條之罪，必須參與者知其為以犯罪為宗旨之結社，否則欠缺犯意，不成本罪。如其結社之宗旨，不在犯罪，僅其中一部分社員偶然犯罪，亦不能指其他社員係參與犯罪為宗旨之結社。又對本罪自首者，減輕或免除其刑（同條第二項）。

六、煽惑軍人罪

第一百五十五條規定：「煽惑軍人不執行職務，或不守紀律，或逃叛者，處六月以上五年以下有期徒刑。」其要件為：

(一)須對於軍人煽惑　煽惑之對象為特定之軍人，而所謂煽惑，必以對於不特定或多數人為之，而有公然性質者為限。

(二)須煽惑軍人不執行職務，或不守紀律或逃叛　一經煽惑，罪即成立，至被煽惑之軍人果因而不執行職務，不守紀律或逃叛否，與本罪之構成並無影響。且本罪之煽惑限在平時，若在與外國開戰，或將開戰期內，煽惑軍人使其降敵，煽惑軍人不執行職務，或不守紀律或逃叛者，應成立第一百零七條第一項之罪，如係軍人意圖使軍隊暴動而煽惑之者，依陸海空軍刑法第二十一條處斷，亦不另成本罪。

七、私招軍隊罪

第一百五十六條規定：「未受允准，招集軍隊，發給軍需或率帶軍隊者，處五年以下有期徒刑。」必以未受允准為限，如已受上級核准，則為

依法令之行為，當然不罰。且有招集軍隊，發給軍需以及率帶軍隊之行為，至其名稱及編制如何，則非所問。

八、挑唆包攬訴訟罪

第一百五十七條第一項規定：「意圖漁利，挑唆或包攬他人訴訟者，處一年以下有期徒刑、拘役或五百元以下罰金。」其要件為：

㈠須有挑唆包攬他人訴訟之行為　「挑唆」乃挑撥唆使之意，「包攬」為包辦招攬，如他人本無興訟之意，巧言引動，使其成訟，或不法為他人包辦訴訟之情形均是。又訴訟包含民事、刑事以及行政訴訟三者而言（院解三一〇四）。

㈡其挑唆或包攬他人訴訟，須為意圖漁利　「意圖漁利」係意圖從中取利之謂，必利用他人訴訟，有所挑唆包攬，而成為挑唆包攬者漁利之工具，始相符合。且本罪祇以有漁利之意思為已足，其果否得利，並非所問。

以犯本罪為常業者，處三年以下有期徒刑，得併科二千元以下罰金（同條第二項）。此祇以意圖漁利，挑唆包攬他人訴訟為常業為構成要件，其是否因此得有財物，原非所問（二九上二七〇）。又本罪於律師亦適用之，至律師於同一案件，已受當事人一造委任，又代他造繕寫訴狀，係違反律師法之問題（院一四三一）。

九、詐僭罪

㈠冒行職權罪

第一百五十八條規定：「冒充公務員，而行使其職權者，處三年以下有期徒刑、拘役或五百元以下罰金。冒充外國公務員，而行使其職權者亦同。」其要件為：

1.須冒充公務員　指本無公務員身分，而冒行其職權，冒充後能否

使普通人信以為真，並非本罪之要件。

2. 須行使公務員職權　如僅冒充公務員，並未行使其職權，並不處罰未遂。冒充公務員，而行使其職權，致觸犯其他罪名者，有第五十五條之適用。例如冒充刑警，私自逮捕人民，應從第三百零二條剝奪人之行動自由罪之一重處斷。至僭行外國公務員，而行使其職權者亦同。

㈡冒用官銜罪

公然冒用公務員服飾、徽章或官銜者，處五百元以下罰金（第一百五十九條），要件有二：

1. 須冒用公務員之服飾徽章或官銜。

2. 須公然冒用　此指其有欺罔他人之故意，如其公然冒用公務員服飾徽章或官銜，以為犯他罪之方法者，依第五十五條牽連犯規定處斷。至公務員之服飾徽章，雖已作廢，猶足使人誤信為有效者，仍得為本罪之客體。

十、侮辱旗章罪

意圖侮辱中華民國，而公然損壞、除去或污辱中華民國之國旗國章者，構成本罪，處一年以下有期徒刑、拘役或三百元以下罰金（第一百六十條第一項）。本罪所處罰者，以中華民國之國旗國章為限，且必須有侮辱中華民國之意思者，始成本罪，否則僅成毀損罪名。又意圖侮辱創立中華民國之孫先生，而公然損壞、除去或污辱其遺像者，亦同其處罰（同條第二項）。

第八章　脫逃罪

一、自行脫逃罪

㈠單純脫逃罪

依法逮捕拘禁之人脫逃者，構成本罪，處一年以下有期徒刑（第一百六十一條第一項）。其要件為：

1. 犯罪主體，須為依法逮捕拘禁之人　「依法逮捕」指依法令剝奪其自由，而未拘禁於一定之場所而言。「依法拘禁」指依法令羈押而言。如私人逮捕現行犯，尚未送交該管公務員，或在搜索中逃逸等情形，均非依法逮捕拘禁之人，但必以依法為要件，如受違法之逮捕拘禁，縱以私力脫逃，不受處罰。

2. 須有自行脫逃之行為　「脫逃」乃用不法行為，回復其自由，而脫離公力監督。本罪之脫逃，以回復自己之自由為限，如使他人脫逃，應構成第一百六十二條之罪。

實例如下：

① 本罪以具有依法逮捕拘禁人之身分為要件，若刑事被告，遵傳應訊，經諭令取保時潛逃，不成脫逃之罪（院一五一七）。

② 司法警察官對於所逮捕之犯罪嫌疑人，認有羈押之必要，即應依法於二十四小時內，移送該管檢察官處置，若別無正當理由，逾時並不移送，竟自行拘禁，則該犯罪嫌疑人，即非依法拘禁之人，縱有脫逃，不成本罪（院二一五三）。

③ 刑法第一百六十一條之脫逃罪，以不法脫離公之拘禁力為構成要件，若公之拘禁力已不存在，縱使自由行動，而脫離拘禁處所，亦不應成立本罪（三三非一七）。

㈡加重脫逃罪

依法拘禁逮捕之人，有下列情形之一而脫逃者，構成本罪（第一百六十一條第二、三項）：

1. 損壞拘禁處所械具者　損壞「拘禁處所」，指損壞監獄、看守所、拘留所、民事管收所之建築物而言。「械具」指腳鐐、手銬、捕繩、聯鎖等器具。本罪係結合損壞拘禁處所或械具（第三百五十四條）及單純脫逃罪（第一百六十一條第一項）而成，處五年以下有期徒刑。本罪並無告訴乃論之規定，故損壞械具部分，雖未經告訴，仍成本罪。惟拘禁處所或械具損壞未果，而仍脫逃者，已不生結合關係，祇依單純脫逃罪處斷，如已損壞拘禁處所或械具，仍應依同條第二項前段，第四項以本罪未遂犯論擬。

2. 以強暴脅迫脫逃者　犯本罪者處五年以下有期徒刑。其被強暴脅迫者，為公務員或普通人民，或其他依法逮捕拘禁之人，均無不可。如對公務員依法執行職務時，強暴脅迫而脫逃者，則妨害公務與脫逃二罪，依第五十五條從一重處斷。其損壞拘禁處所或械具，復施強暴脅迫者，雖同時有二種以上之加重情形，應依法條競合原則處理，並非想像競合。

3. 聚眾以強暴脅迫脫逃者　必須聚集多眾，但不限於事前謀議，即由其中一部分人實施強暴脅迫者，亦足構成。其在場助勢之人，處三年以上十年以下有期徒刑，首謀及下手實施強暴脅迫者，處五年以上有期徒刑。如聚眾以強暴脅迫，更損壞拘禁處所或械具脫逃者，其低度行為已為本罪之高度行為所吸收，並無適用第一百六十一條第二項之餘地（二二上二一〇八）。又共同拘禁之人，因他人損壞拘禁處所或械具，而隨同逃走者，祇論以單純脫逃罪。

上列三款之未遂犯，罰之（同條第四項）。至其既遂未遂，以是否完全脫離監督力而逃逸為斷，必脫逃之人完全逸出監督力之外，且為監督

者耳目所不及，始能認為既遂，否則縱使逮獲，仍係未遂。至聚眾以強暴脅迫脫逃者，無論為首謀、在場助勢、或下手實施之人，其脫逃既遂與否，仍須各依其行為人之已否既遂，而為認定。

實例如下：

①脫逃罪須以不法脫離公力監督範圍之外，始為既遂，若雖逸出監禁場所，而尚在公務員追躡中者，因未達於回復自由之程度，仍應以未遂犯論（一八上五五九）。

②脫逃罪係侵害國家之拘禁力，以脫離公力監督範圍為構成要件。故犯人已逸出於拘禁處所，而又非在官吏追躡之中，則其犯罪行為，自屬既遂（二〇上三一）。

③聚眾脫逃者，當巡警壓彈時，即從監房屋脊就捕，是尚未脫離監視範圍，不能因其為首，他犯有逃而未獲情形，遂令負既遂罪責（一〇上一二七八）。

二、縱放罪

㈠普通人縱放罪

1.單純縱放罪

縱放依法逮捕拘禁之人，或便利其脫逃者，構成本罪，處三年以下有期徒刑（第一百六十二條一項）。其要件為：

⑴須有縱放或便利脫逃之行為　「縱放」指縱使依法逮捕拘禁之人脫離公力監督，其方法並無限制，如將監所門禁開放，使犯人脫逃。「便利」則係對於犯人之脫逃，予以機會，或示以方法，或供給脫逃之器具之類。

⑵所縱放或便利脫逃者，須為依法逮捕拘禁之人　其縱放或便利脫逃之意思，是否在圖脫逃人之利益，與本罪之成立並無影響。由縱放而脫逃者，其脫逃情形，完全本於犯人以外者之縱放行為，

　　至便利脫逃雖出於犯人以外之資以便利，而是否脫逃，則仍待於犯人之見機而為，此為兩者不同之點。依法逮捕拘禁之人，因其縱放或便利，而自行脫逃者，除有加重條件外，應論以第一百六十一條第一項之單純脫逃罪。且本罪並罰其未遂犯（第一百六十二條四項）。至依法逮捕拘禁之人自行脫逃後，復縱放或便利其他依法逮捕拘禁之人脫逃者，係分別起意，應併合處罰，並無第五十五條之適用。對通緝人犯，縱有假以便利之行為，亦不成罪。

　　配偶、五親等內之血親或三親等內之姻親，犯便利脫逃者，得減輕其刑（同條五項）。

　　實例如下：

　　　　①縱放或便利依法逮捕拘禁之人罪，侵害之法益，係公之拘禁力，故所縱放或便利者，無論其人數之多寡，其被害法益，祇為一個，不能以所縱放或便利人數之多寡，為計算犯罪人數之標準（二八上一○九三）。

　　　　②監犯在保脫逃，其保人並無幫助或便利脫逃之行為，自不成犯罪（院一四六六）。

　　　　③便利脫逃行為，係侵害公之拘禁力，必須脫逃犯人，原在依法逮捕拘禁中，始能成立，如便利脫逃之行為，已在此項拘禁力解除以後，即應論以藏匿犯人或使其隱匿之罪（二二上一七三○）。

　2.加重縱放罪

　　縱放或便利依法逮捕之人脫逃，而有下列情形之一，情節較重，並罰其未遂犯（第一百六十二條第二、三項）：

　　　⑴損壞拘禁處所械具，或以強暴脅迫犯之者，處六月以上五年以下有期徒刑（第一百六十二條第二項）。如以強暴脅迫縱放依法逮捕拘禁之人，雖同時有妨害公務，而其妨害公務之行為，已

包括在縱放罪之要件中，並不另成妨害公務罪(二四上六三一)。

(2)聚眾以強暴脅迫犯之者，在場助勢之人，處五年以上十二年以下有期徒刑。首謀及下手實施強暴脅迫者，處無期徒刑或七年以上有期徒刑（第一百六十二條第三項）。其聚眾以強暴脅迫，又損壞拘禁處所械具，縱放依法逮捕拘禁之人或便利其脫逃者，其低度行為為高度行為所吸收，應依第一百六十二條第三項處斷。又縱放或便利脫逃之人，因係使人脫逃，雖因構成本罪，而受縱放或便利之人，則係自己脫逃，仍祇構成第一百六十一條第一項或第二項之罪。

(二)公務員縱放罪

1.公務員縱放囚人或便利脫逃罪

公務員縱放職務上依法逮捕拘禁之人，或便利其脫逃者，構成本罪，處一年以上七年以下有期徒刑（第一百六十三條第一項）。其要件為：

(1)犯罪主體須為公務員　必須有監守依法逮捕拘禁人職務之公務員，如無此身分而犯之者，僅成立前條之罪，而非本罪。

(2)須有縱放職務上依法逮捕拘禁之人，或便利脫逃之行為　「縱放」指積極行為，而「便利脫逃」則包含消極行為在內，但如被監視之人並非依法逮捕拘禁之人，雖看守者縱放或便利脫逃，除具有其他犯罪行為論以相當罪名外，不成本罪(院二二五七)。本罪並罰其未遂犯（同條第三項）。

2.公務員因過失致囚人脫逃罪

因過失致本條第一項之人脫逃者，處六月以下有期徒刑、拘役或三百元以下罰金（同條第二項），如押送人犯之公務員，允許犯人順路訪友，致被乘機脫逃，若有故意情形，則非本罪。且因過失致職務上依法逮捕拘禁之人脫逃，係指因過失致已經逮捕置於拘禁力支配下之人脫逃而言，如其人僅經通緝，尚未逮捕使在拘禁力支配中，自無脫逃可言(四四臺非七六)。

第九章　藏匿人犯及湮滅證據罪

一、普通藏匿罪

藏匿犯人或依法逮捕拘禁之脫逃人，或使之隱避者，構成本罪，處二年以下有期徒刑（第一百六十四條第一項）。其要件為：

㈠須有藏匿或使之隱避之行為　「藏匿」即供給犯人或脫逃人之處所，使不能或難於發見，「使之隱避」則以藏匿以外之方法，使之隱蔽逃避，而妨害其發見。

㈡須知其為犯人或依法逮捕拘禁之脫逃人　「犯人」不以起訴後之人為限，即僅有犯罪嫌疑之人，亦包括在內，故現行犯或準現行犯，仍不失為犯人，至其後該犯人能否成立犯罪，則非所問。隱匿脫逃人，縱其後脫逃罪並不成立，而藏匿之行為，對國家搜查權之行使，有所妨害，仍得成立本罪。惟必須知情而為，如無此認識，即屬欠缺故意，不能論以本罪。

實例如下：

①藏匿或使之隱避，均係妨害國家之搜查權，故雖藏匿多人，仍應論以一罪（五上四〇五）。

②於犯罪實施前，將其窩藏，以直接或間接予以便利者，認係從犯，並不成立藏匿人犯罪（三三上一六七九）。

③藏匿或使之隱避時，並不知其為犯人或依法逮捕拘禁之脫逃人，或尚在遲疑間，因不注意其行動，致被乘機隱避者，不得以本罪相繩（二四上三五一八）。

④使犯人隱避罪，以明知其為犯人而使之隱避為條件，如先行藏匿繼使隱避，或先使隱避，繼復藏匿，祇構成一罪（二二

上四六一四)。

二、頂替罪

　　意圖藏匿犯人，或依法逮捕拘禁之脫逃人，或使之隱匿，而頂替者，構成本罪（第一百六十四條第二項），與前項同其處罰。其要件為：①須意圖犯前項之罪。②須有頂替之行為。至於「頂替」即頂名替代，被頂替者必有具體之犯人或脫逃人始可，其日後確實有罪與否，可以不問。如頂替者復藏匿犯人或依法逮捕拘禁之脫逃人或使之隱避時，其藏匿或使之隱避之行為，已為頂替行為所吸收，僅成頂替罪。

　　實例如下：

　　　①犯人自行隱避，在刑法上既非處罰行為，則教唆他人頂替自己以便隱避，當然亦在不罰之列（二四上四九七）。

　　　②犯罪人教唆他人藏匿自己或使他人頂替，不成立第一百六十四條之教唆罪（二五、四刑會）。

　　配偶、五親等內之血親或三親等內之姻親，圖利犯人或依法逮捕拘禁之脫逃人而犯第一百六十四條之罪者，減輕或免除其刑（第一百六十七條），必有此身分關係，始得邀此寬典。

三、湮滅刑事證據罪

　　偽造、變造、湮滅或隱匿關係他人刑事被告案件之證據，或使用偽造、變造之證據者，構成本罪，處二年以下有期徒刑、拘役或五百元以下罰金（第一百六十五條）。其要件為：

　　㈠須湮滅關係他人刑事被告案件之證據　「刑事被告案件」，指告發告訴自首或自訴等情形，開始偵查或審判之案件而言，必在他人刑事被告案件成立而後可，但不以起訴後為限。又證據不分有利或不利，皆包含之。

　㈡須有偽造、變造、湮滅或隱匿刑事證據，或使用偽造變造證據之行為　有一於此，即足構成，如其始偽造變造，繼復使用者，祇成立一罪。若係意圖他人受刑事處分而犯之者，構成第一百六十九條之誣告罪，而非本罪。

　犯本條之罪，在他人刑事被告案件裁判確定前自白者，減輕或免除其刑（第一百六十六條）。如配偶五親等內之血親或三親等內之姻親，圖利犯人或依法逮捕拘禁之脫逃人，而犯第一百六十五條之罪者，亦減輕或免除其刑（第一百六十七條），故無親屬關係之他人為共犯者，不適用此項減免之規定。

　湮滅刑事證據罪（第一百六十五條）與偽造證據誣告罪（第一百六十九條二項）不同：

湮　滅　刑　事　證　據　罪	偽　造　證　據　誣　告　罪
①限於刑事被告案件之證據，其有利或不利於他人，在所不問。 ②不問意思如何，只因陷國權於行使困難而成本罪。 ③須他人之刑事被告案件成立後，而偽造變造證據，或使用該證據。	①除刑事外，兼及於關係懲戒案件之證據，且以足陷他人有受刑事或懲戒處分之危險者為限。 ②須有圖使他人受刑事或懲戒處分之意思。 ③除為完成誣告目的而偽造變造證據或使用該證據，仍係誣告之作用外，須在他人刑事或懲戒程序前，始足當之。

第十章　偽證及誣告罪

偽證誣告二罪，同列一章，以其罪質相似，均係侵害國家司法權之罪，故雖偽證二人共同犯罪，其侵害國家法益，僅止一次，仍認為成立一罪。又以一狀誣告數人或數事者，亦祇成立一個誣告罪。惟誣告罪於侵害國家法益外，同時具有侵害個人法益之故意，被誣告人自可提起自訴，而偽證罪之構成，與誣告罪之要件不同，當然不得提起自訴。

一、偽證罪

第一百六十八條規定：「於執行審判職務之公署審判時，或於檢察官偵查時，證人、鑑定人、通譯，於案情有重要關係之事項，供前或供後，具結而為虛偽陳述者，處七年以下有期徒刑。」其要件為：

㈠犯罪主體，須為證人鑑定人或通譯三者之一　本罪為因身分關係成立犯罪之一種，至不得令其具結，或得不令其具結而未具結者，不能論以本罪。

㈡須於執行審判職務之公署審判，或於檢察官偵查時，為虛偽之陳述　並不以司法審判為限，即行政訴訟之審判，亦包含在內。

㈢須於供前或供後具結而為虛偽之陳述　「供前」指陳述事實之前，「供後」指陳述事實之後。「虛偽」之陳述，應以陳述之全部精神為斷，不能以其一二語有不實，指為虛偽。既經具結，且其陳述為虛偽者，即成本罪。至審判或偵查是否受其影響？則非所問。至依法不得令其具結之人，竟已具結，或對於得不令其具結之人，供前供後未曾令其依法具結，或應令其具結之人，並未令其依法具結者，雖有虛偽之陳述，不能論以本罪。

㈣於案情有重要關係之事項　此指該事項之有無，足以影響於裁判

或偵查之結果而言。本罪一經違背具結義務,而就案情有重要關係之事項,為虛偽之陳述,即屬犯罪既遂,故無未遂可言。又偽證罪之罪數,應以其訴是否同一為準,與事實及審級暨具結之次數無關。

犯偽證罪,於所虛偽陳述之案件,裁判確定前自白者,減輕或免除其刑(第一百七十二條)。既經自白,復翻異者,其自白之效力不受影響(二六上一八八六),此之自白,解釋上包含自首在內。

所謂於虛偽陳述之案件,裁判確定前自白者,係指於案情有重要關係之事項,為虛偽陳述後,而自白其陳述係屬虛偽者而言(七一臺上二三一一)。

實例如下:

①誣告者教唆他人出庭偽證,應依誣告偽證二罪,適用第五十五條處斷(二五、二刑會)。

②對於案情有重要關係之事項所述不實,而非出於故意者,不能論以偽證罪(三〇上二〇三二)。

③偽證罪侵害之法益,為國家司法權之公正,與被害人之人數無關,故偽證對象雖有二人,而其侵害國家審判權之法益仍屬一個,僅構成一個偽證罪,不能因其偽證甲乙二人放火,即認一行為而觸犯數罪名(三一上一八〇七)。

④偽證罪以於案情有重要關係之事項,故意為虛偽之陳述為構成要件。苟其事項之有無於案情無關,雖所陳述虛偽,亦無影響於裁判之結果,即難以偽證罪論。(五二臺上一三二九)

⑤上訴人二次陳述,目的為一,僅成立一個偽證罪名(六九臺上四二一)。

⑥上訴人因係同一案件,只侵害一個法益,雖有二次偽證,僅成立一個偽證罪(六九臺上一六三三)。

⑦刑法上之偽證罪,不以結果之發生為要件,一有偽證行為,

無論當事人是否因而受有利或不利之判決，均不影響其犯罪之成立。而該罪所謂於案情有重要關係之事項則指該事項之有無，足以影響於裁判之結果者而言（七一臺上八一二七）。

二、普通誣告罪

意圖他人受刑事或懲戒處分，向該管公務員誣告者，構成本罪，處七年以下有期徒刑（第一百六十九條一項）。其要件為：

㈠須有誣告之行為　申告之形式，不問為告發、告訴、自訴或檢舉，但均須以積極出而申告，有無自己出名，與本罪無涉，且申告必虛構事實，縱一部虛偽，亦得成立，如得他人同意誣告，仍構成本罪。

㈡須意圖他人受刑事或懲戒處分而誣告　祇須有此意圖已足，不必他人果因而受刑事或懲戒處分。其有利用無責任能力人誣告他人者，應成立誣告罪之間接正犯。被誣告之他人，究為幾人，並無限制，故以一書狀誣告數人，或以數行為誣告一人，均祇構成一罪。如以不成犯罪之事實，或告訴乃論之罪，或時效完成，或被告死亡而為申告，縱令虛偽，亦不能論以誣告。

㈢須向該管公務員誣告　「該管公務員」，指於刑事或懲戒處分之實現，有其職權關係，而可受理申告。如以言詞陳述，一經向該管公務員陳述，即屬既遂。若以書狀申告，在到達時亦為犯罪之既遂。犯誣告罪，而其方法或結果之行為犯他罪名者，應依第五十五條從一重處斷。

實例如下：

①以誣告一人之目的，向各機關投訴者，應以一罪論（五統四二二）。

②誣告罪中所稱之「該管公務員」，以有偵查犯罪或受理審判之職權者為限（院五一）。

③誣告罪之成立，以犯人明知所訴虛偽為構成要件，若誤認有

此事實，或以為有此嫌疑，自不得指為誣告（二○上一七）。

④誣告完成後，撤回告訴，不過犯罪既遂後之息訟行為，與誣告罪之構成毫無影響（二二上八二六）。

⑤誣告罪之內容，已將妨害名譽信用之犯罪，吸收在內，即使同時有妨害被誣告人名譽信用之情形，仍應論以誣告罪名（二六滬上二）。

⑥誣告者教唆他人偽造證據，出庭偽證，應依誣告、偽造證據、偽證三罪，適用牽連犯處斷（二八上四○八六）。

⑦誣告未滿十四歲之人犯罪，不構成誣告罪（二八、二刑會）。

⑧偽造證據持以誣告，除犯其他罪名外，依低度行為吸收於高度行為之原則，祇論以第一項之誣告罪，不再適用第二項從重處斷（三○上一九四）。

⑨誣告後變更陳述之內容者，與已成立之誣告罪，並無影響（三○上三六○八）。

⑩變造私文書，以實施誣告，其變造者不為誣告罪所吸收，必其所變造之私文書具備足以生損害於公眾或他人之構成要件，始能獨立論科（五一臺上一七五九）。

⑪誣告罪於侵害國家法益中，具有侵害個人法益之故意，被誣告人可提起自訴，至偽證罪之構成與誣告罪要件不同，當然不得提起自訴（院一五四○）。

三、偽造證據誣告罪

意圖他人受刑事或懲戒處分，而偽造變造證據，或使用偽造變造之證據者，構成本罪（第一百六十九條第二項），與第一項同其處罰。其要件為：①須意圖他人受刑事或懲戒處分。②須偽造變造證據，或使用偽造變造之證據。本罪不必更向該管公務員有誣告行為，犯罪即告完成。

如意圖陷害直系血親尊親屬，而犯第一百六十九條之罪者，加重其刑至二分之一（第一百七十條），是為加重誣告罪。

實例如下：

①偽造誣告之證據，應以其已未誣告分別論罪：

　　a. 偽造誣告之證據而誣告者，論以第一百六十九條第一項之誣告罪，但所偽造之證據觸犯他罪名者，仍從一重處斷。

　　b. 凡偽造變造誣告之證據，而未經誣告者，除觸犯他罪名外，論以第一百六十九條第二項之誣告罪（二四、七刑會）。

②以數行為誣告一人，雖其時間方法及所誣告之罪名不同，而仍在案件進行中，乃誣告之追加，僅成一罪（三一上二四五六）。

③甲將途中被他人殺死之無名屍體，移置於乙之門首，又或將他人竊贓移置於乙之室內，以圖嫁害，如係基於使乙受刑事處分之意思，自應成立第一百六十九條第二項之誣告罪（院二三八三）。

④誣告罪之成立，以告訴人所訴被訴人之事實，必須完全出於虛構為要件，若有出於誤會或懷疑有此事實而為申告，以致不能證明其所訴之事實為真實，縱被訴人不負刑責，而告訴人本缺乏誣告之故意，亦難成立誣告罪名（四四臺上八九二）。

四、未指定犯人之誣告罪

未指定犯人而向該管公務員誣告犯罪者，構成本罪，處一年以下有期徒刑、拘役或三百元以下罰金（第一百七十一條第一項）。其必以未指定犯人，又無陷害他人意思，而向該管公務員誣告犯罪，始足成立，例如明知簽發支票交付他人，因屆期無力支付，謊報遺失，請求偵查侵占遺失物，或傭工侵占財物，深恐被人譴責，謊報途中被劫之類。如係後

者，其誣告與侵占，有方法結果之關係，應從一重處斷（五一臺上七二〇）。

　　未指定犯人之誣告罪（第一百七十一條一項）與普通誣告罪（第一百六十九條一項）不同：

未 指 定 犯 人 之 誣 告 罪	普 通 誣 告 罪
①無使人受刑事或懲戒處分意思。	①須有使人受此處分之意圖。
②無庸指定犯人。	②須指明特定人而誣告。
③以誣告犯罪為內容。	③以誣告刑事或懲戒處分為內容。
④處刑較輕。	④處刑較重。

五、未指定犯人而偽造變造證據之準誣告罪

　　第一百七十一條第二項規定：「未指定犯人而偽造變造犯罪證據，或使用偽造變造之證據，致開始刑事訴訟程序者，亦同。」其要件為：

　　1.須未指定犯人。

　　2.須偽造變造證據，或使用偽造變造之證據。

　　3.須因而開始刑事訴訟程序。

　　本罪，不以所使用之證據，係由自己所偽造變造者為限，如以豬血染塗菜刀與衣服，置於路中，致警察誤為兇刀血衣，致開始實施偵查之類。惟本罪與前項同其處罰，因其所保護者，僅為刑事司法權，而懲戒並不包含在內。本罪如非因偽造變造或使用行為，致開始刑事訴訟程序，即不成立犯罪；此與第一百六十九條第二項偽造證據之準誣告罪，只須有偽造變造證據或使用之情形，其犯罪即告成立者，顯有不同。

　　犯第一百六十九條至第一百七十一條之罪，於所誣告之案件，裁判

或懲戒處分確定前自白者，減輕或免除其刑（第一百七十二條），此之自
白包含自首在內，且自白之動機如何，是否主動為之，均與本條之適用
無涉。

第十一章 公共危險罪

一、放火罪

㈠放火燒燬現供人使用之住宅，或現有人所在之處所罪

放火燒燬現供人使用之住宅，或現有人所在之建築物、礦坑、火車、電車、或其他供水、陸、空公眾運輸之舟、車、航空機者，構成本罪，處無期徒刑或七年以上有期徒刑（第一百七十三條一項）。其要件為：

1. 須有放火之行為　但不以積極行為為限。

2. 須發生燒燬之結果　指火力燃燒，喪失一部或全部效用而言。如物之燒燬，已達於喪失效用時為既遂，其未達此程度，僅著手於放火之實行者，則為未遂。

3. 所燒燬者，須為現供人使用之住宅，或現有人所在之建築物、礦坑、火車、電車、或其他供水、陸、空公眾運輸之舟、車、航空機。

㈡放火燒燬現非供人使用之他人所有住宅，或現未有人所在之他人所有處所罪

放火燒燬現非供人使用之他人所有住宅，或現未有人所在之他人所有建築物、礦坑、火車、電車、或其他供水、陸、空公眾運輸之舟、車、航空機者，處三年以上十年以下有期徒刑（第一百七十四條一項）。本罪與前罪不同者，前罪所列之物，必為現供人使用或現有人所在之物，亦不問所有之誰屬。本罪則為現非供人使用，或現未有人所在之物，且必為他人所有之物。

㈢放火燒燬前項之自己所有物，致生公共危險罪

必因放火燒燬前項之自己所有物，並致生公共危險，犯罪始能成立，犯本罪者，處六月以上五年以下有期徒刑（第一百七十四條二項）。

㈣放火燒燬前二條以外之他人所有物，或自己所有物，致生公共危險罪

　　放火燒燬前二條以外之他人所有物，致生公共危險者，處一年以上七年以下有期徒刑（第一百七十五條第一項）。放火燒燬前二條以外之自己所有物，致生公共危險者，處三年以下有期徒刑（第一百七十五條第二項）。

　　第一百七十三條第一項及第一百七十四條之未遂犯罰之，預備犯第一百七十三條第一項之罪者，處一年以下有期徒刑、拘役或三百元以下罰金（第一百七十三條四項）。放火罪在觀念上含有毀損性質在內，故不能兼論毀損罪（二九上二三八八）。以一個放火行為燒燬房屋，縱不止一家，仍論以一罪（二一上三九一）。

二、失火罪

㈠第一百七十三條第二項之失火罪

　　失火燒燬該條第一項之物者，處一年以下有期徒刑、拘役或五百元以下罰金。惟須出於過失，不必發生具體之危險。

㈡第一百七十四條第三項之失火罪

　　失火燒燬該條第一項之物者，處六月以下有期徒刑、拘役或三百元以下罰金。失火燒燬該條第二項之物，致生公共危險者亦同。其燒燬自己之所有物，必具體致生公共危險，始予處罰。

㈢第一百七十五條第三項之失火罪

　　失火燒燬第一百七十三條、第一百七十四條以外他人或自己之物，致生公共危險者，處拘役或三百元以下罰金。

　　下列各罪，依刑法規定分別處罰：

㈠準放火失火罪

　　故意或因過失，以火藥、蒸氣、電氣、煤氣或其他爆烈物，炸燬前

三條之物者，準用各該條放火失火之規定（第一百七十六條）。其燃燒之原因，係由炸燬，應否以致生公共危險為要件，及未遂或預備犯之有無處罰情形，均在準用之列。

㈡**火患危險罪**

因漏逸或間隔蒸氣、電氣、煤氣或其他氣體，致生公共危險者，構成本罪，處三年以下有期徒刑、拘役或三百元以下罰金（第一百七十七條一項）。因而致人於死者，處無期徒刑或七年以上有期徒刑。致重傷者，處三年以上十年以下有期徒刑（同條二項）。如其漏逸或間隔，係為放火之方法時，應依第一百七十三條至第一百七十六條規定處斷，並非本罪。

㈢**妨害防水救火罪**

於水災火災之際，隱匿或損壞防禦之器械，或以他法妨害救火防水者，構成本罪，處三年以下有期徒刑、拘役或三百元以下罰金（第一百八十二條）。本罪係舉動犯，一有妨害行為，即已成立，至其影響如何，則非所問。放火後之妨害救火行為，僅係概括的為使發生公共危險之方法時，其妨害救火行為，應為放火行為所吸收，不另成本罪。

因犯放火罪或失火罪，或準放火失火罪，致人於死或重傷時，如具有過失情形，應成過失致死或致傷罪，依第五十五條從一重處斷。如失火燒燬醫院，致焚斃病人，應依失火罪與過失致人於死罪，從一重處斷（三〇、八刑會）。

三、決水罪

㈠**故意決水罪**

1.決水浸害現供人使用之住宅或現有人所在之建築物、礦坑或火車電車者，處無期徒刑或五年以上有期徒刑（第一百七十八條一項），並罰其未遂犯（同條三項）。本罪一有浸害目的物之結果，即為既遂，不以發生具體危險為必要。而其物或為他人所有，或為自己

所有，均可不問。

2.決水浸害現非供人使用之他人所有住宅，或現未有人所在之他人所有建築物或礦坑者，處一年以上七年以下有期徒刑（第一百七十九條第一項）。並罰其未遂犯（同條第四項）。

3.決水浸害前項之自己所有物，致生公共危險者，處六月以上五年以下有期徒刑（第一百七十九條第二項），必以發生具體危險為必要。

4.決水浸害前二條以外之他人所有物，致生公共危險者，處五年以下有期徒刑（第一百八十條第一項），決水浸害前二條以外之自己所有物，致生公共危險者，處二年以下有期徒刑（同條第二項），均以致生公共危險為要件。

(二)**過失決水罪**

因過失決水浸害現供人使用或現有人所在之物，處一年以下有期徒刑、拘役或五百元以下罰金（第一百七十八條第二項）。因過失決水浸害現非供人使用之他人所有住宅等物，處六月以下有期徒刑、拘役或三百元以下罰金（第一百七十九條第三項），其屬於自己所有之物，致生公共危險者，處罰同前。又因過失決水浸害前二條以外之物，致生公共危險者，處拘役或三百元以下罰金（第一百八十條第三項）。

(三)**水患危險罪**

決潰堤防、破壞水閘、或損壞自來水池，致生公共危險者，構成本罪，處五年以下有期徒刑，並罰其未遂犯（第一百八十一條第一、三項）。必以致生公共危險為要件，如以決水之故意，決潰堤防，破壞水閘，或損壞自來水池時，應分別情形，依第一百七十八條至第一百八十條規定處斷，不成本罪。其因過失犯本罪者，處拘役或三百元以下罰金（同條第二項）。

四、妨害交通罪

㈠傾覆舟車罪

傾覆或破壞現有人所在之火車、電車或其他供水、陸、空公眾運輸之舟、車、航空機者，構成本罪，處無期徒刑或五年以上有期徒刑（第一百八十三條第一項）。一有傾覆或破壞之事實，即為本罪既遂，其未生傾覆或破壞之結果者，則為未遂（同條第四項）。犯本罪因而致人於死或重傷者，未設加重結果犯之規定，故如有殺人之故意，仍成殺人罪，並依第五十五條處斷。因過失犯本罪者，處一年以下有期徒刑、拘役或三百元以下罰金(同條第二項)。從事業務之人，因業務上之過失犯本罪者，處三年以下有期徒刑、拘役或五百元以下罰金（同條第三項）。

㈡妨害鐵道舟車罪

損壞軌道燈塔標識或以他法致生火車、電車或其他供水、陸、空公眾運輸之舟、車、航空機往來之危險者，構成本罪，處三年以下十年以上有期徒刑（第一百八十四條第一項）。僅以致生往來之危險已足，不以發生實害為必要，並罰其未遂犯（同條第五項）。惟舟、車、航空機，果因而傾覆或破壞者，依第一百八十條第一項處斷。因過失犯本罪者，處六月以下有期徒刑、拘役或三百元以下罰金（同條第三項），從事業務之人，因業務上之過失犯本罪者，處二年以下有期徒刑、拘役或五百元以下罰金（同條第四項）。如其已生往來危險者為既遂，損壞未遂，或損壞既遂而未生往來之危險者，論以未遂（院一二三三）。

㈢妨害道路罪

損壞或壅塞陸路、水路、橋樑或其他公眾往來之設備或以他法致生往來之危險者，構成本罪，處五年以下有期徒刑、拘役或五百元以下罰金（第一百八十五條第一項）。以足以引起往來之危險已足，並不以果有被阻止往來之人為必要，並罰其未遂（同條第三項）。因而致人於死者，

處無期徒刑或七年以上有期徒刑，致重傷者，處三年以上十年以下有期
徒刑(同條第二項)，必以行為人能預見其結果之發生者為限，始能適用。

㈣劫持航空器或舟車罪

以強暴、脅迫或其他非法方法，劫持使用中之航空器或控制其飛航
者，處死刑、無期徒刑或七年以上有期徒刑，其情節輕微者，處七年以
上有期徒刑 (第一百八十五條之一第一項)。本條為新增條文，由於晚近
劫機事件，屢有所聞，極易造成嚴重之傷亡，對於公共安全影響至鉅。
我國民用航空法雖有空中劫機之處罰規定，唯屬特別法，且僅限於民用
航空機，不能適用於一切航空器，爰於第一項增設空中劫機之犯罪類型。
所謂「劫持」，其客體係指使用中之航空器而言，所謂「控制」，其客體
則為航空器之飛航。犯本條第一項之罪因而致人於死者，處死刑或無期
徒刑，致重傷者，處死刑、無期徒刑或十年以上有期徒刑 (同條第二項)。

以本條第一項之方法，劫持使用中供公眾運輸之舟、車或控制其行
駛者，處五年以上有期徒刑，其情節輕微者，處三年以下有期徒刑 (同
條第三項)。由於劫持使用中供公眾運輸之舟、車或控制其行駛者，亦有
處罰之必要。因而致人於死者，處無期徒刑或十年以上有期徒刑，致重
傷者，處七年以上有期徒刑 (同條第四項)。

空中劫機事件，極易造成嚴重後果，為遏阻此類犯罪行為，並於第
三項及第四項分別增訂未遂犯及預備犯之處罰規定。至劫持舟、車或控
制其行駛者，犯罪情節較輕，僅於第三項規定處罰未遂犯為已足。

㈤危害飛航安全罪

以強暴、脅迫或其他非法方法危害飛航安全或其設施者，處七年以
下有期徒刑、拘役或三十萬元以下罰金 (第一百八十五條之二第一項)。
良以強暴、脅迫或其他非法方法危害飛航之安全或其設施，可能發生重
大危險，增設本項之犯罪類型，以維護飛航之安全。犯前項之罪，因而
致航空器或其他設施毀損者，處三年以上十年以下有期徒刑 (同條第二

項）。因而致人於死者，處死刑、無期徒刑或十年以上有期徒刑，致重傷者，處五年以上十二年以下有期徒刑（同條第三項）。由於此類犯罪，極易導致乘客之死傷，故有處罰未遂犯之規定（同條第四項）。

㈥道路交通危險罪

服用毒品、麻醉藥品、酒類或其他相類之物，不能安全駕駛動力交通工具而駕駛者，處一年以下有期徒刑、拘役或三萬元以下罰金（第一百八十五條之三）。此為維護交通安全，規定凡服用毒品、麻醉藥品、酒類或其他相類之物（例如迷幻物品）過量致意識模糊而駕駛交通工具之處罰，以防止交通事故之發生。又駕駛動力交通工具肇事，致人死傷而逃逸者，處六月以上五年以下有期徒刑（第一百八十五條之四）；亦為維護交通安全，加強救護，減少被害人死傷，促使駕駛人於肇事後，能對被害人即時救護，特設肇事致人死傷而逃逸之處罰規定。

五、危險物品罪

㈠單純危險物品罪

未受允准，而製造、販賣、運輸或持有炸藥、棉花藥、雷汞或其他相類之爆裂物，或軍用槍砲子彈而無正當理由者，構成本罪，處二年以下有期徒刑、拘役或五百元以下罰金（第一百八十六條）。其要件為：

1. 須有製造販賣運輸或持有危險物之行為，必其足生危險始足當之，如不足發生危險，或已不能再發生危險者，均不成本罪。

2. 所製造販賣運輸或持有之危險物，須為炸藥、棉花藥、雷汞或其他相類之爆烈物，或軍用槍砲子彈。

3. 其製造販賣運輸或持有危險物，須未受允准，而又無正當理由。

實例如下：

　　　①持有手槍，曾為長時間之繼續，但既係一個持有行為，不生連續犯問題（二四上三四〇一）。

②刑法上所謂軍用槍砲，係指能供軍事上使用者而言（院一五七五）。

③未受允准為人擦槍油或修理槍枝，而未達於製造程度，其僅持有該槍，既非無正當理由，不成立第一百八十六條之罪（院解二九一○）。

無正當理由使用炸藥、棉花藥、雷汞或其他相類之爆裂物爆炸，致生公共危險者，處一年以上七年以下有期徒刑（第一百八十六條之一第一項）。係以近代科學技術發達，爆炸物之使用已日益普遍，如被不法利用，對於公共安全危害甚大。此項犯罪行為，極易造成死傷，爰於同條第二項規定結果加重犯，即因而致人於死者，處無期徒刑或七年以上有期徒刑，致重傷者，處三年以上十年以下有期徒刑，同時並處罰其未遂犯（同條第四項）。如因過失致炸藥、棉花藥、雷汞或其他相類之爆裂物爆炸而生公共危險者，處二年以下有期徒刑、拘役或五千元以下罰金（同條第三項）。

㈡加重危險物品罪

意圖供自己或他人犯罪之用，而製造、販賣、運輸或持有炸藥、棉花藥、雷汞或其他相類之爆裂物，或軍用槍砲子彈者，構成本罪，處五年以下有期徒刑（第一百八十七條）。其要件為：①須有製造販賣運輸或持有炸藥、棉花藥、雷汞或其他相類之爆裂物，或軍用槍砲子彈之行為。②其製造販賣運輸或持有爆裂物或軍用槍砲子彈，須意圖供自己或他人犯罪之用，只須有此意圖已足，不以實際上已用於其他犯罪為必要，至圖犯何罪，亦非所問。

實例如下：

①借用他人槍砲子彈，與另外之人共同實施犯罪，既屬互相利用，應負持有軍用槍砲之共同罪責（二六滬上一○七）。

②甲之持有軍用手槍，縱令已受允准，而乙向其借得該槍殺人，

仍係意圖供自己犯罪之用，而非法持有軍用槍砲，應於殺人罪外，並牽連犯第一百八十七條之罪（二九上三三二九）。

③上訴人既於信內附子彈一顆寄給甲，則是以子彈為實施恐嚇之手段，於第三百零五條之罪外，又已觸犯第一百八十七條之罪，依牽連關係處斷（四五臺上一二九六）。

近代因科學技術發達，使用核能、放射線之機會日漸增多，如被不法使用，危害公共安全甚鉅，特增設下列三條犯罪類型，以資因應：

1. 不依法令製造、販賣、運輸或持有核子原料、燃料、反應器、放射性物質或其原料者，處五年以下有期徒刑（第一百八十七條之一）。

2. 放逸核能、放射線，致生公共危險者，處五年以下有期徒刑。因而致人於死者，處無期徒刑或十年以上有期徒刑，致重傷者，處五年以下有期徒刑（第一百八十七條之二）。由於放逸核能、放射線，極易引起傷亡，本條第三項及第四項分別增設過失犯及未遂犯之處罰規定。

3. 無正當理由使用放射線，致傷害人之身體或健康者，處三年以上十年以下有期徒刑（第一百八十七條之三第一項），因而致人於死者，處無期徒刑或十年以上有期徒刑，致重傷者，處五年以上有期徒刑（同條第二項），本條第一項之未遂犯罰之（同條第三項）。

六、妨害公用事業罪

妨害鐵路郵務電報電話，或供公眾之用水、電氣、煤氣事業者，構成本罪，處五年以下有期徒刑、拘役或五百元以下罰金（第一百八十八條）。本罪僅有補充規定之性質，如合於其他法條之獨立規定，仍應適用各該獨立規定之罪處斷。

七、損壞保護生命設備罪

損壞礦坑工廠或其他相類之場所內，關於保護生命之設備，致生危險於他人生命者，構成本罪，處一年以上七年以下有期徒刑（第一百八十九條一項），本條所稱之「他人」專以自然人為限（院二九七七），並罰其未遂犯（同條五項）。故如有致生危險於他人之生命者，即為既遂，若無此結果，無論損壞行為未了已了，仍係未遂。因而致人於死者，處無期徒刑或七年以上有期徒刑，致重傷者，處三年以上十年以下有期徒刑（同條第二項）。

因過失犯本罪者，處六月以下有期徒刑、拘役或三百元以下罰金（同條第三項）。從事業務之人，因業務上之過失，而犯本罪者，處二年以下有期徒刑、拘役或五百元以下罰金（同條第四項）。如行為人損壞係有殺人之故意，應另成殺人罪，依牽連犯規定從一重處斷，例如圖謀殺害礦坑工人，故意將其坑內裝設之空氣輸送管閉塞，致工人窒息死亡即是。

損壞礦場、工廠或其他相類之場所內關於保護生命之設備或致令不堪用，致生危險於他人之身體健康者，處一年以下有期徒刑、拘役或三千元以下罰金（第一百八十九條之一第一項）。損壞前項以外之公共場所內關於保護生命之設備或致令不堪用，致生危險於他人之身體健康者，亦同（同條第二項）。又阻撓戲院、商場、餐廳、旅店或其他公眾得出入之場所或公共場所之逃生通道，致生危險於他人之生命、身體或健康者，處三年以下有期徒刑。阻塞集合住宅或共同使用大廈之逃生通道，致生危險於他人生命、身體或健康者，亦同（第一百八十九條之二第一項）。因而致人於死者，處七年以下有期徒刑，致重傷者，處五年以下有期徒刑（同條第二項）。

八、妨害衛生罪

㈠妨害飲用水源罪

投放毒物或混入妨害衛生物品於供公眾所飲之水源、水道或自來水池者，處一年以上七年以下有期徒刑（第一百九十條第一項）。稱水源兼指水井，不問其所有權之誰屬，惟其行為必有「投放」或「混入」之一，始克相當。毒物或妨害衛生物品，一經投放或混入，罪即成立，至該水源水道或自來水池，是否變質或達到足以妨害健康之程度，及有人取飲與否，均非所問。如另有殺人或傷害之故意，則依牽連犯規定處斷。犯本罪因而致人於死者，處無期徒刑或七年以上有期徒刑。致重傷者，處三年以上十年以下有期徒刑（同條第二項）。因過失犯本罪者，處六月以下有期徒刑、拘役或三百元以下罰金（同條第三項），並罰第一項之未遂犯（同條第四項）。

投棄、放流、排出或放逸毒物或其他有害健康之物，而污染空氣、土壤、河川或其他水體，致生公共危險者，處五年以下有期徒刑（第一百九十條之一第一項）。廠商、事業場所主人或監督策劃人員，因事業活動而犯前項之罪者，處七年以下有期徒刑（同條第二項）。因而致人於死者，處無期徒刑或七年以上有期徒刑，致重傷者，處三年以上十年以下有期徒刑，並處罰第一項之過失犯（同條第三、四項）。

㈡製造販賣妨害衛生物品罪

製造販賣，或意圖販賣而陳列妨害衛生之飲食物品，或其他物品者，構成本罪，處六月以下有期徒刑、拘役或科或併科一千元以下罰金（第一百九十一條）。所稱之「物品」，不以飲食物品為限，即其他使用之物品（如化粧品、藥品），亦包含在內。故如商人售賣茶油，摻合桐油，致買主購食後，均發生嘔吐，自應成立第一百九十一條之罪，如茶油售價高於桐油，以摻合之油，冒充純淨茶油，冀圖騙取高價，並犯第三百三

十九條第一項之詐欺罪，適用第五十五條從一重處斷（院二四八九）。

對他人公開陳列、販賣之飲食物品或其他物品滲入、添加或塗抹毒物或其他有害人體健康之物質者，處七年以下有期徒刑（第一百九十一條之一第一項）。將已滲入、添加或塗抹毒物或其他有害人體健康之飲食物品或其他物品混雜於公開陳列、販賣之飲食物品或其他物品者，亦同（同條第二項）。犯前二項之罪而致人於死者，處無期徒刑或七年以上有期徒刑，致重傷者，處三年以上十年以下有期徒刑（同條第三項）。第一項及第二項之未遂犯罰之（同條第四項）。

㈢違背傳染病法令罪

違背關於預防傳染病所公布之檢查或進口之法令者，構成本罪，處二年以下有期徒刑、拘役或一千元以下罰金（第一百九十二條第一項）。本罪之構成要件，應依其他法令之規定，此即所謂「空白刑法」之性質。又暴露有傳染病之屍體，或以他法散布病菌，致生公共危險者，亦與前項同其處罰（同條第二項）。其暴露屍體，指有傳染病之屍體，且明知患傳染病而仍行暴露，始克構成，否則欠缺意思要件，不成本罪。

九、違背建築成規罪

承攬工程人或監工人，於營造或拆卸建築物時，違背建築術成規，致生公共危險者，構成本罪，處三年以下有期徒刑、拘役或三千元以下罰金（第一百九十三條）。本罪之主體，以承攬工程人或監工人為限，係身分犯之一種，且以致生具體的危險為必要，惟其危險之發生，並不限於在營造或拆卸時，祇須因其營造或拆卸，違背建築成規所致，即成本罪。

十、違背契約罪

於災害之際，關於與公務員或慈善團體締結供給糧食或其他必需品

之契約，而不履行或不照契約履行，致生公共危險者，構成本罪，處五
年以下有期徒刑，得併科三千元以下罰金（第一百九十四條）。本罪之不
履行或不照契約履行，以致生公共危險為必要，否則僅成民事責任，與
本罪無關，自不成立本條之罪。

第十二章　偽造貨幣罪

一、一般偽造變造貨幣罪

㈠偽造變造貨幣罪

意圖供行使之用,而偽造變造通用之貨幣紙幣銀行券者,構成本罪,處五年以上有期徒刑,得併科五千元以下罰金(第一百九十五條第一項)。其要件為:

1. 本罪之目的物,須為通用之貨幣紙幣或銀行券　「貨幣」指硬幣而言,「紙幣」以紙為之,可代硬幣使用之幣券,「銀行券」乃經政府認可,暫許其他銀行發行,用以代用硬幣之證券。本罪重在保護公共信用,並為求取國家幣制統一而設,如有偽造變造外國幣券而行使者,分別情形,依偽造變造有價證券或詐欺罪論科。至偽造新臺幣者,自中央銀行委託臺灣銀行代理發行之日起(五十年七月一日),應以妨害國幣懲治條例論科(釋九九)。

2. 須有偽造變造之行為　「偽造」指無製造幣券之權,而摹擬真正幣券,加以製造者。「變造」係就真正之幣券,加以一部之變更。就偽造之貨幣或已經作廢之幣券,加以變造者,仍係偽造貨幣,而非變造貨幣,以其貨幣原非真正故也。如就變造之貨幣,再加變造,仍成變造之罪,蓋其貨幣本屬真正也。

3. 其偽造變造,須意圖供行使之用　「行使」指以偽造變造之幣券,充作真幣使用之謂,祇以意在行使為已足,不必果真行使。

本罪,並罰其未遂犯(同條第二項)。偽造祇須形式之類似,足使一般人誤信為真正之貨幣,即為既遂,其模型雖已製成,而偽幣尚未製成者,則為未遂。變造務須其程度在形式上,足充真物之用,始為既遂,

雖加更改，而未達成變造之結果者，則為未遂。且變造偽造多種或多數貨幣時，祇須一種或一張，已生變造偽造之結果，即認為犯罪之全部既遂，不能論以一部既遂一部未遂。

實例如下：

①同時偽造變造多數不同種之貨幣紙幣銀行券，只成一罪，以其侵害幣制統一與交易信用，祇認為包括的一個公共法益也（一七、十刑會）。

②偽造紙幣之行為，其開始摹擬與印製樣品，以迄附印完成，雖經數個階段，然係繼續的侵害一個法益，僅屬一個行為，顯與數個獨立行為之連續犯有別（二六上一七八三）。

③雖已著手於犯罪行為之實行，然僅印有銀行券票面模樣，尚未完成銀行券之行為，仍屬未遂（四四臺上一四七）。

④刑法第一百九十六條所謂貨幣，係指硬幣而言。原判決既認上訴人先後行使偽造之新臺幣券，自係連續行使偽造之通用紙幣（六三臺上二一九四）。

㈡行使偽造變造貨幣罪

行使偽造變造之通用貨幣、紙幣或銀行券者，構成本罪，處三年以上十年以下有期徒刑，得併科五千元以下罰金（第一百九十六條第一項前段）。所謂「行使」，乃不告以偽造變造之實情，而使用之。偽造貨幣而又行使者，以偽造罪較行使罪為重，採吸收說，以行使行為吸收於偽造行為之中（二四、七刑會）。行使行為，不問為他人或自己偽造變造，如已達到行使目的，即應成立本罪之既遂，故如以偽幣購買物品在交付物品時，犯罪即已完成，否則為未遂犯（同條第三項）。又其行使，性質上原含有詐欺成分者（如用以購物），其詐欺行為已為行使偽幣行為所吸收，祇成行使罪，不另犯詐欺罪（二九上一六四八）。利用不知情之人而行使之，論以間接正犯（一九上一五一二）。收受後方知為偽幣，而仍行

使之，成立第一百九十六條第二項之罪，與本項之行使，係於收受之初，即知其為偽幣之情形有別（二九上四二九、二八上四二五三）。

(三)收集偽造貨幣罪

意圖供行使之用，而收集偽造變造之通用貨幣、紙幣或銀行券者，構成本罪（第一百九十六條第一項後段）。「收集」乃移歸其自己持有，如收買、受贈、交換等情形均是。此不限於反覆同一收取行為，即一次收取，亦可成立，但必以意圖供行使之用而收集始可。收集二字，本含有反覆為同一行為之意義，故先後收集行為，並無連續犯之可言（二九上二一五五）。收集罪乃即時犯，故以供行使之用，而將偽券收集到手者，即屬既遂，否則為未遂（同條第三項），至收集後曾否供行使或交付於人，與犯罪之成立無關（二七上三三一）。

(四)交付偽造貨幣罪

意圖供行使之用，而交付偽造變造之通用貨幣、紙幣或銀行券於人者，構成本罪（第一百九十六條第一項後段），並罰其未遂犯（同條第三項）。「交付於人」，指除行使外之交付而言，且必明知其為偽幣，而移於他人持有。交付之既遂未遂，以已未脫離自己持有為準，他人之從而持有與否，可以不問。至意圖供行使之用，而收集偽幣，並交付於人或行使者，仍係本條第一項之罪，因前之收集行為，為後之交付行為或行使行為吸收（二四上一二八一）。收受後方知為偽幣，而仍交付於人者，依第一百九十六條第二項處斷。至意圖供行使之用而收集偽造變造，又將該幣券對人行使或交付，其交付之後行使行為，自為收集之先行為所吸收，只應依妨害國幣懲治暫行條例第四條第二項論科，不應以行使或交付之罪（院二三八三）。

「交付」與「行使」不同：

①前者未充真幣使用，而僅明示為偽幣，以交付於人。後者以偽幣冒充真幣使用。

②前者使人知為偽幣，而無欺騙他人之意思。後者原有欺騙之
意思，而交付於人。

③前者使人知其為偽幣，具有通謀之性質。後者使人不知為偽
幣，故有欺罔之性質。

二、減損貨幣分量罪

意圖供行使之用，而減損通用貨幣之分量者，構成本罪（第一百九
十七條），並罰其未遂犯（同條第二項）。情形有五：

1. 減損通用貨幣分量罪（第一九七條）。
2. 行使減損分量之通用貨幣罪（第一九八條第一、三項）。
3. 意圖供行使之用而收集減損分量之通用貨幣罪（第一九八條第
   一、三項）。
4. 意圖供行使之用，而交付減損分量之通用貨幣於人罪（第一九八
   條第一、三項）。
5. 收受減損分量之通用貨幣罪（第一九八條第二項）。

三、預備偽造變造或減損貨幣分量罪

意圖供偽造變造通用之貨幣、紙幣、銀行券，或意圖供減損通用貨
幣分量之用，而製造、交付或收受各項器械原料者，構成本罪。其預備
行為有三：①製造②交付③收受。如製造交付或收受此項器械原料後，
更進而偽造變造貨幣或減損貨幣分量者，則製造交付或收受器械原料之
預備行為，應為實行行為所吸收。至偽造變造之通用貨幣、紙幣、銀行
券，減損分量之通用貨幣及第一百九十九條之器械原料，不問屬於犯人
與否，沒收之（第二百條）。

第十三章 偽造有價證券罪

一、偽造變造有價證券罪

意圖供行使之用，而偽造變造公債票、公司股票或其他有價證券者，構成本罪，處三年以上十年以下有期徒刑，得併科三千元以下罰金（第二百零一條第一項）。其要件為：

㈠須偽造變造公債票、公司股票或其他有價證券　「公債票」，指政府向人民募集公債所發行之債券。「公司股票」，指公司為證明股東權利所發行之證券。「其他有價證券」，則指支票、本票、匯票、提單、倉單、外國公債票、外國公司股票、外國貨幣、愛國獎券等，均屬之。「偽造」乃本無內容，經其制作使發生有價證券之效力；「變造」指不變更原有之本質，而僅就其內容非法加以變更之謂。

㈡須意圖供行使之用，而偽造變造　其偽造變造是否圖供自己或他人行使之用，均非所問。

實例如下：

①偽造有價證券而後行使，則行使之低度行為應為偽造之高度行為所吸收，不另論以行使罪（二四、七刑會）。

②政府發行之愛國獎券，未中獎前將其內容加以變更者，係為變造。開獎後未中獎者加以塗改，使與中獎號碼相同，則為偽造。然為改變中獎之小獎號碼而為中大獎之號碼，仍係變造行為（四一臺上九六）。有價證券之變造，係指該證券本身原具有價值，僅將其內容加以變更者而言。未中獎之愛國獎券本身並無價值，一經改造使與中獎號碼相符，即能行使其券面所載之權利，應係偽造有價證券而非變造（七二臺上二

二六)。

③署押為構成有價證券之一部，如於偽造之有價證券上偽造署押，即吸收於偽造有價證券行為之內，不另成立偽造署押罪名（二六上一三六二）。

④美鈔現在國內交易上既有流通效力，自屬有價證券之一種（院解三二九一）。

⑤農會支票，雖非票據法上之支票，但執票人行使該票所載之權利，與其占有票據，既有不可分離之關係，自係有價證券，而非普通文書（四六臺上八八八）。

⑥竊取空白支票偽填金額之外，既有偽以他人名義為背書人而偽造其署押之行為，其偽造署押之行為，因非偽造有價證券之構成要件，但與行使偽造有價證券，不無方法結果關係，自應從一重處斷（四七臺上一五二三）。

⑦偽造有價證券，而復持以行使，其行使行為吸收於偽造行為之中，祇論以偽造罪。且有價證券內所蓋之印文為構成證券之一部，所刻之印章為偽造之階段行為，均應包括於偽造罪之內，不生牽連或想像競合之問題（三一上八八）。

⑧有價證券之偽造與行使本屬二事，偽造而人行使固為高度之偽造行為所吸收，如不能證明有偽造行為，縱係由其行使亦不能遽按刑法第二百零一條第一項論科（五二臺上二三二）。

⑨支票上之背書係發票後之另一票據行為，上訴人在其偽造之支票背面偽造某甲之署押為背書，並達行使之程度，自足以生損害於某甲，顯屬另一行使偽造私文書之行為（五九臺上二五八八）。

⑩被害人公司授權上訴人於空白支票填寫金額，繳納所欠貨櫃場租金，乃上訴人於獲悉並未欠繳租金後，私擅填寫金額一

萬五千元自行使用，已逾越授權範圍，自應令負偽造有價證券罪責（七二臺上一一二）。

⑪同時偽造同一被害人之多件同類文書或同一被害人之多張支票時，其被害法益仍僅一個，不能以其偽造之文書件數或支票張數，計算其法益。此與同時偽造不同被害人之文書或支票時，因有侵害數個人法益，係一行為觸犯數罪名者迥異（七三臺上三六二九）。

二、行使偽造變造之有價證券，或意圖行使而收集或交付罪

第二百零一條第二項規定：「行使偽造變造之公債票、公司股票或其他有價證券，或意圖供行使之用，而收集或交付於人者，處一年以上七年以下有期徒刑，得併科三千元以下罰金。」其情形有三：

1.行使偽造變造之有價證券。

2.意圖供行使之用而收集偽造變造之有價證券。

3.意圖供行使之用而交付偽造變造之有價證券於人。

本罪之「行使」與「交付」之區別，在於犯人有無欺騙相對人之意思以為斷，如有欺騙之意思，則為行使，否則為交付。凡應成立交付罪者，行使罪即無成立之可能（三二上四七七）。又行使偽造有價證券，以使人交付財物，如果所交付者，即係該證券本身之價值，則其詐欺取財，仍屬行使偽券之行為，不另成立詐欺罪名（二五上一八一四）。是以行使偽造有價證券，以取得票面價值之對價，固不另論詐欺罪（三一上四〇九），但如以偽造之有價證券供作擔保或作為新債清償而借款，則其借款之行為，為行使偽造有價證券以外之另一行為，其間有方法結果關係，應論以詐欺罪之牽連犯（六二、二刑會）。

實例如下：

①偽造有價證券而行使之，本含有詐欺性質，其詐欺行為不應另行論罪（七○臺上七七六）。

②以偽造之支票供擔保借款，與行使偽造支票以取得票面價值之對價有別，係屬行使偽造支票以外之另一行為，故上訴人之詐借款項行為，另犯詐欺罪（七一臺上七七六○）。

三、偽造變造信用卡、金融卡、儲值卡或電磁紀錄物罪

第二百零一條之一規定：「意圖供行使之用，而偽造、變造信用卡、金融卡、儲值卡或其他相類作為簽帳、提款、轉帳或支付工具之電磁紀錄物者，處一年以上七年以下有期徒刑，得併科三萬元以下罰金。」同條第二項規定：「行使前項偽造、變造之信用卡、金融卡、儲值卡或其他相類作為簽帳、提款、轉帳或支付工具之電磁紀錄物，或意圖供行使之用，而收受或交付於人者，處五年以下有期徒刑，得併科三萬元以下罰金。」據此規定，所謂信用卡，係指持卡人憑發卡機構之信用，向特約之第三人取得金錢、物品、勞務或其他利益，得延後或依其他約定方式清償帳款所使用之卡片。所謂簽帳卡，乃與信用卡概念相似者，同是代替現金支付之一種塑膠貨幣，持卡人可預先在銀行之簽帳卡存款帳戶內有存款，以證明其支付能力，才能簽帳之卡片，換言之，廣義之信用卡尚包含簽帳卡在內。所謂金融卡，須持卡人在銀行帳戶中有存款，始得在此存款之額度內，至自動提款機提款或刷卡轉帳消費之卡片。所謂儲值卡，或稱為「現金卡」，其基本型態與電話卡相似，係以晶片嵌入塑膠卡片以儲存金額，每次使用金額皆會自動從餘額中扣除，方便用來搭乘交通工具或一般小額消費，而無需隨帶零錢之卡片。綜上所述，信用卡、金融卡、

儲值卡等係表彰特定現金價值，用以代替現金作為簽帳、提款、轉帳或支付工具之憑證，雖非貨幣，惟其實際效用之普遍性，已不亞於票據之使用，已成為目前主要之交易型態，爰在偽造有價證券罪章中增訂有關偽造、變造信用卡、金融卡、儲值卡等之處罰。

有關金融卡之犯罪，雖現行刑法第三百三十九條之二及第三百三十九條之三亦有規定，惟第三百三十九條之二係規定由自動付款設備取得他人之物或得財產上利益之罪。第三百三十九條之三則係規定以不正方法將虛偽資料等輸入電腦等而不法取得他人財產或利益罪，該二條文均不包括偽造、變造金融卡之行為，故本條新增規定則針對偽造、變造或其他行使偽造、變造金融卡之行為予以規定。

四、塗抹註銷符號罪

塗抹郵票或印花稅票上之註銷符號者，構成本罪（第二百零二條第二項）。其情形為：

1. 塗抹罪　意圖供行使之用，而塗抹郵票或印花稅票上之註銷符號。
2. 行使罪　行使塗抹郵票或印花稅票上之註銷符號。

意圖供行使之用，而偽造變造郵票或印花稅票者，及行使偽造變造之郵票印花稅票，或意圖供行使之用而收集或交付於人者，均予處罰（第二百零二條第一、二項）。但其偽造之程度，須其偽票與真正之郵票印花稅票相似，足使一般人誤認，始能成立。

五、偽造變造往來客票罪

第二百零三條規定：「意圖供行使之用，而偽造變造船票，火車電車票，或其他往來客票者，處一年以下有期徒刑、拘役或三百元以下罰金。其行使之者亦同。」此種往來客票均無流通性，且其行使，以一定之日期

或期間為限，故僅處罰行使行為，不設收集或交付於人之規定。

六、預備偽造變造有價證券、郵票、印花稅票、信用卡、金融卡或儲值卡罪

意圖供偽造變造有價證券、郵票、印花稅票、信用卡、金融卡、儲值卡或其他相類作為簽帳、提款、轉帳或支付工具之電磁紀錄物之用，而製造交付或收受各項器械、原料或電磁紀錄者，構成本罪，處二年以下有期徒刑，得併科五千元以下罰金。從事業務之人利用職務上機會犯前項之罪者，加重其刑至二分之一（第二百零四條），其利用此種器械、原料或電磁紀錄，而實行偽造變造既遂者，則預備行為為實行行為所吸收，本條犯罪行為當然失其獨立性。又偽造變造之有價證券、郵票、印花稅票、信用卡、金融卡、儲值卡或其他相類作為提款、簽帳、轉帳或支付工具之電磁紀錄物及前條之器械原料及電磁紀錄，不問屬於犯人與否，沒收之（第二百零五條）。

第十四章　僞造度量衡罪

「度量衡」乃表示「長短」、「容積」以及「重輕」之器具。因此三者均為交易上用以計算之標準，其正確與否，影響於社會經濟效用，故訂定本章，以為準據。

一、製造違背定程之度量衡罪

稱度量衡之定程，指度量衡法所規定之標準，而度量衡器具之製造，應得地方主管機關之許可，如意圖供行使之用，而製造違背定程之度量衡者，構成本罪。其變更度量衡之定程者，亦同（第二百零六條）。

二、販賣違背定程之度量衡罪

意圖供行使之用，而販賣違背定程之度量衡者，構成本罪（第二百零七條）。如販賣自己所製造或變造者，其販賣行為，已為製造或變更之高度行為所吸收，不另成本罪。

三、行使違背定程之度量衡罪

行使違背定程之度量衡者，構成本罪（第二百零八條第一項）。其行使違背定程之度量衡，每使相對人受其欺騙，但此並非本罪之特質，故因行使違背定程之度量衡，具有詐欺之情形時，仍成第三百三十九條之詐欺罪，依牽連犯規定處斷。從事於業務之人關於其業務犯本罪者，加重處罰（同條第二項）。違背定程之度量衡，不問屬於犯人與否，沒收之（第二百零九條）。

第十五章　偽造文書印文罪

文書在表示用意之證明，印文則在表現印信之符號，兩者對於社會信用及國權行使，均極重要，故偽造文書印文罪所保護之法益，為文書及印文之信用，侵害者兼及社會法益及個人法益。

偽造文書罪與偽造有價證券罪，性質上並不相同：

偽　造　文　書　罪	偽　造　有　價　證　券　罪
①行為客體為文書或符號。	①行為客體為有價證券。
②分為有形及無形之偽造。	②僅可為有形之偽造。
③以足生損害公眾或他人為必要。	③祇以意圖供行使之用已足。
④偽造之文書並無流通性。	④偽造之證券有流通性。
⑤處罰偽造變造與行使行為。	⑤兼及收集與交付行為。
⑥不包括詐欺意思在內。	⑥含有詐欺之成分在內。

如偽造文書後，復偽造有價證券而行使之，應如何適用法律？依法理言，偽造有價證券而行使之，其行使之輕行為應為偽造之重行為所吸收，祇論以偽造罪，證券所蓋之印文為構成證券之一部，所刻之印章係偽造之階段行為，皆不另成罪。故偽造文書後，進而偽造有價證券而行使之，如有方法結果之關係，應從一重處斷。

一、偽造變造私文書罪

偽造變造私文書，足以生損害於公眾或他人者，構成本罪，處五年以下有期徒刑（第二百十條）。其要件為：

㈠本罪之目的物，須為私文書　「文書」乃以文字或符號，表示一

定用意之證明，其以私人資格制作之文書，即為私文書。必以無制作權之人，冒用他人名義，而制作該文書為限，如自己制作之文書，雖記載不實，祇屬虛妄行為，不成本罪。本罪保護之法益，乃文書之真實性與公共之信用，並非側重於制作權之個人，故文書名義之他人，雖已死亡，或實無其人，如有損害之虞，仍足成立本罪。

　　㈡須有偽造變造私文書之行為　「偽造」指捏造他人名義制作文書。「變造」乃無制作權者，就他人所制作之真正文書，變更其內容。必須作成文書之名義人出於假冒虛構，且文書之內容亦必不實始可。

　　㈢偽造變造之結果，須足以生損害於公眾或他人　僅以足生損害於公眾或他人為已足，不以公眾或他人果受現實損害為必要。所謂足生損害，係指他人有可受法律保護之利益，因此遭受損害或有受損害之虞而言，若他人對行為人原負有制作某種文書之義務而不履行，由行為人代為制作，既無損於他人之合法利益，自與偽造文書罪之構成要件不合（五〇臺上一二六八）。

　　實例如下：

　　　①本章偽造文書及行使二罪，處刑相等，如偽造後而復行使者，應以後行為吸收前行為（二四、七刑會）。

　　　②偽造私文書，足以生損害於公眾或他人，祇須偽造時足以發生損害為已足，至真正名義人之事後追認，與已成立之罪名，並無影響（二五上二一二三）。

　　　③偽造文書罪，一方侵害社會法益，同時具有侵害個人法益之故意，其受損害之個人，自可提起自訴（院一七〇二）。

　　　④變造文書，指無制作權者，就他人所制作之真正文書，加以改造而變更其內容。若將有制作權者簽名蓋章之空白文書移作別用，則其始本無文書之內容存在，即非就其真實內容加以變造，自屬文書之偽造行為，不得以變造論（二八上二二

七八）。

⑤盜用印文偽造文書，其盜用印文吸收於偽造文書之內，不另論罪（二八、七刑會）。

⑥偽造印章用以偽造文書而行使之，其偽造印章為預備行為，應吸收於後行為，論以行使偽造文書一罪（二九、二刑會）。

⑦使用偽造之證據，誣告他人犯罪，其使用偽造證據之行為，為誣告行為所吸收，祇成立第一百六十九條第一項之罪。如具備偽造文書之構成要件，則偽造文書進而行使持以誣告，應依誣告及行使偽造文書二罪，從一重處斷（四七臺上九一九）。

⑧偽造他人之放款約定書及保證書，持向農會取得貸款，即係以行使偽造私文書之方法，使人陷於錯誤，而將其財物交付，應依行使偽造私文書及詐欺二罪，從一重處斷（五〇臺上七三四）。

⑨上訴人將偽造之稅戳蓋於私宰之豬皮上，用以證明業經繳納稅款，係以詐欺之方法圖得財產上不法之利益，而偽造刑法第二百二十條以文書論之公文書且足以生損害於公眾或他人，自屬觸犯同法第二百十一條、第三百三十九條第二項之罪，應依同法第五十五條，從一重處斷(四九臺上一四七三)。

⑩影本與原本可有相同之效果，如將原本予以影印後，將原本之部分內容竄改，重加影印，其與無制作權人將其原本竄改，作另一表示其意思者無異，應成立變造文書罪（七二、十二刑會）。

⑪工人在工資表或工資清單上蓋章，係表示領訖工資，乃其出具之一種略式收據，自係該工人之私文書（七二臺上五三〇、七二臺上六九〇〇）。

⑫機車引擎號碼，係機車製造廠商出廠之標誌，乃表示一定用意之證明，依刑法第二百二十條規定應以私文書論。上訴人將原有舊機車上之引擎號碼鋸下，用強力膠粘貼於另一機車引擎上，乃具有創設性，應屬偽造而非變造（六一臺上四七八一）。

⑬臺灣地區入出境保證書，若其所載內容係保證人對於被保證人來臺後負多項保證責任，如有違反，保證人願接受法令懲處等文字，應屬私文書（七○臺上二二一）。

⑭上訴人在支票背面偽造張某之署押，以為背書，其偽造支票背書，在票據法上係表示對支票負擔保責任之意思，為法律規定之文書，並非依習慣表示一定用意之證明，而其此項行為，足以生損害於他人，故應成立偽造私文書罪。又其所偽造之此項署押，依法固應成立偽造私文書罪，但仍不失為偽造之署押，應依刑法第二百十九條宣告沒收（七○臺上二一六二）。

⑮法院送達證書乃表示收領訴訟文書送達之證明，雖證書內容由送達人制作，但應由受送達人簽名蓋章或捺指印，以證明送達，為法律規定之文書，其冒名簽收或蓋用偽造印章以示簽收，仍屬偽造私文書（七○臺上五七八二）。

⑯被告冒充某甲，在定期放款借據上，偽造某甲之署押，以示保證之意思，顯係偽造保證之文書，其行為非僅止於偽造署押而已（六一臺上四七八一）。

二、偽造變造公文書罪

偽造變造公文書，足以生損害於公眾或他人者，構成本罪，處一年以上七年以下有期徒刑（第二百十一條）。本罪必用公務員名義，且關於

其職務上所制作之文書為限，如其文書作成之名義為私人，或雖用公務員名義制作而非關於職務者，仍為私文書，但私人制作之文書，而已蓋用公印編訂於公文書內者，則以公文書論。一行為同時偽造私文書及公文書者，為想像競合犯，從一重處斷。將偽造之稅戳，蓋於私宰之豬皮上，用以證明業經繳納稅款，係以詐欺方法，圖得財產上不法利益，而偽造第二百二十條以文書論之公文書，其從事銷售，自屬觸犯第二百十六條、第二百十一條、第三百三十九條第二項之罪，依行使偽造公文書及詐欺二罪，從一重處斷（釋三六，四九臺上一四七三）。實例認為印鑑證明書，大都於不動產物權或於法律上重要權利之得喪、變更有重大影響之事項，作為當事人表示真意之主要憑證，自不在第二百十二條範圍之內（七〇臺上四九八六）。又如汽車牌照為公路監理機關所發給，因具有公文書性質，惟依道路交通安全規則第十二條規定，汽車牌照僅為行車之許可憑證，自屬於第二百十二條所列特許證之一種，對變造汽車牌照，即無第二百十一條之適用（六三臺上一五五〇）。

三、偽造證書介紹書罪

偽造變造護照、旅券、免許證、特許證及關於品行、能力、服務或其他相類之證書、介紹書，足以生損害於公眾或他人者，構成本罪，處一年以下有期徒刑、拘役或三百元以下罰金（第二百十二條）。除列舉護照、旅券及免許證、特許證外，關於品行能力服務之證書及介紹書，指畢業證書、考試及格證書、醫師證書、律師證書、會計師證書、國民身分證之類。其他相類之證書介紹書，指與品行能力服務之證書介紹書相類似之文書，如差假證之類。偽造本條之文書，究應適用何種法條處斷？論者頗有爭執，茲分述之：

　㈠就法理言，偽造本條之文書，非偽造或盜用印文或公印文，不能完成此類文書之效用，是以上項印文或公印文為此類文書之一部，雖第

二百十七條或第二百十八條之處罰，均較第二百十二條為重，但偽造印文既為偽造此類文書之局部行為，依充實行為吸收局部行為之原則，自無庸論以偽造或盜用印文之罪,尤不發生第五十五條從一重處斷之餘地，否則偽造此類文書，勢必為偽造或盜用印文罪所吸收，第二百十二條等於虛設，永無單獨適用之機會（三〇上二九八三、三一上七四四參照）。

　　㈡就實務言，判解均認為偽造學校畢業證書（其他如出國護照等亦同），並偽造主管教育機關之公印，加蓋其上者，應成立第二百十二條、第二百十八條第一項之罪,並依第五十五條從一重處斷(院解三〇二〇)。蓋偽造公印，第二百十八條既有獨立處罰之規定，且較第二百十二條之處罰為重，則於偽造第二百十二條之文書，同時偽造公印者，即難僅論以該條之罪，而置第二百十八條處刑較重之罪於不問（釋八二）。

　　學者間多認除院解字第三〇二〇號解釋所列學校畢業證書以外之證書，概依第二百十二條處斷，不得更依第二百十七條或第二百十八條論以牽連之罪，余亦從之。

　　近來使用影本情形甚為普遍，影本與原本可有相同之效果，如將原本予以影印後，將影本之部分內容竄改，重加影印，其與無制作權人將其原本竄改，作另一表示其意思者無異，應成立變造文書罪（七三臺上三八八五）。將偽造證書複印或影印，與抄寫或打字不同，其於吾人實際生活上可替代原本使用，被認為具有與原本相同之信用性，故在一般情況下可予通用,應認其為與原本作成名義人直接所表示意思之文書無異，自非不得為犯刑法上偽造證書罪之客體（七五臺上五四九八）。

四、公務員登載不實罪

　　公務員明知為不實之事項，而登載於職務上所掌之公文書，足以生損害於公眾或他人者，構成本罪，處一年以上七年以下有期徒刑（第二百十三條）。其要件為：

㈠犯罪主體，須為公務員。

㈡須明知為不實之事項，而登載於職務上所掌之公文書　在主觀上須明知為不實，所謂「明知」指直接故意而言，「不實之事項」，指其事項為不實在，究為全部或一部，在所不問。「職務上所掌」指公務員在職務範圍內有權掌管而言，但不以常在掌管中為限。

㈢須其不實之登載，足以生損害於公眾或他人　僅以足生損害為已足，不以有無生損害於公眾或他人之犯意，及實際上已否生損害為必要（三一上一八二六，四七臺上一九三）。

本罪，既以「明知」為成立要件，故其對於所登載之事項，必確知其並非實在始可。若無明知不實，或並無不實，而處分不當或登載錯誤者，不至成立本罪。如無權登載之公務員而制作不實之公文書，乃偽造公文書，應成立第二百十一條之罪，即就真正之公文書為不實之登載者，亦為變造，均與本罪登載不實之情形有別。蓋公文書之偽造，以他公務員名義制作文書，內容既屬虛構，文書形式亦屬虛偽，故為有形偽造之一種。而本條之登載不實罪，係公務員就自己制作之公文書，為不實之登載，內容雖屬虛構，而文書形式，究屬實在，故為無形偽造之一種，兩者性質不同，應予分辨。

明知為不實之事項，而使公務員登載於職務上所掌之公文書，足以生損害於公眾或他人者，處三年以下有期徒刑、拘役或五百元以下罰金（第二百十四條）。其犯罪主體，為有登載職務之公務員以外之人，與第二百十三條之限於公務員之情形不同。本罪使公務員居於被動地位，而為不實之登載，並非偽造他人之文書，亦只無形偽造之一種。

「使公務員為不實之登載」，與「教唆公務員為不實之登載」，應嚴予分別。前者係利用公務員之不知其不實，而使之登載；後者則唆使公務員知其不實而登載。如被唆使之公務員，明知為不實而受其指使，仍為不實之登載時，指使者雖無公務員身分，依第三十一條規定，仍應負

第二百十三條之共犯責任（二八上二九四一）。又第二百十三條之罪係因身分而成立，與第一百三十四條但書所謂因公務有關之身分已特別規定其刑之情形相當，故犯公務員登載不實之罪時，因有上開但書規定不得再依同條前段，加重其刑（五二臺上二四三七）。實例認為：

① 凡對公務員有所申請，所提供之資料，雖有不實在之情形，但未為該公務員採取者，即不足構成刑法第二百十四條之罪責（六九臺上七三二）。

② 刑法第五條第五款所指犯刑法第二百十四條、第二百十六條之罪，其所謂公務員職務上所掌之公文書，係指我國公務員（如駐外使、領館人員）職務上所掌管之我國公文書而言。至於在我國境外使外國公務員在其職務上所掌之外國公文書為不實之登載，自不在我刑法保護範圍之內（六九臺上二六八五）。

③ 參加有官股百分之五十以上之商業銀行，其服務之職員，雖可視為刑法上之公務員，但人民向其申請開立支票存款帳戶，銀行為之核准，尚非執行政府公務，純屬私法上之行為，縱使銀行職員為不實之登載，亦難繩以刑法第二百十四條之罪（六九臺上二九八二）。

④ 檢察官就牽連犯之一部事實起訴者，依刑事訴訟法第二百六十七條之規定，其效力及於全部，又刑法第二百十四條規定之明知不實之事項，而使公務員登載於職務上所掌之公文書罪，凡對於所登載之事項，確知其非實在，向公務員為虛偽之聲明，利用公務員不知其事項之不實而登載於職務上掌管之文書皆屬之（七〇臺上三八二一）。

⑤ 刑法第二百十四條所謂使公務員登載不實事項於公文書罪，須一經他人之聲明或申報，公務員即有登載之義務，並依其

所為之聲明或申報予以登載，而屬不實之事項者，始足構成，若其所為聲明或申報，公務員尚須為實質之審查，以判斷其真實與否，始得為一定之記載者，即非本罪所稱之使公務員登載不實。上訴人等以偽造之杜賣證書提出法院，不過以此提供為有利於己之證據資料，至其採信與否，尚有待於法院之判斷，殊不能將之與「使公務員登載不實」同視（七三臺上一七一〇）。

五、業務上登載不實罪

從事業務之人，即知為不實之事項，而登載於其業務上作成之文書，足以生損害於公眾或他人者，構成本罪，處三年以下有期徒刑、拘役或五百元以下罰金（第二百十五條）。其要件為：①本罪主體，須為從事業務之人。②須明知為不實之事項，而登載於業務上作成之文書。③須足生損害公眾或他人。本罪以凡從事於一切業務之人，關於其業務上作成之文書，例如律師，會計師，醫師等所為不實之登載，凡基於其業務作成者，均包括在內。如明知為不實之事項，使從事業務之人登載於其業務上所掌之文書，仍應分別情形，依第三十一條規定論處。又本罪非偽造他人之文書，亦屬無形偽造之一種。

實例如下：

①刑法第二百十五條所謂業務上作成之文書，係指從事業務之人，本於業務上作成之文書者而言（四七臺上五一五）。

②上訴人係鄉農會出納員，先後挪用該農會信用部活期存款新臺幣二十餘萬元，嗣後為圖彌縫，乃將存款日結單加以偽造，使帳面平衡，足生損害於農會。其利用掌管現金之便，挪用業務上所持有之款項，變易持有為所有，縱事後將款歸還農會，要無礙於其業務上侵占罪之成立，先後侵占行為犯意概

括，應以連續犯一罪論。所犯侵占與其事後彌縫之偽造文書行為，意思各別，應予併合論處（六三臺上二一六四）。

③營利事業填報不實之扣繳憑單以逃漏自己稅捐者，除成立稅捐稽徵法第四十一條之罪名外，在方法上又犯刑法第二百十六條，第二百十五條之罪名，應從一重處斷（七一臺上一一四三）。

六、行使偽造變造或登載不實之文書罪

行使第二百十條至第二百十五條之文書者，依偽造變造文書或登載不實事項或使登載不實事項之規定處斷（第二百十六條）。本罪如不知各該條之文書而行使，不成犯罪。且其必持以主張權利，或充作證明，或證據方法，或交付他人，皆為行使既遂。實例上認為本條之行使罪與各該罪之刑度相等，而論其情節，又以行使為重，應從行使罪處斷（一九上一八九、一九上九一一）。故偽造文書而行使之，其偽造與行使二罪，處刑相等，應以後行為吸收前行為，仍成吸收犯（二四、七刑會，三〇上三二三二）。本罪之行使，每為侵占、詐欺、背信等罪之方法，因本罪並非當然有取得不法利益之觀念，故有利用此等犯罪行為時，仍有牽連犯規定之適用。至行使偽造貨幣及有價證券罪，其性質上當然含有詐欺取財之觀念，故不另成立詐欺罪，亦無第五十五條之適用。又如未受債權人委託而擅用其名義對債務人具狀起訴，並於判決確定後請求執行，若係意圖為自己或第三人不法之所有，應成立詐欺及行使偽造私文書罪（院一四五六）。而行使影本作用與原本相同，偽造私文書後持以行使其影本，偽造之低度行為為高度之行使行為所吸收，應論以行使偽造私文書罪（七〇臺上一一〇七）。至於第二百五十三條、第二百五十四條、第二百五十五條所定之妨害農工商各罪，並非當然包括詐欺罪在內。如出賣偽造之劣質飲料，對於不知情之買受人另應成立詐欺罪名，與妨害農

工商及行使偽造私文書二罪，分別依想像競合犯或牽連犯處斷（七○臺上七二九七）。下列實例，可供參考：

①支票上之背書，係發票後之另一票據行為，上訴人在其偽造之支票背面，偽造某甲署押為背書並達行使之程度，自足以生損害於某甲，顯屬另一行使偽造私文書之行為，乃原判決及第一審判決均以偽造上項背書，為偽造有價證券之一部，自難謂無違誤（五九臺上二五八八）。

②上訴人利用電話口述，使不知情之某報社工作人員，在報上刊登冒用臺北市第十信用合作社簡稱「十信」名義之廣告，應成立偽造私文書罪之間接正犯，刊登廣告，藉報紙之販賣而流傳，已達行使之程度，應依行使偽造私文書罪論擬（六七臺上一四二二）。

③營利事業填報不實之扣繳憑單以逃漏自己稅捐者，除成立稅捐稽徵法第四十一條之罪名外，在方法上又犯刑法第二百十五條、第二百十六條之罪名，應從一重處斷（七一臺上一一四三）。

④所謂行使偽造之文書，乃依文書之用法，以之充作真正文書而加以使用之意，故必須行為人就所偽造文書之內容向他方有所主張，始足當之；若行為人雖已將該文書提出，而尚未達於他方可得瞭解之狀態者，則仍不得謂為行使之既遂。查上訴人既係僱用何某為其裝載私宰並加蓋偽造稅戳之毛豬屠體，欲運往三重市交肉商售賣，但於尚未到達目的地前，即在途中之新莊市為警查獲，是該私宰之毛豬，仍在上訴人占有之中，並未向他方提出作任何主張，顯未達到行使既遂之程度，殊為明顯，自不能依刑法第二百十六條之規定對之處罰（七二臺上四七○九）。

七、偽造印文罪

偽造印文罪　因行為客體之不同，區別為二：

㈠偽造印文罪

偽造印章、印文或署押，足以生損害於公眾或他人者，處三年以下有期徒刑（第二百十七條一項），盜用印章、印文或署押，足以生損害於公眾或他人者，亦同（同條二項）。「盜用」指無使用權之人，盜取他人印章印文而使用之，即持有他人之印章，未經本人同意，擅自使用者，亦成本罪。如盜而未用，自不成本罪，自與竊盜罪不生牽連關係。

實例如下：

①偽造私文書內兼偽造印章或署押，其印章署押，認為構成文書之一部，祇論偽造私文書罪（二四、七刑會）。

②盜用印文偽造文書，其盜用印文吸收於偽造文書之內，不另論罪（二八、七刑會）。

③偽造印章，本屬偽造文書之預備行為，偽造印文署押，則屬偽造文書行為之一部，僅成偽造文書罪（三〇上三二三二）。

④以偽造印文之目的，而偽造印章者，雖未偽造印文，仍成立偽造印章罪。偽造印章後，再偽造印文者，亦祇成立偽造印文罪，無第五十五條之適用（三〇上三二三二）。

⑤因偽造私文書詐財，其偽造他人之印章，及蓋用偽印文於委託函上，係屬偽造私文書行為之一部，不另構成偽造印章印文之罪（四四臺上八六四）。

⑥偽造支票背書，在票據法上係表示對支票負擔保責任之意思，為法律規定之文書，並非依習慣表示一定用意之證明，故應成立第二百十條之偽造私文書之罪（六四、七刑會，六九臺上一三二〇），尚難以偽造公印罪相繩（六〇臺上一七四六）。

⑦刑法為國內法，其第二百十八條第一項之偽造公印，係指偽造表示本國公署或公務員資格之印信而言。偽造表示外國公署或外國公務員資格之印信，僅足構成同法第二百十七條偽造印章之罪，尚難以偽造公印罪相繩（六○臺上一七四六）。

⑧原判決既認被告冒充某甲，在定期放款借據上偽造某甲之署押，以示承擔保證之意思，顯係偽造保證之文書，其行為非僅止於偽造署押，乃原判決僅以偽造署押罪相繩，自有違誤（六一臺上四七八一）。

⑨郵政存簿儲金提款單儲戶姓名欄填寫儲戶姓名，與填寫帳號之用意相同，僅在識別帳戶為何人，以便郵政人員查出存戶卡片，既非表示儲戶本人簽名之意思，則未經儲戶本人授權而填寫其姓名，尚不生偽造署押問題，原第一審判決竟認為係偽造蘇某署押，並依刑法第二百十九條諭知沒收，自屬於法有違（七○臺上二四八○）。

㈡偽造公印文罪

　　偽造公印或公印文者，處五年以下有期徒刑（第二百十八條一項）。盜用公印或公印文，足以生損害於公眾或他人者，亦同（同條二項）。本罪所偽造者，係公印或公印文，即已構成，並不以足生損害於公眾或他人為必要。蓋一有偽造，罪即成立，當然足生損害，無須再加規定。如真正私文書偽造公印文，應以偽造公印文處斷（二四、七刑會）。又偽造私文書兼偽造公印文，其偽造公印文為偽造私文書之方法，依第五十五條從一重處斷（二四、七刑會）。

　　偽造之印章印文或署押，不問屬於犯人與否，沒收之（第二百十九條）。此限於印章印文及署押，而不及於公印文，蓋公印為印章之一種，公印文亦屬印文，均包括偽造之公印、公印文在內。至支票上偽造之印文署押，已因支票之沒收而包括在內，審判上不得重為沒收之諭知，是

為當然（六三臺上二七七〇）。又刑法第二百十八條第一項所稱之公印，指表示公務機關或機關長官資格及其職務之印信而言，即俗稱大印與小官章，若僅為證明稅款已經繳納之稅戳，其效用顯然不同，自難以公印論（七一臺上一八三一）。

　　刑法上偽造文書罪之行為客體，除公文書及私文書外，依第二百二十條第一項規定：「在紙上或物品上之文字、符號、圖畫、照像，依習慣或特約足以為表示其用意之證明者，關於本章及本章以外各罪，以文書論。」此種以文書論之文書，係一種補充規定，蓋公私文書，均得以文字在紙上表示其意思，而「以文書論」之文書，祇能表示其用意之證明，例如電報之密碼、錄音、錄影、電磁紀錄、完稅之印戳等，範圍至為廣泛，原非當然為文書，不過法律上賦予文書之效力而已，故與公私文書有別。實例上以稅務機關之稅戳蓋於物品上，用以證明繳納稅款者，依第二百二十條規定應以文書論，用偽造稅戳蓋於其所私宰之牛肉銷售，成立第二百十六條之罪，依第二百十一條處斷（釋三六）。又如偽刻臺糖飼料檢驗用之戳記，加蓋於換裝飼料出售之紙袋，表示業經臺糖公司檢驗合格，即與刑法第二百二十條第一項所稱足以表示其用意之證明者相當，其連續行使此種偽造以文書論之公文書，自係足生損害於公眾之行為（五五臺上三〇五）。至於偽造印章蓋於支票之背面即係偽造背書，其性質係屬偽造私文書，不待依習慣或特約，即足認定其用意之表示，無刑法第二百二十條第一項之適用（六四臺上一五九七）。又錄音、錄影或電磁紀錄，藉機器或電腦之處理所顯示之聲音、影像或符號，足以為表示其用意之證明者，亦同（第二百二十條第二項）。上項所稱電磁紀錄，指以電子、磁性或其他無法以人之知覺直接認識之方式所製成之紀錄，而供電腦處理之用者而言（第二百二十條第三項）。

第十六章　妨害性自主罪

一、強制性交罪

㈠普通強制性交罪

對於男女以強暴、脅迫、恐嚇、催眠術或其他違反其意願之方法為性交者，處三年以上十年以下有期徒刑，並罰其未遂犯（第二百二十一條第一、二項）。準此，強制性交罪不再只是處罰男對女使用強制手段，至使婦女不能抗拒而加以姦淫之行為，而是包括女對女、女對男、男對男、男對女使用違反被害人意願之方法，發生以性器進入被害人性器的常態性行為，以及以性器進入被害人的肛門或口腔的肛交或口交，或以性器以外的其他身體部位或器物進入被害人的性器或肛門等異態性行為或變態性行為，均包括在內，其構成要件為：

1. 被害客體男女均可　所稱男女，兼已婚未婚在內，其年齡並無限制，但對十四歲以下之男女犯之者，屬於第二百二十二條加重強制性交罪，宜加注意。
2. 須以強暴、脅迫、恐嚇、催眠術或其他違反被害人意願之方法為手段　除上述列舉之方法外，並無如舊刑法以「他法」概括之規定，尤非男對女使用強制手段，至使婦女不能抗拒之姦淫行為。
3. 須有性交之行為　關於性交之定義，詳見第十條第五項之規定。

㈡加重強制性交罪

犯第二百二十一條之罪而有下列情形之一者，處無期徒刑或七年以上有期徒刑，並處罰其未遂犯（第二百二十二條第一、二項）：

一、二人以上共同犯之者。

二、對十四歲以下之男女犯之者。

三、對心神喪失、精神耗弱或身心障礙之人犯之者。

四、以藥劑犯之者。

五、對被害人施以凌虐者。

六、利用駕駛供公眾或不特定人運輸之交通工具之機會犯之者。

七、侵入住宅或有人居住之建築物、船艦或隱匿其內犯之者。

八、攜帶兇器犯之者。

本條所列八種犯罪類型，第一款為修正前第二百二十二條之輪姦情形，第二款為對於抵抗力弱者為之，第三款為修正前第二百二十五條第一項之情形，再加上其他身心有障礙者(如身心障礙者保護法所規定之情形)，第四款以藥劑犯之，使被害人毫無抵抗能力，且有害其健康，第五款加重對被害人身心之傷害，惡性重大，第六款妨害行之自由及交通之安全，使被害人難以求救，第七款侵入或隱匿其內犯之，加重被害人之恐懼，第八款之攜帶兇器（例如槍彈刀械）使被害人難以抗拒。

二、強制猥褻罪

(一)普通強制猥褻罪

對於男女以強暴、脅迫、恐嚇、催眠術或其他違反其意願之方法，而為猥褻之行為者，構成本罪，處六月以上五年以下有期徒刑（第二百二十四條）。本罪之客體不分男女，所稱「猥褻」，指性交以外之足以滿足或興奮性慾之行為，故以行姦之意思，施以強脅手段，縱未得姦，乃強制性交未遂而非猥褻。又本罪觀念中當然包含妨害自由罪在內，故其侵害被害人之自由，並無第五十五條之適用（四四臺上五〇三）。

(二)加重強制猥褻罪

犯第二百二十四條之罪而有第二百二十二條第一項各款情形之一者，構成本罪，處三年以上十年以下有期徒刑（第二百二十四條之一）。

三、乘機性交猥褻罪

㈠乘機性交罪

對於男女利用其心神喪失、精神耗弱、身心障礙或其他相類之情形，不能或不知抗拒而為性交者，處三年以上十年以下有期徒刑（第二百二十五條第一項）。本罪並罰其未遂犯（同條第三項）。判例認為：告訴人指稱被告在告訴人熟睡中壓在其身上感痛驚醒拼命抗拒，被告將伊兩手捉住，用左手壓住伊嘴，再以右手拉脫其內褲等情，如果非虛，即已著手強制行為而進入強制性交未遂階段，核與乘機性交未遂之情形不同（六〇臺上三三三五）。

㈡乘機猥褻罪

對於男女利用其心神喪失、精神耗弱、身心障礙或其他相類之情形，不能或不知抗拒而為猥褻之行為者，構成本罪，處六月以上五年以下有期徒刑（第二百二十五條第二項）。本罪之客體不分男女，均足構成。

犯第二百二十一條、第二百二十二條、第二百二十四條、第二百二十四條之一或第二百二十五條之罪，因而致被害人於死者，處無期徒刑或十年以上有期徒刑，致重傷者，處十年以上有期徒刑（第二百二十六條第一項），必被害人之死亡或重傷，係由於犯各該罪之行為所致，但行為人對於死亡之結果，則無故意可言。如因而致被害人羞憤自殺，或意圖自殺而致重傷者，處十年以下有期徒刑（同條第二項）。犯第二百二十一條、第二百二十二條、第二百二十四條、第二百二十四條之一或第二百二十五條之罪，而故意殺被害人者，處死刑或無期徒刑，使被害人受重傷者，處無期徒刑或十年以上有期徒刑（第二百二十六條之一）。本條之罪指故意犯而言，過失犯不包括在內。

四、準強制性交猥褻罪

依第二百二十七條第一至第四項之規定，下列情形論以準強制性交或準強制猥褻罪，其第一項、第三項之未遂犯罰之：

1. 對於未滿十四歲之男女為性交者，處三年以上十年以下有期徒刑。
2. 對於未滿十四歲之男女為猥褻之行為者，處六月以上五年以下有期徒刑。
3. 對於十四歲以上未滿十六歲之男女為性交者，處七年以下有期徒刑。
4. 對於十四歲以上未滿十六歲之男女為猥褻之行為者，處三年以下有期徒刑。

十八歲以下之人犯前條之罪者，減輕或免除其刑（第二百二十七條之一）。

五、利用權勢為性交猥褻罪

對於因親屬、監護、教養、教育、訓練、救濟、醫療、公務、業務或其他相類關係受自己監督、扶助、照護之人，利用權勢或機會為性交者，處六月以上五年以下有期徒刑。因前項情形而為猥褻之行為者，處三年以下有期徒刑，並處罰第一項之未遂犯（第二百二十八條第一、二、三項）。

六、詐術性交罪

以詐術使男女誤信為自己配偶，而聽從其為性交者，構成本罪，處三年以上十年以下有期徒刑，並罰其未遂犯（第二百二十九條）。其要件為：

㈠施用詐術　即以詐欺方法，使男女誤信。

㈡使男女誤信為自己配偶　必被害人因其詐術，致陷於錯誤，誤信犯人係自己之配偶，始克相當。

㈢聽從其為性交　如男女因其詐術而誤信為將來可以結婚，而先與之和姦者，不成本罪（二八上三八），故本罪之構成，以聽從性交為其要件之一。

對配偶犯第二百二十一條之罪者，或未滿十八歲之人犯第二百二十七條之罪者，須告訴乃論（第二百二十九條之一）。

第十六章之一　妨害風化罪

一、近親性交罪

與直系或三親等內旁系血親為性交者，構成本罪，處五年以下有期徒刑（第二百三十條）。因有逆倫常，雖未違反其意願而為性交，亦應處罰。其年齡及已否結婚，雖可不問，惟未滿十四歲之女子，或十四歲以上未滿十六歲之女子，縱得同意而為性交者，仍依第二百二十七條處罰，不成本罪。

本條之罪，須告訴乃論（第二百三十六條）。

二、引誘性交猥褻罪

㈠圖利使人為性交猥褻罪

意圖使男女與他人為性交或猥褻之行為，而引誘、容留或媒介以營利者，處五年以下有期徒刑，得併科十萬元以下罰金，以詐術犯之者，亦同（第二百三十一條第一項）。其要件為：

1. 須意圖營利　已否獲有實際利益，與本罪成立無關，且亦不以反覆為之為限。

2. 須有引誘、容留、媒介或施用詐術之事實　「引誘」，指男女本無與人性交或猥褻之意思，因其勾引勸誘，始決意與人性交或猥褻，如自願為之，即與引誘條件不合（二八上四〇二〇，七二臺上六五二六）。「容留」，則指提供場所而言，「媒介」，係指介紹他人為性交或猥褻。

3. 須使男女與他人為性交或猥褻之行為
本罪雖無年齡規定，但被引誘人如係未滿十六歲之男女，應依第二

百三十三條處斷（院一六八）。如意圖營利，和誘或略誘未滿二十歲之男女，或有配偶之人脫離家庭後，更誘使之為性交或猥褻之行為者，另成立第二百四十條或第二百四十一條之罪，並有第五十五條之適用。

㈡圖利強制使人為性交猥褻罪

意圖營利，以強暴、脅迫、恐嚇、監控、藥劑、催眠術或其他違反本人意願之方法，使男女與他人為性交或猥褻之行為者，處七年以下有期徒刑，得併科三十萬元以下罰金（第二百三十一條之一第一項）。本罪之成立，除意圖營利外，尚須以強制手段為之。如有媒介、收受、藏匿前項之人或使之隱避者，處一年以上七年以下有期徒刑（同條第二項）。以犯前二項之罪為常業者，處十年以上有期徒刑，得併科五十萬元以下罰金（同條第三項）。公務員包庇他人犯前三項之罪者，依各該項之規定加重其刑至二分之一（同條第四項）。此因公務員身分之特別規定，如犯此罪，自不能再依第一百三十四條加重其刑。又本條第一項之未遂犯罰之，以期遏止色情氾濫。

㈢引誘容留媒介與自己有特定關係者與人為性交猥褻罪

對於第二百二十八條所定自己監督、扶助、照護之人，或夫對於妻，犯第二百三十一條第一項、第二百三十一條之一第一項、第二項之罪者，依各該條項之規定加重其刑至二分之一（第二百三十二條）。所稱「夫對於妻」，以具有夫之身分之人始能成立，他人若與被害人之夫共同犯之，應依第三十一條第二項規定論以第二百三十一條第一項之罪（五八臺上二二七六）。

㈣引誘容留媒介未滿十六歲男女罪

意圖使未滿十六歲之男女與他人為性交或猥褻之行為，而引誘、容留或媒介之者，處五年以下有期徒刑、拘役或五千元以下罰金。以詐術犯之者，亦同（第二百三十三條第一項）。原條文僅有「引誘」一項，修正後增列「容留」「媒介」二項，係因容留與媒介行為與引誘行為之惡性

相當，以此手段犯之，嚴重破壞社會善良風氣，爰規定處以較重之刑度。本罪之成立，不問有無營利之意圖，故為第二百三十一條第一項之特別規定，其基本犯罪事實均係引誘、容留、媒介或以詐術犯之，僅因被害人年齡未滿十六歲而異其處罰而已（六九臺上四〇八二）。意圖營利犯本條第一項之罪者，處一年以上有期徒刑，得併科五萬元以下罰金（同條第二項）。如意圖營利，引誘、容留、媒介或以詐術使未滿十六歲之男女與他人為性交或猥褻之行為，並以此為常業者，縱其行為合於第二百三十三條之情形，仍應依第二百三十一條第二項常業犯規定論科（二七上二二一四）。

三、公然猥褻罪

意圖供人觀賞，公然為猥褻之行為者，處一年以下有期徒刑、拘役或三千元以下罰金（第二百三十四條第一項）。公然係指在不特定人或多數人可以共聞之狀況（院二〇三三）。至於猥褻則指逗引或滿足性慾之一切行為，但以猥褻之動作為限，不包括性交行為在內。若意圖營利犯前項之罪者，處二年以下有期徒刑、拘役或科或併科一萬元以下罰金（同條第二項）。

四、散布播送販賣猥褻物品罪

散布、播送或販賣猥褻之文字、圖畫、聲音、影像或其他物品，或公然陳列，或以他法供人觀覽、聽聞者，處二年以下有期徒刑、拘役或科或併科三萬元以下罰金（第二百三十五條第一項）。意圖散布、播送、販賣而製造、持有前項文字、圖畫、聲音、影像及其附著物或其他物品者，亦同（同條第三項）。本條項之行為計有製造與持有二種，其持有之意思在於散布、播送或販賣，乃屬當然。至單純之持有，不成本罪。又犯本條之罪，其文字、圖畫、聲音或影像之附著物及物品，不問屬於犯人與否，沒收之（同條第三項）。

第十七章　妨害婚姻及家庭罪

一、重婚罪

重婚罪，依第二百三十七條規定，情形有二：

(一)重婚罪

有配偶而重為婚姻，或同時與二人以上結婚者，構成本罪，處五年以下有期徒刑（第二百三十七條前段）。行為態樣如下：

1. 有配偶而重為婚姻者

(1)須已有配偶　必已經結婚，而夫妻關係現尚存續中，如有撤銷之原因，在未撤銷前，仍受保護。本國人民在國外犯重婚罪，縱回國同居，不成本罪（院解三六一九）。

(2)須重為婚姻　即夫妻關係尚在存續中，重與他人正式結婚，而重為婚姻必須具備民法第九百八十二條所定婚姻之形式為必要，故未經正式婚姻，縱事實上同居，亦僅構成通姦罪。重婚行為完成後，其配偶死亡者，仍成本罪（二八上一九二九）。如與有夫之婦，故設騙局，佯為與人結婚，陰圖詐財者，乃詐欺行為，不成本罪之共犯（二八上二一八九）。

2. 同時與二人以上結婚者

(1)於結婚時本無婚姻關係存在　重婚罪之成立，必以婚姻成立為前提，婚姻成立依民法第九百八十二條規定，應有公開之儀式及二人以上證人，否則婚姻為無效，不得以重婚論（六九臺上一八四〇）。

(2)同時與二人以上結婚　即同時結婚，但以具有事實上結婚已足，蓋同時結婚，本均無對抗他人之效力，雖其一方之結婚為

得撤銷之原因，仍成本罪。

㈡相 婚 罪

與有配偶之人結婚者，構成本罪（第二百三十七條後段）。必明知或預見對方已有配偶，或所與結婚之人，不止一人，而仍與相結婚為必要。若缺此要件，他方雖成立重婚罪，此方未必成立相婚罪也。男女雙方均重為婚姻，或同時與二人以上結婚者，雖互為相婚人，然祇能論為一個重婚罪，不能更論以相婚罪。

實例如下：

①重婚罪為即成犯，在結婚時犯罪行為已經終了，其結婚後之婚姻存續狀態，不能認為犯罪行為之繼續（二五上一六七九，二四上四六九）。

②不知他方有配偶而與之結婚者，自不成立相婚罪，但於他方之重婚罪名，不生影響（二三上一二五七）。

③失蹤人未受死亡之宣告，該失蹤人之配偶，仍為有配偶之人，如與他人重為婚姻，即應構成第二百三十七條之重婚罪（二二非一二一）。

④甲因得財，令已嫁之女改嫁他人為妻，如有和略誘情事，應分別依第二百四十條第三項，或第二百九十八條第二項論科。如無誘拐故意，僅唆令其女改嫁，依第二十九條規定，成立教唆重婚罪（院一九二七）。

⑤結婚為男女當事人二人之行為，不容第三人分擔實施，父母同意其子女重婚並為主婚，既非分擔實施重婚行為，亦非以自己共同重婚之意思而參與，只是對其子女之重婚行為事前事中予以精神上之助力，僅能構成重婚罪之幫助犯。如子女原無重婚之意思，則父母之造意可構成重婚之教唆犯而不成立共同正犯（六七、九刑會）。

二、詐術締婚罪

以詐術締結無效或得撤銷之婚姻，因而致婚姻無效之裁判或撤銷婚姻之裁判確定者，構成本罪，處三年以下有期徒刑（第二百三十八條）。其要件為：

㈠以詐術締結無效或得撤銷之婚姻　凡施用詐欺方法，足使人陷於錯誤者，均為詐術。

㈡因而致婚姻無效之裁判，或撤銷婚姻之裁判確定　本罪係結果犯，故雖締結無效或得撤銷之婚姻，但並未經裁判確定者，仍不成立本罪。

本罪與重婚罪同，其在婚姻中之性交行為，不成立通姦之罪（二三上二四○五）。而重婚亦為得撤銷之婚姻，如有配偶之人以詐術使人陷於錯誤，而與之相婚者，應依牽連犯之例，從一重處斷。又本罪須告訴乃論（第二百四十五條第一項）。

三、通姦罪

有配偶而與人通姦者，處一年以下有期徒刑，其相姦者亦同（第二百三十九條）。情形有二：

㈠有配偶而與人通姦罪

(1)須有配偶之人　有配偶係指有夫之婦或有婦之夫，其婚姻關係尚在存續中而言。

(2)與人通姦之行為　「通姦」乃得其同意而姦淫之，如有連續犯意，自成連續犯，且為必要之共犯。

㈡相姦罪

認識與自己通姦者為有配偶之人，而與之和姦者，構成本罪。相姦人對於與之通姦者，須明知或預見其有配偶之人為必要。至相姦者有無配偶，或是否娼妓，均與本罪之成立無關。相姦者如係未滿十四歲之女

子，或十四歲以上未滿十六歲之女子，因與第二百二十一條第二項，或第二百二十七條第一項係法條競合，應依各該條之罪論處，不另成本罪，其相姦之人，已成被害人，均無依相姦罪處罰之餘地。

本罪須告訴乃論（第二百四十五條第一項），其告訴權專屬於配偶。如其犯罪經配偶縱容或宥恕者，不得告訴（同條第二項）。有告訴權人對於共犯中一人宥恕，依告訴不可分原則，對於其他共犯，亦不得告訴。且本罪為即成犯，一經通姦罪即成立。如連續通姦，經判決後再通姦者，仍按本罪處斷。以往之通姦，雖經縱容宥恕而不得告訴，然以後之通姦，既未經縱容或宥恕，當然得另行告訴。

實例如下：

①縱容配偶與人通姦，告訴權即已喪失，不能因嗣後翻悔而回復。所謂縱容，但有容許其配偶與人通姦之行為已足，至相姦之人，原不必經其容許（院一六○五）。

②甲與有夫之乙婦相姦，嗣因戀姦起意，將乙誘逃，應依相姦及意圖姦淫而和誘二罪併罰。若甲以姦淫目的誘乙出逃，行至中途，始與姦淫，應就相姦及意圖姦淫而和誘二罪，從一重處斷（院一七六八）。

③先已與有配偶之婦女相姦，嗣又意圖續姦而和誘，顯係各別觸犯第二百三十九條及第二百四十條第三項之罪，應依第五十條併合處罰（院一八六二）。

四、和誘罪

㈠和誘未滿二十歲男女罪

和誘未滿二十歲之男女，脫離家庭或其他有監督權之人者，構成本罪，處三年以下有期徒刑（第二百四十條第一項）。其要件為：

1.須有和誘之行為　「和誘」即用不正當之手段，得被誘人同意，

而誘拐之。必被誘人有自主之意思，但須有犯罪之惡意，如動機善良，出於保護，不成本罪。

2.須和誘未滿二十歲之男女　必以未婚者為限，如和誘未滿十六歲之男女，依第二百四十一條第三項以略誘論，故本條之被和誘人，自以十六歲以上未滿二十歲之男女為限。

3.須誘令脫離家庭或其他有監督權之人　必須具有使被誘人脫離家庭或其他監督權人之意思，而移置於自己實力支配之下，故其被害法益，乃家庭或其他監督權，而非侵害被誘人之自由。

本罪並罰其未遂犯（同條四項）。和誘罪對被誘人之自由雖有侵害，但不能另論妨害自由罪（三〇非二二）。父母對於未成年人均有監督權，故父或母之一方使被誘人脫離他方監督時，亦成本罪（二一上一五〇四）。惟被誘人如無家庭或其他有監督權人，縱其同意與人出走，仍不得論以本罪。

實例如下：

①第二百四十條、第二百四十一條及第二百九十八條之和略誘罪，在被誘人未脫離犯罪者實力支配前，仍應認為在犯罪行為繼續中（院解三八五九）。

②凡以年齡為犯罪構成要件之一者，如犯人對於被害人之年齡並未知悉，則因對於犯罪客體欠缺認識，須就其犯意上所應成立之罪處斷（二四上二四二一）。

③未成年之被誘人，縱因一時在外求學，未能與其家庭之監督權人，同居一地，但和誘未成年人使之脫離家庭，仍係直接侵害其家長之監督權（二八上三九八四）。

㈡和誘有配偶之人罪

和誘有配偶之人脫離家庭者，構成本罪，並罰其未遂犯（第二百四十條第二、四項），其被害人係被誘人之配偶，故其告訴權，專屬於配偶。

且無論為有夫之婦或有婦之夫，以及年齡如何，在所不問。配偶之一方事前同意他方脫離家庭者，不成本罪（二八上五八五）。其和誘有配偶之人，必係配偶以外之人，如夫對於妻意圖營利，誘使與他人性交，應依第二百三十二條處斷，並非本罪。

實例如下：

①所謂和誘有配偶之人脫離家庭，其要件如下：

　　a. 明知其有配偶。

　　b. 有惡意之私圖。

　　c. 置於自己實力支配之下（二四、七刑會）。

②刑法第二百四十條第二項所定有配偶之人，並無年齡限制（院一六○九）。

③誘使有配偶之人脫離家庭，限於和誘。如單純略誘有配偶之人脫離家庭，其被害者乃該配偶本身之自由，應依第三百零二條第一項處斷（院一六五二）。

④刑法上之和誘，原係指被誘人之同意，將其誘出置於自己支配力下而言。某婦雖自願背夫與被告偕逃，而既係出自被告之引誘，即與和誘要件相符（二九上二四四二）。

㈢**加重和誘罪**

意圖營利，或意圖使被誘人為猥褻之行為或性交，而和誘未滿二十歲之男女脫離家庭或其他有監督權之人，或和誘有配偶之人脫離家庭者，構成本罪，處六月以上五年以下有期徒刑，得併科一千元以下罰金（第二百四十條第三項），並罰其未遂犯（同條第四項）。其要件為：

1. 被誘人須為未滿二十歲之男女，或有配偶之人。

2. 須犯和誘罪或和誘有配偶之人罪　即必具備第二百四十條第一、二項構成要件之情形。

3. 須意圖營利，或意圖使被誘人為猥褻之行為或性交而和誘　「意

圖營利」，須行為人自己有營利之意思，不問方法如何。而處罰之對象，亦僅在「意圖」而已，不必實已得利，或實已使被誘人為猥褻之行為或性交。至使之與自己或他人為猥褻之行為或性交，或使之單獨為猥褻行為，均成本罪。

本罪須行為人有積極之引誘行為，否則如以性交目的，自行私自外出與人同居，不成本罪。如僅一時便利行姦，同赴旅社幽會，事後仍各自回家，即難認係和誘（二五上四三九）。共同犯罪之人，必於和誘之初即行參與，如臨時起意參加猥褻行為或性交，祇能成立他罪，並非本罪之共犯或從犯。

實例如下：

①甲和誘十八歲之女子姦宿後，託其叔乙照管，應如何論處，以下列情形而定：

　　a. 甲如以恐某女逃走之意思，臨時交乙以實力看管，妨害其自由，甲除成立意圖姦淫和誘之罪外，另犯剝奪人之行動自由罪，併合處罰，乙則單獨成立剝奪人之行動自由罪。

　　b. 如甲僅託照料，並無令其拘束自由之意，乙僅單純為之照料，不成立刑法上任何罪名（二六、五刑會）。

②意圖姦淫而和誘未滿十六歲之女子脫離家庭，且於誘拐後已有姦淫行為，自於妨害家庭外，又犯姦淫未滿十六歲女子之罪，兩罪有牽連關係，被害人對於姦淫罪又已告訴，應從一重處斷（二七上二六六四）。

③意圖使被誘人為姦淫，而犯之和誘罪，原不限於意圖使被誘人與自己姦淫，始能成立，縱係意圖使被誘人與他人姦淫，而參與和誘之行為，亦足構成本罪（二八上七〇五）。

④意圖姦淫，為構成第二百四十條第三項所定和誘罪之意思要件。其犯罪行為，則為和誘而非姦淫，故姦淫行為，縱令不

止一次，如無連續和誘情形，即難以該條項之連續和誘罪論
處（二八上二三六一）。

⑤意圖姦淫，和誘有配偶人脫離家庭，依第二百四十條第三項、
第二百四十五條第一項規定，非告訴乃論之罪。且該罪祇以
意圖姦淫為構成要件之一，其有無姦淫行為，以及曾否對於
姦淫撤回告訴，與該罪不生影響（二八上二四〇二）。

⑥第二百四十條第三項所謂意圖姦淫，本不包括姦淫行為在內
（二九上八一八）。

⑦第二百四十條第三項之罪，重在保護監督權之行使，故以被
誘人未滿二十歲為已足，並非以明知其年齡為成立要件（七
二臺上三三二四）。

五、略誘罪

㈠普通略誘罪

略誘未滿二十歲之男女，脫離家庭或其他有監督權之人者，構成本
罪，處一年以上七年以下有期徒刑（第二百四十一條第一項）。並罰其未
遂犯（同條第四項）。其要件為：

1. 須有略誘之行為　「略誘」，即違背被誘人之意思，以不正當手段，
誘拐略取，置於自己實力支配之下。如得被誘人之同意，則為和
誘而非略誘。其誘致之方法為略誘，縱係意圖與自己或他人結婚，
仍成本罪。且略誘之手段，以不對被誘人實施為限，即對監督人
為之者，亦足構成。

2. 須略誘未滿二十歲之男女　略誘未滿二十歲之男女，無論有無配
偶，均成本罪。縱略誘之客體錯誤，仍無礙於本罪之成立。略誘
人與被誘人如有婚約，在未結婚前，設有略誘行為，亦無解於本
罪之責任。

3.須誘令脫離家庭或其他有監督權之人　如被誘人並無家庭或其他有監督權人，應成立妨害自由罪，並非本罪。若意圖營利或性交，而略誘孤苦無依之未成年女子，依第二百九十八條規定處罰。

實例如下：

①刑法第二百四十一條之略誘罪，除侵害被誘人之自由法益外，並侵害家庭或其他監督權人之法益，與第二百九十八條第一項之略誘罪，專係侵害個人法益者不同。被誘之女子年齡既未滿二十歲，則被告使之脫離家庭，即已侵害其監督權人之監督權，縱係意圖與自己或他人結婚，仍應依第二百四十一條第一項處斷（二六渝上六三六）。

②略誘未滿二十歲之女子脫離家庭，如其目的僅在使與他人結婚，祇能論以第二百四十一條第一項之罪（院二二七七）。

③略誘罪為繼續犯，當被誘人未回復自由以前，仍在其犯罪行為繼續實施之中（二八上七三三）。

④被誘人年雖未滿二十歲，但曾經結婚，已有行為能力，就令其婚姻關係現已不存在，因其曾經結婚，即已脫離監督，不能為妨害家庭之客體（四五臺上一四八九）。

⑤第二百四十一條妨害家庭罪之成立，必須將被誘人移置於行為人實力支配之範圍內，而使之與其家庭或其他有監督權人完全脫離關係，始屬相當（七一臺上五八一八）。

㈡準略誘罪

和誘未滿十六歲之男女，以略誘論（第二百四十一條第三項），並罰其未遂犯（同條第四項）。本罪行為雖係和誘，亦以略誘論。所稱未滿十六歲之男女，不包括已結婚者在內（院一五四九）。故犯第二百四十條第二項和誘有配偶之人罪者，縱被誘人未滿十六歲，亦不成本罪。

㈢加重略誘罪

意圖營利，或意圖使被誘人為猥褻之行為或性交，而犯略誘罪者，構成本罪，處三年以上十年以下有期徒刑，得併科一千元以下罰金（第二百四十一條第二項），並罰其未遂犯（同條第四項）。本罪處罰者，僅在意圖，如已使被誘人為猥褻之行為或為性交者，仍應分別情形，另行構成第二百三十一條或第二百三十三條之罪，並有第五十五條之適用。故本罪祇須有此意圖而略誘已足，不必有使之為猥褻之行為或為性交也。因之，意圖為性交而和誘未滿十六歲之女子使其脫離家庭，且於和誘後已有性交行為，自於成立和誘未滿十六歲女子罪外，又犯對於未滿十六歲女子為性交之罪，兩罪顯有牽連關係，如性交部分已經告訴人合法告訴，應從妨害家庭罪之一重處斷（四三臺上三四八）。

六、移送被誘人出國罪

移送第二百四十條或第二百四十一條之被誘人出中華民國領域者，構成本罪，處無期徒刑或七年以上有期徒刑（第二百四十二條第一項），並罰其未遂犯（同條第二項）。本罪之被誘人指①未滿二十歲之男女。②有配偶之人。③未滿十六歲之男女。必其被誘人係在國內被誘，並不包括在國外被誘，而移送入中華民國領域內之情形在內。故其犯罪主體，並不以係各該條犯人以外之人為必要，如和誘或略誘後，復移送出國者，仍成本罪，並依牽連犯規定從一重處斷。和略誘既遂後，另行起意，移送被誘人出國者，應併合處罰。

七、收受藏匿被誘人罪

意圖營利，或意圖使第二百四十條或第二百四十一條之被誘人為猥褻之行為或性交，而收受、藏匿被誘人或使之隱避者，構成本罪，處六月以上五年以下有期徒刑，得併科五百元以下罰金（第二百四十三條第一項），並罰其未遂犯（同條第二項）。其要件為：

㈠須意圖營利，或意圖使第二百四十條或第二百四十一條之被誘人，為猥褻之行為或性交，而犯本罪　祗須有此意圖已足，不必果已實現為必要。且猥褻行為，使其單獨或與自己或與他人為之均可，亦不問與自己或他人姦淫。和略誘者無此意圖，而收受藏匿或使隱避者，如有其意圖時，仍成本罪。意圖使被誘人與自己或他人結婚而收受藏匿被誘人或使之隱避者，不成立本罪（院二二七七）。

㈡須有收受藏匿被誘人或使之隱避之行為　「收受」指有償或無償取得被誘人，「藏匿」則在使被誘人不易發覺。此種行為，均係和略誘行為完成後之獨立行為，如於和略誘時參加，即為和略誘罪之共犯（二四上三二六五）。如係自己誘拐，復為之藏匿或使之隱避者，乃其誘拐行為之繼續，並不另成本罪。再本罪之成立，必收受藏匿或使之隱避時，已成為被誘人，且為行為人所明知，始足當之，其僅予他人以實施犯罪之便利，應以幫助犯論處（院解三六九〇）。

犯第二百四十條至第二百四十三條之罪，於裁判宣告前，送回被誘人或指明所在地，因而尋獲者，得減輕其刑（第二百四十四條）。「送回被誘人」，並不以回復其被誘時之原所在地為限，即送交相當之關係人或公務員，亦無不可。

第二百四十一條第一項略誘未滿二十歲之男女罪與第二百九十八條第一項略誘婦女罪之異同：

㈠同點

①均須違背被誘人之意思，而誘致略取。

②僅行為人主觀上有略誘之意圖，即成立犯罪。

③在被誘人未脫離犯罪者實力支配前，均在行為繼續中。

④在觀念中包含詐誘與略取人身之行為，犯之者均不另論以妨害自由之罪。

㈡異點

①前者保護之法益，除被誘人之自由外，兼及家庭或其他有監督權人之監督權；後者僅侵害個人之自由。

②前者以未滿二十歲之男女為限；後者之被誘人限於婦女，年齡則無限制。

③前者必以誘使脫離家庭或其他有監督權人始得成立；後者須意圖使其與自己或他人結婚。

④前者非告訴乃論之罪；後者必須告訴乃論，但其告訴以不違背被誘人之意思為限。

第十八章　褻瀆祀典及侵害墳墓屍體罪

一、褻瀆祀典罪

㈠侮辱壇廟等紀念場所罪

對於壇廟、寺觀、教堂、墳墓或公眾紀念場所，公然侮辱者，構成本罪（第二百四十六條第一項）。其侮辱之方法並無限制，凡足表示不敬之行為均可，但以出於公然為限。如對此設備或裝飾，加以毀損或竊取者，另成毀損罪或竊盜罪。

㈡妨害喪葬祭禮說教禮拜罪

妨害喪葬、祭禮、說教、禮拜者，構成本罪（第二百四十六條第二項）。本罪之行為，重在「妨害」，其方法及動機均無限制，至其果因而無法舉行與否，在所不問。

二、侵害屍體墳墓罪

㈠損壞遺棄污辱或盜取屍體罪

損壞、遺棄、污辱或盜取屍體者，構成本罪（第二百四十七條第一項），並罰其未遂犯（同條第二項）。本罪之行為有四：①損壞（如支解、割裂）。②遺棄（如棄置水中）。③污辱（如屍姦）。④盜取（如盜屍）。殺人後遺棄屍體，依牽連犯規定處斷（院六二六），但殺人後另行起意遺棄屍體者，其棄屍行為與殺人行為，不生牽連關係，應併合處罰（院解二九七五）。

㈡準侵害屍體罪

損壞、遺棄或盜取遺骨、遺髮、殮物或火葬之遺灰者，構成本罪（第

二百四十七條第二項），並罰其未遂犯（同條第三項）。基此以觀，本罪之行為有三：①損壞。②遺棄。③盜取。

㈢發掘墳墓罪

發掘墳墓者，構成本罪，並罰其未遂犯（第二百四十八條）。發掘，並不以具有損壞、遺棄或盜取屍體或遺骨之意思，其發掘墳墓當然於墳墓有所毀損，不成立毀損罪（三二上二二四八）。且墓碑墓門，乃組成墳墓之一部，因發掘墳墓，而有毀損墓碑墓門之行為者，已吸收於發掘墳墓罪內，並無第五十五條之適用（二六渝上七一九）。如以一行為發掘一墳墓，雖其中有棺木多具，祇成一罪，一個教唆行為發掘數墳墓者亦同（一八上九九九）。發掘墳墓時並盜取殮物，自應構成第二百四十九條第二項之罪，其竊取財物之罪責已包含於竊取殮物之內，不應再依竊盜罪論處（五七臺上三五〇一）。又發掘墳墓罪，乃係保護社會敬重墳墓之善良風俗，而非保護墳墓之本身或死者之遺族，故無主之墳墓，亦在保護之列（七〇臺上三三三三）。

㈣加重發掘墳墓罪

發掘墳墓，具有下列情形之一者，構成本罪：

1. 損壞、遺棄、污辱或盜取屍體者（第二百四十九條第一項）。
2. 損壞、遺棄或盜取遺骨、遺髮、殮物或火葬之遺灰者（同條第二項）。

上述情形，係結合第二百四十七條及第二百四十八條之罪而成，為結合犯之一種。如發掘墳墓，而有遺棄遺骨或盜取殮物時，不過一個行為所包含之多種態樣，祇成立一罪（二四上一二九五）。如對直系血親尊親屬，犯第二百四十七條至第二百四十九條之罪者，加重其刑至二分之一（第二百五十條）。

第十九章　妨害農工商罪

一、妨害販運農工物品罪

以強暴脅迫或詐術為下列行為之一者，構成本罪，並罰其未遂犯（第二百五十一條）：

1. 妨害販運穀類及其他公共所需之飲食物品，致市上生缺乏者。
2. 妨害販運種子肥料、原料及其他農業、工業所需之物品，致市上生缺乏者。

本罪之妨害必致市上生缺乏之結果為要件，至缺乏之程度如何，可以不問。

二、妨害水利罪

意圖加損害於他人，而妨害其農事上之水利者，構成本罪（第二百五十二條）。其要件有二：

㈠須意圖加損害於他人而犯本罪　若僅圖利於己，無損他人，不成本罪。如農民稻田缺水，擅自他人溝渠引水灌溉，自無加損害他人意圖。

㈡對於農事上之水利有妨害之行為　必被妨害者在農事上有用水之權，予以妨害，始足構成，但有無用水之權，以事實上為準，不以取得水權之許可為其要件。若未經主管機關之允許，自行取水使用，致損壞他人權益，果無加害他人意圖，應依水利法論罪，要與本條法意不符。

三、妨害商標商號罪

㈠偽造仿造商標商號罪

意圖欺騙他人，而偽造或仿造已登記之商標商號者，構成本罪（第

二百九十三條），其要件為：

1. 須意圖欺騙他人　有此意圖已足，他人果被欺騙與否，在所不問。

2. 須偽造或仿造已登記之商標商號　「偽造」指假冒他人之商標商號。「仿造」指模仿他人之商標商號，足使人誤認為真正者而言。商標商號，必以政府登記者為限。而商標專用權，則以同一商品始可；商號專用權，又以同一區域內經營同一業務為限。商品之「仿單」，除商標商號外，並載有一定之文字，如有偽造者，依偽造文書罪處斷。犯本罪有詐欺行為時，依第五十五條從一重處斷。

實例如下：

①商號仿單係用以說明其商品之特質，故就其性質言，除商號關係外，並為商人所製文書之一種。上訴人將偽造之仿單給與買主以外貨冒充其紗廠之出品，顯於偽造商號外，更有行使偽造文書以損害他人之行為（一九上一七七三）。

②偽造或仿造他人已登記之商標，同時偽造仿單附於偽冒之商品內行使之行為，如偽造商品之仿單未附加偽造或仿照之商標圖樣者，仍依十九年上字第一七七三號判例辦理。如偽造他人商品之仿單附加有偽造或仿照之商標圖樣者，關於附加偽造或仿照之商標圖樣部分，適用商標法第六十二條第二款，依刑法第二百五十三條處罰，關於文字部分仍屬行使偽造私文書，為一行為觸犯二罪名，再與其偽造商標行為仍依上開判例辦理（六七、六刑會，七二臺上一五八三）。

㈡**販賣偽造仿造商標商號貨物罪**

明知為偽造或仿造之商標商號之貨物而販賣，或意圖販賣而陳列，或自外國輸入者，構成本罪（第二百五十四條），本罪以「明知」為要件，故必有直接故意，始克相當。

㈢**虛偽標記商品罪**

　　意圖欺騙他人而就商品之原產國或品質，為虛偽之標記或其他表示者，構成本罪（第二百五十五條第一項）。如甲國出產之商品，偽記為乙國出產，或偽記為本國出產，目的在欺騙他人，但偽記商品之價值必與原有者相當，始成本罪，否則即為詐欺。其明知為此項商品而販賣，或意圖販賣而陳列，或外國輸入者，亦同此處罰（同條第二項）。

第二十章　鴉片罪

鴉片罪，刑法上係一概括規定，實兼指鴉片及嗎啡兩者而言。

一、製造鴉片嗎啡罪

製造鴉片，或製造嗎啡高根海洛因或其化合質料者，構成本罪，並罰其未遂犯（第二百五十六條）。至其製造之動機，是否供意圖販賣之用，可以不問。

二、販賣鴉片嗎啡罪

販賣鴉片高根嗎啡海洛因或其化合質料者，構成本罪，並罰其未遂犯（第二百五十七條第一、二項）。「販賣」指販入及賣出而言，但不以先買後賣為限。雖供意圖販賣之用，販入後在持有之中，仍成立第二百六十三條之持有罪，必著手於賣出行為，始成本罪，故本罪之既遂，自以賣出行為為準。

三、運輸鴉片嗎啡罪

運輸鴉片嗎啡高根海洛因及其化合質料者，構成本罪，並罰其未遂犯（第二百五十七條第一、二項），必明知為毒品而為之運送，方克相當。至運送已否既遂，應以已否起運為準，與是否達到目的地無關。其自外國輸入此項毒品者，亦予處罰（同條第三項）。

四、製造販賣或運輸專供吸食鴉片之器具罪

製造販賣或運輸專供吸食鴉片之器具者，構成本罪，並罰其未遂犯（第二百五十八條）。本罪之客體，僅指專供吸食鴉片之器具，並不及專

供製造鴉片之器具。

五、為人施打嗎啡罪

意圖營利，為人施打嗎啡者，構成本罪，並罰其未遂犯（第二百五十九條）。「施打」指使用注射針筒為人注入身體而言，並以有營利之意圖已足，不以果已得利為必要。為人施打嗎啡，常兼有販賣嗎啡之行為，此等情形，應依牽連犯規定處斷。

六、以館舍供人吸食鴉片或其他化合質料罪

以館舍供人吸食鴉片或其化合質料者，構成本罪，並罰其未遂犯（第二百五十九條）。本罪行為，在供給館舍，不在供給鴉片或其化合質料，如有供給館舍，復供給鴉片或其化合質料者，另犯第二百五十七條之罪，依第五十五條從一重處斷。

七、栽種罌粟罪

意圖供製造鴉片嗎啡之用，而栽種罌粟者，構成本罪（第二百六十條第一項），並罰其未遂犯。罌粟係製造鴉片之植物，在成長期間有參與者，均足構成。如先之栽種行為，後將之製造鴉片販賣者，先之預備行為，為後之實行行為所吸收，應依第二百五十六條論以製造嗎啡鴉片罪，並無第五十五條之適用。

八、販運罌粟種子罪

意圖製造鴉片嗎啡之用，而販賣或運輸罌粟種子者，構成本罪，並罰其未遂犯（第二百六十條第二項）。所稱罌粟種子，實指罌粟及其種子而言。

九、強迫罪

公務員利用權力，強迫他人犯栽種罌粟，或販運罌粟種子者，構成本罪（第二百六十一條），此之「公務員」，並不以有執行禁煙職務之公務員為限，至被強迫之人，仍成各該罪，不能免責。

十、吸食鴉片及施打嗎啡罪

吸食鴉片，或施打嗎啡，或使用高根海洛因或其化合質料者，構成本罪（第二百六十二條）。吸食之方法，並無限制，不問為煙槍或吞服均可；施打亦不以自己施打為必要，即央人施打，仍包括在內。但如一時因疾病以鴉片為藥劑者，若無犯罪故意，不成本罪。

十一、持有罪

意圖供犯本章各罪之用，而持有鴉片嗎啡高根海洛因或其化合質料，或專供吸食鴉片之器具者，構成本罪（第二百六十三條）。其持有之目的，在意圖供犯本章之罪，如進而犯本章之罪時，其危險行為為實害行為所吸收，不成本罪。單純持有而無販賣目的，乃意圖持有而持有，自不為罪。

公務員包庇他人，犯本章各條之罪，依各該條之規定，加重其刑至二分之一（第二百六十四條），且犯本章各條之罪者，其鴉片、嗎啡、高根、海洛因或其化合質料，或專供吸食鴉片之器具，不問屬於犯人與否，沒收之（第二百六十五條）。

第二十一章　賭博罪

一、普通賭博罪

在公共場所或公眾得出入之場所，賭博財物者，構成本罪（第二百六十六條第一項）。其要件為：

㈠須有賭博之行為　「賭博」，指以偶然之勝負爭財物得喪，如紙牌、麻將、撲克、象棋、骰子等，均可供為賭博之工具。

㈡須在公共場所或公眾得出入之場所　「公共場所」，指公共聚會之所在，如公園道路車站廣場等。「公眾得出入之場所」，泛指不特定之人，可以隨時進出之所在，如酒家茶室旅社戲院等是。在住宅或商店住家賭博，因非公眾隨時可以出入之場所，不成本罪。

㈢所賭博者為財物　「財物」包括金錢及其他有經濟價值之物品，如以供人暫時娛樂之物為賭者，不成本罪。

賭博乃必要共犯之一種，一有賭博行為，罪即完成，如假賭博之名，行詐欺之實，則其行為並非賭博，應另成詐欺罪（二五上二五三四）。當場賭博之器具，與在賭臺或兌換籌碼處之財物，不問屬於犯人與否，沒收之（第二百六十六條第二項）。

二、常業賭博罪

以賭博為常業者，構成本罪（第二百六十七條）。只須有以賭博為生之事實已足，至其兼營他業與否，則非所問。且不以在公共場所或公眾得出入之場所為限（院一四七九），其賭場設在何處，賭具為何物，均非所問（院解三六九二）。

三、供給賭場罪

意圖營利供給賭博場所或聚眾賭博者,構成本罪(第二百六十八條)。供給賭場,並不以公共場所或公眾得出入之場所為限,即私人住宅亦可,但務須有營利之意圖始可成立。供給賭場,如係供給第二百六十六條第一項之場所,則賭博之人,成立第二百六十六條第一項之罪,供給場所者,如亦加入共賭,當另犯本條之罪,併合處罰之。

四、彩票罪

意圖營利,辦理有獎儲蓄,或未經政府允准而發行彩票,或為此項有獎儲蓄彩票買賣之媒介者,構成本罪(第二百六十九條)。蓋有獎儲蓄以及彩票二者,其得利與否,均以中獎中彩為前提,故以不確定之中獎中彩為偶然之事實,決定勝負,自與賭博無異,乃予禁止。

公務員包庇他人犯本章各條之罪者,依各該條之規定,加重其刑至二分之一(第二百七十條)。

第二十二章　殺人罪

一、普通殺人罪

第二百七十一條第一項規定:「殺人者處死刑、無期徒刑或十年以上有期徒刑」,其未遂犯罰之(同條第二項),預備犯第一項之罪者,處二年以下有期徒刑(同條第三項)。本罪之要件如下:

㈠被害客體須為自己以外,而於他條無特別規定之自然人　所殺者必為普通人,如殺直系血親尊親屬及母於生產時或甫生產後殺其子女者,刑法第二百七十二條、第二百七十四條均設處罰規定,自無本條之適用。

㈡須有殺害他人生命之行為　必有積極之行為始可,如為消極之行為,則應具備第十五條之情形,始足構成。

㈢殺人行為須出於故意並係違法　殺人之故意,並不以直接故意為限,即間接故意亦包含在內,至殺人故意應以犯人之意思為準,不能依傷害方法,受傷多寡,是否致命部位以及死亡之遲速為其區別之標準。且其行為必須違法始克相當,如係法令上之行為,業務上之正當行為,上級公務員命令之職務上行為,均非違法行為,自可不罰。

殺人罪之既遂與未遂,應予區別。其標準應以死亡結果已否發生而定,不以行為程度之輕重大小為斷。如已著手殺人行為之實行,而遇其他事由,致未發生死亡之結果者,無論為未了未遂、既了未遂、不能未遂或中止未遂,均祇成立殺人罪之未遂犯。故本罪為結果犯,必被害人因其殺害而致死,始為既遂,不間即時死亡,或因傷死亡,蓋被害人之死亡,與殺人行為有因果關係已足,至其致死之期間,與殺人行為相隔長短,於本罪之構成,並無影響。

實例如下:

①妨害人之行動自由，而為殺人行為之一部分時，不另成立妨害自由罪。故如甲先將乙灌醉，捆其雙手，而後將之殺死，除殺人罪外，其捆綁行為不另論他罪（二七、七刑會）。

②殺人之傷害事實，除有傷害故意，另行起意殺人，應合併處罰外，當然吸收於殺人行為之內（二四上二三八〇）。

③殺人罪之客體為人，苟認識其為人而實施殺害，則其人為甲為乙，並不因之而有歧異（二八上一〇〇八）。

④殺人行為，對於被害人之行動自由，不能無所妨害，如果妨害自由，即屬於殺人行為之一部分時，自不應論以妨害自由罪。被告與某甲共將某乙綑勒，用斧砍斃，其綑勒舉動，係殺人行為之一部分，祇能包括的論以殺人一罪（二八上三〇六九）。

⑤上訴人因懷恨被害人，遂於傍晚攜刀侵入被害人店內，潛伏其臥床下，擬乘機殺害，當被發覺拿獲，是其行為尚未達於實施之程度，僅應構成預備殺人罪（二九上二一）。

⑥殺人前之捕禁行為應否認為牽連犯，視其殺意起於何時為斷。如係捕禁後始發生殺意，應併合論罪，否則，捕禁之初即懷殺念，祇應論以殺人一罪（三一、二刑會）。

⑦如以一行為同時同地殺害數人，並非個別起意者，適用第五十五條規定，不問其是否既遂，應從其一重處斷。（二一非七五）

⑧甲教唆乙持刀至丙家殺丙，乙行至半路被警查獲，未達成殺丙目的，已被判處預備殺人罪刑確定，甲應依教唆殺人未遂罪論處。

⑨普通殺人罪與殺害直系血親尊親屬罪，其犯罪之基本構成要件相同，如係基於概括之犯意而連續為之，應適用第五十六

條按連續犯以一罪論處（七三、五刑會）。

二、殺直系血親尊親屬罪

殺直系血親尊親屬者，構成本罪，處死刑或無期徒刑（第二百七十二條），並罰其未遂犯及預備犯（同條二、三項）。本罪之犯罪主體，須為直系血親卑親屬，乃因身分加重之犯罪。如無此身分之人與有此身分之人共犯本罪時，其無身分之人，依第三十一條規定，仍科以通常之刑（三三上一六六六）。至被害客體，須為直系血親尊親屬，此非僅指父母祖父母而言，即母系之血親尊親屬，例如外祖父母亦包括在內。母系之尊親屬，在父母離婚後，其血親關係依然存在，加害之者，仍成本罪。且養父母亦應認為直系血親尊親屬（二六、一刑會）。

三、義憤殺人罪

當場激於義憤而殺人者，構成本罪，處七年以下有期徒刑（第二百七十三條一項），並罰其未遂犯（同條二項）。其要件如左：

㈠須有殺人之行為　只須犯意決於當場，而有殺人行為即可，其被殺之人不限於普通人，即直系血親尊親屬亦包括在內。

㈡須激於義憤而殺人　「激於義憤」，指於他人實施不義行為時，有所憤激，忍無可忍，且被害人先有不正行為，在客觀上足以引起公憤者，始足當之（二八上二五六四）。

㈢須當場激於義憤　必以當場為限，但當場激於義憤而殺人，只須義憤激於當場，而立時殺人者，即有適用，不以所殺之人猶未離去現場為限。

實例如下：

①本夫或第三人，於姦夫姦婦行姦之際，殺死姦夫，是否可認為當場激於義憤而殺人，應依實際情形定之，但不得認為正

當防衛（院解三四〇六）。

②所謂當場激於義憤而殺人，非祇以被害人先有不正行為為已足，且必該行為在客觀上有無可容忍足以引起公憤之情形，始能適用。被害人擅賣眾地，吞價不分，固非正當，然此不過處分共有物之不當，尚非使共有人受有不堪容忍之刺激，自無激於義憤可言（二八上二五六四）。

③刑法第二百七十三條規定，祇須義憤激於當場，而立時殺人者，即有其適用，不以所殺之人，尚未離去現場為限。被告撞見某甲與其妻某氏行姦，激起憤怒，因姦夫姦婦逃走，追至丈外，始行將其槍殺，亦不得謂非當場激於義憤殺人（三三上一七三二）。

④本夫撞見其妻與人通姦數次均予宥恕，嗣聽人言謂其妻與姦夫將有不利於己之行為，始預購鋼刀，俟其妻與姦夫在床上行姦時，一併殺斃，既與當場激於義憤者有別，仍應依普通殺人罪論科（院解三九一六）。

四、殺甫生嬰兒罪

母於生產時或甫生產後殺其子女者，構成本罪，處六月以上五年以下有期徒刑，並罰其未遂犯（第二百七十四條）。本罪限於生母殺害子女適用之，且其殺害行為，須在生產時或甫生產後，如在撫育相當時日，縱有不得已原因，而復殺之者，仍與本罪要件不合。本罪處刑較輕，蓋以母於生產時或甫生產後殺其子女，多有慮及名譽、經濟及嬰兒前途之苦衷，情堪憫恕，故定以輕度之刑。

五、自殺罪

人之自殺，法無處罰法文，但下列二種行為，均有助長自殺行為，

故予處罰:

㈠受囑託或得其承諾而殺之者

受囑託或得其承諾而殺之者,構成本罪,並罰其未遂犯(第二百七十五條第一、二項)。受囑託而殺人,乃得被害人本人之囑託,假手加以殺害,而其動機在被害人。得承諾而殺之,係得被害人之同意而殺之,故其動機在加害人。蓋上列情形,雖不違反被害人之意思,然自刑法上保護機能之立場而言,不能無罰。惟謀為同死,受囑託或得其承諾而殺人得免除其刑(同條第三項)。因謀為同死,其自身亦謀自殺,情節輕微故也;如謀為同死,可不論其果已實施與否。

㈡教唆或幫助他人自殺者

教唆或幫助他人使之自殺者,構成本罪(同條第一項),並罰其未遂犯(同條第二項),其教唆係以使人決意自殺;而幫助則係對於已有自殺決意之人予以助力。惟本罪祇以有教唆或幫助之行為已足,不應存有殺人之故意,故為獨立性之犯罪。如謀為同死,而教唆或幫助他人使之自殺者,得免除其刑(同條第三項)。

六、過失致死罪

過失致死罪,係就人之死亡與有過失,並非故意殺害,至其過失行為,不限於作為,即不作為亦包含在內。又其死亡,係因傷致死或立時身死,亦非所問。情形有二:

㈠一般過失致死罪

一般人因過失致人於死者,構成本罪,處二年以下有期徒刑、拘役或二千元以下罰金(第二百七十六條第一項)。如門邊磚牆歪斜,確有傾塌之虞,而怠於修理或拆除,以致牆倒壓斃行人之類。其未發生死亡之結果者,依第二百八十四條第一項因過失傷害罪處斷,故本罪並無處罰未遂之規定,至被害人是否與有過失,乃民事賠償之問題,與本罪之成

立，不生影響。

　　本罪，其死亡之結果，須與過失有相當之因果關係，如死亡結果之發生，並非由於行為人之過失所致，自難構成本罪。故其與第二百七十七條第二項之傷害致死罪不同者：①前者並無傷害人之故意；後者則有之。②前者為獨立性之犯罪；後者為結果加重犯。實例認為：「傷害致人於死罪與過失致人於死罪之區別，應以行為之初有無傷害人之故意為斷。」前者本意在於傷害，而生死亡之加重結果，其間並無致死之過失。後者則無傷害之本意，純因疏虞或懈怠，而生死亡之結果（七二臺上四二四九）。又本罪與殺人罪之區別：①前者無殺害他人之故意；後者有之。②前者須與過失有相當之因果關係；後者以概括殺人之故意決意為之。③前者無處罰未遂及預備犯；後者則有之。

　　㈡業務過失致死罪

　　從事業務之人，因業務上之過失，致人於死者，構成本罪，處五年以下有期徒刑或拘役，得併科三千元以下罰金（第二百七十六條第二項）。泛稱業務，指依社會生活之地位，以繼續之意思反覆為同種類之行為，所從事之社會活動而言，故其主要部分之業務固不待論，即為完成主要業務所附隨之準備工作與輔助事務，亦應包括在內（六九臺上四〇四七、七一臺上一五五〇），至報酬之有無及是否以營利為目的，均非所問。且其業務是否正當適法，或已否得法律上之允許，均非其要件，例如無駕駛執照之司機，駕車不慎輾斃行人，仍不失為業務過失。而業務之有無繼續性，衹以有繼續之意思已足，其已否反覆從事其業務，則無影響（二六滬上五）。例如船舶航行遇風，因船舶之設備能力及風力關係，不宜開航，而由船舶所有人或業務執行人催促開航後發生海難，該船舶所有人或業務執行人應負業務上過失致人於死罪責（五〇、八刑會）。

第二十三章　傷害罪

一、一般傷害罪

㈠普通傷害罪

傷害人之身體或健康者，構成本罪，處三年以下有期徒刑、拘役或一千元以下罰金（第二百七十七條第一項）。其要件為：

1. 須傷害他人之身體或健康　包含傷害人身外部組織與侵害人之健康機能，但如強灌毒藥，致傷害被害人身體，此種傷害行為，即已吸收於殺人行為之內，不另成立傷害罪名。

2. 須有傷害之故意與行為　不以積極的直接的有形的暴行為限，即消極的間接的或無形的行為，足生傷害之結果者，均足構成。例如醫師診治病人，故不給予適當藥品，以致病勢加重，即屬消極之傷害行為。而主人故意嗾使猛犬咬傷行人，亦為間接之傷害行為。又在黑夜中裝作妖怪，使人驚悸成病，則為無形之傷害行為。

3. 須有傷害之結果　被害人之身體或健康，須受刑法第十條第四項所列以外之輕微傷害，始能成立，否則雖有暴行，除對於直系血親尊親屬應成立第二百八十一條之罪外，不成本罪。

本罪雖屬告訴乃論（第二百八十七條），但公務員執行職務時犯本罪者不在此限（同條但書），如公務員假借職務上之權力機會或方法犯本罪者，依第一百三十四條規定加重其刑，不得適用第四十一條易科罰金，亦不得依第六十一條免除其刑（二九上一六○七）。連續數行為而犯本罪者，以一罪論，惟如傷害一人地點有二，其行為尚在持續中，祇能成立本罪，不能依連續犯論擬（四二臺非二六）。

犯本罪因而致人於死者，處無期徒刑或七年以上有期徒刑。致重傷

者，處三年以上十年以下有期徒刑（第二百七十七條第二項），即為傷害罪之結果加重犯，情形有二：

(1)傷害致死罪　凡有傷害之故意，傷害之行為，而發生死亡之結果者，為傷害致死，但以其死亡與傷害具有因果關係者為限。不惟以傷害行為直接致人於死為限，即因傷害而生死亡之原因，如因自然力之參加以助成傷害應生之結果，亦得認為因果關係之存在（一九上一四三八）。其與殺人罪之區別，在於行為人有無致人於死之故意為斷。如殺人當時已有殺人之故意，雖僅發生傷害之結果，仍為殺人罪之未遂犯。反之，在傷害當時僅有傷害之故意，雖結果致人於死，亦僅負傷害致死之責。

實例如下：

①殺人罪須有殺人之故意，而傷害致人於死罪，僅有致人傷害之故意已足，被害人因傷害而死亡，不過行為人能預見而未預見之偶然結果而已（二九上一〇一一）。

②殺人時已具有致人於死之認識與希望，雖結果僅傷害人之身體或健康，仍為殺人未遂，而非傷害既遂。如傷害當時只具有傷害之認識與希望，雖結果致人於死，亦僅負傷害致死罪責，而非殺人既遂（二四上二二四二）。

③連續傷害因而致人於死，自應成立傷害人與傷害致死之連續犯（院二三八三）。

④殺人與傷害致死之區別，應以有無殺意為斷，其受傷之多寡，及是否為致命部位，有時雖可藉為認定有無殺意之心證，究不能據為絕對標準（一八上一三〇九）。

⑤殺人與傷害致死罪之區別，須於實施殺害時，即具有使其喪失生命之故意，倘缺乏此種故意，僅在使其成為重傷，而結果致重傷者，祇與使人受重傷之規定相當，要難遽以殺人未

遂論處（四八臺上三三）。

⑥上訴人以殺人之意思將其女扼殺後，雖昏迷而未死亡，誤認已死，而棄置於水圳，乃因溺水窒息而告死亡，仍不違背其殺人之本意，應負殺人罪責（四八臺上三三）。

(2)傷害致重傷罪　凡犯傷害罪而發生重傷之結果者，為傷害致重傷，其與重傷罪應予區別。因重傷罪有使人受重傷之故意，其重傷結果原係所使。而傷害致重傷罪僅有傷害之故意，唯其結果致人於重傷，其重傷結果僅係所致而已。

實例如下：

①傷害致重傷罪，係對於加害者僅有傷害人之意思，無致重傷之故意，而竟發生重傷之結果者之規定。若有致人重傷之故意，並已發生重傷之結果，即為重傷罪（一九非五九）。

②刑法所定故意致人重傷，係指加害時即有致人重傷之故意，而結果致被害人重傷而言。若其犯罪之初，僅有傷害人之故意，徒以一時氣憤用力過猛，或兇器過於鋒利，致被害人受重傷之結果者，祇能論以傷害致人重傷之罪（二二上四一三六）。

「傷害致死罪」與「傷害致重傷罪」，均係加重結果犯，必發生死亡或重傷之結果，始能成立。此結果之發生，須行為人所能預見，且須與傷害行為有因果關係，如其結果之發生，非行為人所能預見，則不成立本罪。如甲於乙丙等叢毆被害人時，既在場喝打，此種傷害行為，足以引起死亡之結果，在通常觀念上不得謂無預見之可能，甲對於被害人因傷致死，自不能不負責任（二九上一〇一一，五三臺上三〇五）。四人同時同地基於同一原因圍毆被害人等二人，其中一人因傷致死，當時既無從明確分別圍毆之對象，顯係基於一共同之犯意分擔實施行為，應成立共同正犯，並同負加重結果之全部罪責（六九臺上一九三一）。如連續傷

害因而致人於死，應成立傷害人與傷害致人於死之連續犯，傷害人部分如已合法告訴，而檢察官僅以傷害罪起訴者，仍應依連續傷害人致死罪論科（院二三八三）。

(二)重傷罪

使人受重傷者，構成本罪，處五年以上十二年以下有期徒刑（第二百七十八條第一項），並罰其未遂犯（同條第三項）。其要件為：

1. 須有使人受重傷之故意　如無使人受重傷之故意，縱令傷害之方法，足以使人受重傷之結果，亦不成本罪。

2. 須有使人受重傷之行為　有重傷之故意，並有使人身體或健康，受重傷之行為，始克相當。

3. 須生重傷之結果　所云「重傷」，指刑法第十條第四項所列各種傷害而言，如有重傷之故意與行為，而未生重傷之結果者，成立重傷罪之未遂犯。

犯本罪因而致人於死者，處無期徒刑或七年以上有期徒刑（第二百七十八條第二項），是為「重傷致死罪」，此種情形，行為人必須有使人受重傷之故意，並因受有重傷，發生被害人死亡之結果，其重傷行為與死亡結果間，須有相當因果關係，若無使人重傷之故意，則被害人因傷致死，應依第二百七十七條第二項前段規定處斷（二九上三三四五，六一臺上二八九）。

傷害罪、重傷罪與殺人罪三者之界限：

① 凡有傷害之故意，發生傷害之結果者，為普通傷害罪（第二百七十七條第一項）；如發生重傷結果者，成立傷害致重傷罪（第二百七十七條第二項後段）；發生死亡之結果者，成立傷害致死罪（第二百七十七條第二項前段）。

② 凡有重傷之故意，發生重傷之結果者，為重傷既遂罪（第二百七十八條第一項）；如僅發生傷害之結果者，為重傷未遂罪

（第二百七十八條第三項）；發生死亡之結果者，成立重傷致死罪（第二百七十八條第二項）。

③凡有殺人之故意，發生死亡之結果者，為殺人既遂罪（第二百七十一條第一項）；如僅發生傷害或重傷之結果者，則為殺人未遂罪（第二百七十一條第二項）。

④重傷罪之成立，必須行為人原具有使人受重傷之故意始為相當，若其僅以普通傷害之意思而毆打被害人，雖發生重傷之結果，亦係刑法第二百七十七條第二項後段普通傷害罪之加重結果犯，只應成立傷害人致重傷罪，不能以刑法第二百七十八條第一項之重傷罪論科（五九臺上一七四六）。

⑤使人受重傷未遂與普通傷害之區別，應以加害時有無致人重傷之故意為斷。至於被害人受傷之部位以及加害所用之兇器，有時雖可藉為認定有無重傷故意之心證，究不能據為絕對之標準（六一臺上二八九）。

(三)義憤傷害罪

當場激於義憤犯第二百七十七條、第二百七十八條之罪者，構成本罪，處二年以下有期徒刑、拘役或一千元以下罰金（第二百七十九條），惟因義憤傷害致人於死者，處五年以下有期徒刑（同條但書）。本條但書規定之「義憤傷害致死罪」與「義憤殺人罪」有別：在行為當時，因當場激於義憤，具有殺人之故意，而殺被害人者，成立義憤殺人罪，其結果僅使人受輕傷或重傷時，仍成第二百七十三條之未遂犯；若當場激於義憤，僅有傷害或重傷之故意，而使人受普通傷害、重傷、傷害致重傷或重傷未遂者，均祇成立第二百七十九條之罪，縱令發生致人於死之結果，僅得依同條但書處斷，並非第二百七十三條之未遂犯。

(四)加重傷害罪

對於直系血親尊親屬犯普通傷害罪或重傷罪者，加重其刑至二分之

一（第二百八十條），僅係刑法分則上之加重規定，所犯者仍為第二百七十七條或第二百七十八條之罪，其中第二百七十七條第一項之罪，既須告訴乃論，則對於直系血親尊親屬犯第二百七十七條第一項之傷害罪者，亦在告訴乃論之列（院七七九）。

二、強暴罪

施強暴於直系血親尊親屬未成傷者，構成本罪，處一年以下有期徒刑、拘役或五百元以下罰金（第二百八十一條）。本條所稱「強暴」，指有形的不法腕力，而其強暴行為足使人有受傷之危險已足，並不以直接施之為限。本罪係第二百七十七條之例外規定，如已成傷，自須依第二百七十七條適用第二百八十條加重其刑至二分之一。如有重傷之故意，而施強暴行為，雖其結果並未成傷，亦成立第二百七十八條第三項重傷未遂罪，並適用第二百八十條加重其刑，故本罪實與第二百七十八條無關。

三、聚眾鬥毆罪

聚眾鬥毆，致人於死或重傷者，在場助勢而非出於正當防衛之人，處三年以下有期徒刑，下手實施傷害者，仍依傷害各條之規定處斷（第二百八十三條）。其要件為：

㈠本罪主體，須為在場助勢而非出於正當防衛之人　「在場助勢之人」，係指參與聚眾鬥毆，並非出於正當防衛之人，若因臨時口角，即與事前以鬥毆之意思而聚眾者有別，如為助勢以外之幫助，則成下手實施者之從犯，不成本罪（二〇非一一四）。

㈡須有聚眾鬥毆之事實　「聚眾鬥毆」，指參與鬥毆之多數人，有隨時可以增加之狀況而言。如僅集合特定之少數人，應依傷害罪各該條論處。本罪須無殺人之故意始可，如在聚眾前往之時，具有殺人之直接或

間接故意，則其行為不止鬥毆，即非本條所能包括（二六渝上二四三）。

　　㈢須生致人於死或重傷之結果　本罪必須發生致人於死或重傷之結果，始能成立，如僅發生輕傷之結果，則無本條之適用，應依傷害罪之共犯論擬。

四、特別傷害罪

㈠傳染病毒罪

　　明知自己有花柳病或痲瘋，隱瞞而與他人為猥褻之行為或姦淫，致傳染於人者，構成本罪，處一年以下有期徒刑、拘役或五百元以下罰金（第二百八十五條）。本罪之「隱瞞」，無論為行動掩飾或言語否認，凡不使他人知悉自己有花柳病或痲瘋病者均足構成，至「他人」當包括夫妻之一方在內。所云「致傳染於人」，只以有此傳染之結果為已足，並不以有意使其發生為要件。又其傳染之方法，則以與之為猥褻之行為或姦淫者為限。

㈡妨害發育罪

　　對於未滿十六歲之男女，施以凌虐或以他法致妨害其身體之自然發育者，構成本罪，處五年以下有期徒刑、拘役或五百元以下罰金（第二百八十六條第一項）。意圖營利而犯此罪者，處五年以下有期徒刑，得併科一千元以下罰金（同條第二項）。本條之「凌虐」，係凌辱虐待之意，例如不使睡眠，不供衣食，日夜打罵，以繩纏足之類。其因凌虐致成傷害者，此乃法條競合，應依本罪之狹義規定處斷。若偶有毆傷，而非通常社會觀念上所謂凌辱虐待之情形，祗能構成傷害人身體之罪，不得論以本罪（三〇上一七八七）。惟以圖利為目的而犯本罪者，例如江湖賣藝之人，故意摧殘幼童，使之變成畸形以供觀覽，即為一例，此等情形，惡性較深，故予加重處罰。

五、自傷罪

教唆或幫助他人使之自傷，或受其囑託，或得其承諾而傷害之，成重傷者，構成本罪，處三年以下有期徒刑。因而致死者，處六月以上五年以下有期徒刑（第二百八十二條）。情形有二：

㈠受囑託或得承諾而傷害之者　本罪所罰之受囑託或得其承諾而傷害之，必致重傷，或因而致死者，始克相當。

㈡教唆或幫助他人使之自傷者　本罪所罰之教唆或幫助他人使之自傷，必成重傷，或因而致死，方可成立。

六、過失傷害罪

因行為人之過失而傷害他人者，為過失傷害罪。其被害人，不限於普通人，即直系血親尊親屬亦包括在內。至過失傷害之發生或擴大，被害人與有過失者，在民事上僅得為減輕或免除賠償之事由（民法第二百十七條），惟於本罪之構成，並無影響。其情形有二：

㈠一般過失傷害罪

因過失傷害人者，構成本罪，處六月以下有期徒刑、拘役或五百元以下罰金（第二百八十四條第一項）。致重傷者，處一年以下有期徒刑、拘役或五百元以下罰金（同條第一項後段）。故如用硝鏹水向人猛潑，以圖傷害，並將旁人濺受微傷者，於傷人罪外，另成過失傷害罪。

㈡業務過失傷害罪

從事業務之人，因業務上之過失傷害人者，構成本罪，處一年以下有期徒刑、拘役或一千元以下罰金（第二百八十四條第二項），致重傷者，處三年以下有期徒刑、拘役或二千元以下罰金（同條第二項後段）。本罪之過失，不以作為為限，即不作為亦包括在內。且祇要加害人具有過失為已足，被害人有無過失，不影響於犯罪之成立，但得酌量情形，為量

刑之標準（院六三一）。

　　第二百七十七條之輕傷罪，第二百八十一條之強暴罪，第二百八十四條之過失傷害罪，第二百八十五條之特別傷害罪，均須告訴乃論，但公務員於執行職務時，犯第二百七十七條第一項之罪者，不在此限（第二百八十七條）。

第二十四章　墮胎罪

一、自行墮胎罪

懷胎婦女，服藥或以他法墮胎者，構成本罪，處六月以下有期徒刑、拘役或一百元以下罰金（第二百八十八條第一項）。其要件為：

㈠犯罪主體，須為懷胎之婦女　「婦女」包含已婚未婚在內，僅以懷胎者已足。

㈡須自知母體懷有人胎　懷胎婦女須知自己體內業已懷胎始足構成，否則誤服藥劑以致墮胎者，因欠缺犯罪故意，當然不成本罪。

㈢須自行服藥或以他法墮胎　如以自殺意思服藥，未致死亡，而致墮胎者，不成犯罪。因傷害人而生墮胎結果，應視其有無使生墮胎之直接或間接故意，分別依各該條處斷（院三〇七）。

懷胎婦女聽從他人為之墮胎者，亦與本條第一項同其處罰（同條第二項）。是其墮胎，係由他人下手實施，如聽從他人之煽惑，而自行墮胎，仍應依第二百八十八條第一項處斷。

本罪墮下之胎兒，不論生死，均為既遂，故無未遂之規定。又墮胎罪以公共法益為重，不發生自訴問題（院三五〇）。因疾病或其他防止生命上危險之必要，而犯第二百八十八條第一、二項之罪者，免除其刑（同條第三項），是為絕對免除之一例，此種免除其刑之效力，僅及於懷胎婦女之本人而已。

二、他人墮胎罪

受或未受懷胎婦女之囑託，或得或未得懷胎婦女之承諾，而使之墮胎者，構成本罪，故本罪之主體必為懷胎婦女以外之人，始克相當。情

形有三：

㈠受懷胎婦女囑託或得其承諾而使之墮胎罪

犯本罪者，處二年以下有期徒刑（第二百八十九條第一項）。受懷胎婦女之囑託，其動機在懷胎之婦女。得懷胎婦女之承諾，則其動機在懷胎婦女以外之人。若由於懷胎婦女以外之人之囑託或承諾，而使之墮胎者，並非本罪，應依第二百九十一條處斷。犯本罪因而致婦女於死者，處六月以上五年以下有期徒刑，致重傷者，處三年以下有期徒刑（同條第二項）。

㈡未受懷胎婦女之囑託或未得承諾而使之墮胎罪

犯本罪者，處一年以上七年以下有期徒刑（第二百九十一條第一項），並罰其未遂犯（同條第三項）。此等情形，多乘婦女之不知或使用強脅以及詐術方法，使之墮胎。所云「使之墮胎」，以有直接或間接之墮胎故意為必要，如無使之墮胎之故意，而由另一原因發生墮胎之結果者，則祇成立他罪，不能論以本罪（二九上三一二〇）。如犯本罪因而致婦女於死者，處無期徒刑或七年以上有期徒刑，致重傷者，處三年以上十年以下有期徒刑（同條第二項），其僅致普通傷害時，並不另成傷害罪。

㈢營利墮胎罪

意圖營利，受懷胎婦女之囑託，或得其承諾而使之墮胎者，構成本罪，處六月以上五年以下有期徒刑，得併科五百元以下罰金（第二百九十條第一項）。本罪僅有營利之意圖已足，果否得利，則非所問。如初無營利之意圖，而於事後獲取意外之報酬者，仍成第二百八十九條之罪，而非本罪，在此情形，懷胎婦女亦成立相當之罪。犯本罪因而致婦女於死者，處三年以上十年以下有期徒刑，得併科五百元以下罰金。致重傷者，處一年以上七年以下有期徒刑，得併科五百元以下罰金（同條第二項）。

三、介紹墮胎罪

以文字、圖畫或他法，公然介紹墮胎之方法或物品，或公然介紹自己或他人為墮胎之行為者，處一年以下有期徒刑、拘役或科或併科一千元以下罰金（第二百九十二條），是為介紹墮胎罪。本罪之方法，必須為文字、圖畫或以其他方法為之，至其行為態樣有二：①公然介紹墮胎之方法或物品。②公然介紹自己或他人為墮胎之行為。且介紹墮胎，係處罰其危險行為，既經介紹，復供給墮胎之方法或物品，或為墮胎之行為，則其危險行為已為實害行為所吸收，應成立自行墮胎罪之從犯，或他人墮胎罪之正犯，均不另成本罪。

第二十五章　遺棄罪

遺棄罪，乃遺棄無自救力之人，致其生命身體發生危險之罪，係屬危險犯之一種。故以實害故意遺棄之者，則應分別成立殺人罪或傷害罪，而非本罪。蓋對於無自救力之人負保護義務者，應予適妥之保護，如未盡義務，致其生命陷於危險之狀態，自應成立遺棄之罪，故設本章之處罰明文。

一、普通遺棄罪

遺棄無自救力之人者，構成本罪，處六月以下有期徒刑、拘役或一百元以下罰金(第二百九十三條第一項)，又稱之為「無義務者之遺棄罪」。其要件為：

㈠本罪之客體，須為無自救力之人　所云「無自救力之人」，指自己無維持其生存所必要之自救能力，非待他人救助，不能持續其生存者而言。至本罪之主體，則無限制，不以對於無自救力之人，有扶養義務為必要。

㈡須有積極之遺棄行為　以有積極之遺棄行為始能成立，必遺而棄之，始得謂之遺棄。其有消極之遺棄行為者，除有第二百九十四條之情形外，不成犯罪。

本罪之成立，祇須有積極遺棄之故意已足，不應更有使人死傷之犯意，如行為人以使人死傷之目的，而為積極之遺棄行為（如將嬰兒棄於山谷之中），則應依第五十五條牽連犯從一重處斷。犯本罪因而致人於死者，處五年以下有期徒刑，致重傷者，處三年以下有期徒刑（同條第二項）。

二、特別遺棄罪

對於無自救力之人，依法令或契約應扶助養育保護而遺棄之，或不為其生存所必要之扶助養育保護者，構成本罪，處六月以上五年以下有期徒刑（第二百九十四條第一項）。又稱之為「有義務者之遺棄罪」。其要件為：

㈠本罪主體，須為依法令或契約，負有扶助養育或保護義務之人　本罪保護義務之發生，係依法令之規定，或由於契約之約定均無不可。依法令規定之情形，如父母對子女間之扶養義務，民法上均有規定；依契約之約定情形，如看護之於病人。

㈡本罪客體，須為依法令或契約，享有扶助養育或保護之權利，而無自救力之人　依法令或契約受扶助養育保護之權利者，必為無自救力之人，如夫遺棄雙目失明之妻（院解三八九九），如非無自救力之人，行為人雖違背法令或契約之義務，亦僅屬民事上之問題，不得為本罪之被害人。

㈢須有積極或消極之遺棄行為　所云「遺棄之」者，指積極遺棄而言，例如父母對於嬰兒棄於通道之上。所稱「不為其生存所必要之扶助養育或保護」，指消極遺棄而言，例如醫師對於病人不為必要之診療，此種情形，學說上謂之「純粹的不作為犯」。

犯本罪因而致人於死者，處無期徒刑或七年以上有期徒刑，致重傷者，處三年以上十年以下有期徒刑（同條二項），惟如以遺棄為殺人或重傷之方法，則應從殺人或重傷之重罪處斷。

實例如下：

①刑法上特別遺棄罪，以對於無自救力之人遺棄，或不為生存所必要之扶養為構成要件。若被扶養人本有相當之資力，其生活並未瀕於絕境，自不能律以該罪（二三上五一五七）。

②刑法第二百九十四條所謂「生存所必要」，係以生存有危險者為限（二四、七刑會）。

③刑法所謂無自救力之人，係指其人無維持其生存所必要之能力而言，年力健全之婦女，不為無自救力（院一五〇八）。

④刑法第二百九十四條第一項後段之遺棄罪，必以對於無自救力之人，不盡扶養或保護義務，而致其有不能生存之虞者，始克成立。若負有此項義務之人不盡其義務，而事實上尚有他人為之養育或保護，對於該無自救力人之生命，並不發生危險者，即難成立該條之罪（二九上三七七七）。

⑤如扶養權利人因原來之扶養方法不合其意，要求義務人代以別種扶養，未獲如願，遂即負氣他行，拒不就養，以致義務人無由繼續扶養者，是雙方所爭不過為扶養方法之是否適當，自屬民事糾葛，不發生刑事問題（二七上二〇二四）。

⑥所謂無自救力之人，係指其人非待他人之扶養保護，即不能維持其生存者而言。故依法令或契約負有此項義務之人，縱不履行其義務，而被扶養保護人，並非絕無自救能力，或對於約定之扶養方法發生爭執，致未能繼續盡其扶養之義務者，均不能成立該條之遺棄罪（三一上一八六七）。

⑦遺棄罪之成立，非必須置被害人於無人之地，亦非必須使被害人絕對無受第三者保護之希望，但有法律上扶養義務者，對於無自救力之人，以遺棄之意思，不履行扶養義務時，罪即成立（一八上一四五七）。

三、加重遺棄罪

對於直系血親尊親屬犯第二百九十四條之罪者，加重其刑至二分之一（第二百九十五條）。此種情形，無論為積極之遺棄，或消極的不為其

生存所必要之扶養，其情節均較普通依法令之扶養人為重，故特加重處罰。本罪仍以被遺棄之直系血親尊親屬，係無自救力之人為必要，如體力尚健，復能傭工自給，縱不為扶養，亦僅負民事責任，不成本罪（二六上二九一九）。

第二十六章　妨害自由罪

一、使人為奴隸罪

使人為奴隸，或使人居於類似奴隸之不自由地位者，構成本罪，處一年以上七年以下有期徒刑(第二百九十六條第一項)，並罰其未遂犯(同條第二項)。其態樣為：

㈠使人為奴隸　凡使人喪失意思自由，行動自由，並損失其人格者，不問名義如何，均以使人為奴隸論。本罪客體，不分年齡男女，亦不問為擄掠、誘拐、賣出或買入，均足構成。而本罪主體，不以使人供自己之奴役者為限，即使人供他人之奴役者亦屬之。

㈡使人居於類似奴隸之不自由地位　此指雖非使人為奴隸，而不以人道相待，使之不能自由，有似於奴隸者而言。例如父母出賣子女供江湖賣藝之幼童，鴇母買受他人之女為雛妓，以及其他使人居於類似奴隸之不自由地位者，均可構成。民法第十七條規定自由不得拋棄，否則其行為無效，如自願拋棄自由為人奴隸，仍不能解免本罪。使人為奴隸後，在未解除之前，仍在行為繼續之時，故為繼續犯之一種。

實例如下：

①名義上為養女，實際上為婢女，使其喪失法律上之自由權者，認為「類似奴隸」(二四、七刑會)。

②對於年甫七歲之養女，每日痛打不給飲食，祇能認為凌虐行為，與使人居於類似奴隸之不自由地位有別 (二五上一七四○)。

③使人為奴隸，或使人居於類似奴隸之不自由地位罪，必須使人居於不法實力支配之下，而失去其普通人格者應有之自由，

始足當之。如僅令使女為傭僕之事，並未剝奪其普通人格者
應有之自由，即與上開要件不符（三二上一五四二）。

④擄掠為奴，或擄掠人賣與他人為奴，如係意圖營利，應視被
掠人之年齡、性別及有無家庭或其他有監督權之人，分別適
用第二百四十一條第二項，或第二百九十八條第二項處斷。
如並非圖利，而被掠人為未滿二十歲之男女，且有家庭或其
他監督權之人，應適用第二百四十一條第一項處斷，若被掠
人為已滿二十歲之男子，僅使其為奴而非圖利，或單純出賣
男女與人為奴，並無擄掠情形者，均應依第二百九十六條論
科（院解二九四一）。

二、買賣質押人口罪

買賣、質押人口者，處五年以上有期徒刑，得併科五十萬元以下罰
金（第二百九十六條之一第一項）。此因人口買賣逼良為娼者，惡性重大，
故宜單獨條列處罰。意圖使人為性交或猥褻之行為而犯前項之罪者，處
七年以上有期徒刑，得併科五十萬元以下罰金（同條第二項）。如以強暴、
脅迫、恐嚇、監控、藥劑、催眠術或其他違反本人意願之方法犯前二項
之罪者，加重其刑至二分之一（同條第三項）。媒介收受、藏匿前三項被
買賣、質押之人或使之隱避者，處一年以上七年以下有期徒刑，得併科
三十萬元以下罰金（同條第四項）。若以犯前四項之罪為常業者，處無期
徒刑或十年以上有期徒刑，併科七十萬元以下罰金（同條第五項）。公務
員包庇他人犯前五項之罪者，依各項之規定加重其刑至二分之一（同條
第六項）。本條第一、二、三項買賣、質押人口之未遂犯罰之（同條第七
項）。

三、詐使出國罪

意圖營利，以詐術使人出中華民國領域外者，構成本罪，處三年以上十年以下有期徒刑，得併科三千元以下罰金(第二百九十七條第一項)，並罰其未遂犯 (同條第三項)。本罪以使人陷於錯誤自行出中華民國領域外為已足，如係移送出國，則視其年齡，分別構成第二百四十二條或第二百九十九條之罪，而非本罪。以犯本罪為常業者，處五年以上有期徒刑，得併科五千元以下罰金 (同條第二項)。

㊀本罪與第一百四十二條移送被誘人出國罪不同:

詐　使　出　國　罪	移　送　被　誘　人　出　國　罪
①被害人非被和誘或略誘者。 ②並無年齡之限制。 ③使被害人自行出國。 ④犯罪出於詐術方法。 ⑤為妨害個人自由之罪。	①被害人必為被和誘略誘者。 ②限於未滿二十歲之人。 ③由人移送出國。 ④須以實力支配之。 ⑤妨害家庭安全之罪。

㊁本罪與第二百九十九條移送被略誘人出國罪不同:

詐　使　出　國　罪	移　送　被　略　誘　人　出　國　罪
①被害人非被略誘人。 ②使被害人自行出國。 ③犯罪須出於詐欺。 ④須有營利之意圖。	①被害人須為被略誘人。 ②係由人移送出國。 ③須出於實力支配。 ④無營利之意圖。

四、略誘婦女罪

略誘婦女罪，乃侵害婦女個人之自由，祇要將婦女移置於自己實力支配之下，其方法不問為強暴脅迫詐術或其他方法，但不包括和誘之情形在內。本罪為即成犯，凡被誘人在誘拐犯支配關係存續中，仍為繼續犯罪（三○、三刑會）。且略誘罪包含詐誘與略取人身二種行為而成，故在詐誘後，復妨害被誘人之行動自由，已構成略誘罪之內容，即略誘行為之繼續，並不另成私行拘禁之罪名。本罪須告訴乃論，但第二百九十八條第一項之罪，其告訴以不違反被略誘人之意思為限（第三百零八條）。

(一)意圖結婚而略誘罪

意圖使婦女與自己或他人結婚而略誘之者，構成本罪，處五年以下有期徒刑（第二百九十八條第一項）。其要件為：

1. 被害客體須為已滿二十歲之婦女　本罪之客體包含下列四種情形：①成年已婚之婦女。②成年未婚之婦女。③未成年已婚之婦女。④未成年又未結婚且無家庭或其他監督權人之婦女。

2. 須意圖使婦女與自己或他人結婚　祇須行為人主觀上有此意思已足，事實上是否達到與自己或他人結婚之目的，與罪之成立不生影響。

3. 須有略誘之行為　必違反被略誘人之意思，而置於自己實力支配之下始可。但其略誘之目的不在結婚，亦不在營利或姦淫猥褻時，則僅成第三百零二條之妨害自由罪，不成本罪。

本罪並罰其未遂犯（同條第三項），應以其略誘行為已否完成為準，與已否結婚無關。且本罪為妨害婦女個人自由之罪，故與第二百四十一條妨害家庭罪之性質不同。如其略誘之意思，係圖使與自己或他人之妾或姘度之關係者，則應成立同條第二項之罪，不成本罪。而被略誘人與行為人之自己或他人結婚後，竟願相從者，與本罪之成立不生影響。

實例如下：

①略誘罪之成立，須以強暴脅迫詐術之不正方法，而拐取之者為要件，如被誘者有幾分自主之意思，或並得其承諾，即屬和誘範圍，不能以略誘論（二一上一三〇九）。

②略誘罪原包括詐誘與略取人身之行為，故妨害被誘人之行動自由，已構成略誘之內容，無另行論罪之餘地（二九上二三〇五）。

③假結婚之名而為略誘行為者，如其意在納妾，自係第二百九十八條第二項之罪，而非第一項罪名（一八上一三六二）。

④刑法第三百零二條妨害他人行動自由，係妨害自由罪之概括規定，若有合於其他特別較重規定者，如刑法第二百九十八條之略誘婦女罪，因其本質上已將剝奪人行動自由之觀念包含在內，即應依該條處罰，不能再依第三百零二條論處（七一臺上二八〇）。

㈡**意圖營利而略誘罪**

意圖營利、或意圖使婦女為猥褻之行為或性交而略誘之者，構成本罪，處一年以上七年以下有期徒刑，得併科一千元以下罰金（同條第二項），並罰其未遂犯（同條第三項）。此種意圖，以有此意思已足，果否得利，則非所問。例如意圖價賣於人而誘拐婦女，惟此種意圖必在略誘之初即已存在，如誘拐之初意在結婚，置於實力支配之下後，另行起意，轉賣圖利時，應依同條第一項及第二項二罪，併合處罰。略誘罪，重在略誘行為之支配關係，其支配關係存續中，雖其目的變更，與其犯罪之本質並無影響，仍應以略誘時之意思為準，不生想像競合或法條競合問題。例如意圖結婚而為略誘，因女不允，加以強姦，仍應成立意圖結婚而略誘，與強姦二罪，併合處罰，並非意圖為性交而略誘與強姦罪之併合。至於意圖營利或猥褻性交，而果已價賣得利或實施猥褻或性交，仍

為略誘行為繼續之結果，原則上不另成立他罪。

(三)移送出國罪

移送第二百九十八條被略誘人出中華民國領域外者，構成本罪，處五年以上有期徒刑（第二百九十九條第一項），並罰其未遂犯（同條第二項）。本罪主體不以略誘人為限，如略誘人與移送出國者，犯意聯絡，應分別成立第二百九十八條及第二百九十九條之罪。被移送出國者，係未滿二十歲之婦女，且未結婚而有監督權人之存在，則為第二百四十二條之罪，而非本罪。移送者如為略誘人，則為第二百九十八條與第二百九十九條之牽連犯，從一重處斷。意圖營利略誘婦女之後，另行起意移送，則成立第二百九十八條第二項與第二百九十九條二罪，併合處罰之。

(四)收藏隱避被略誘人罪

意圖營利，或意圖使被略誘人為猥褻之行為或性交，而收受、藏匿被略誘人或使之隱避者，構成本罪，處六月以上五年以下有期徒刑，得併科五百元以下罰金（第三百條第一項），並罰其未遂犯（同條第二項）。本罪客體，以第二百九十八條被略誘之婦女為限。犯罪主體則為略誘者以外之第三人，如實施略誘婦女之後，自行收藏或使之隱避，則係略誘行為之繼續狀態，不能更論本罪（院二二二七）。本罪之性質具有單獨之犯意，故為獨立性之犯罪，如行為人與略誘人有犯意聯絡，先已共同實施略誘行為，事後收藏或加隱避者，仍應論以略誘罪之共犯，而非本罪。

犯第二百九十八條至第三百條之罪，於裁判宣告前，送回被略誘人或指明所在地因而尋獲者，得減輕其刑（第三百零一條）。本罪之得受減刑利益者，以送回人或指明人為限，並不及於其他共同被告（二四、七刑會）。

五、剝奪行動自由罪

私行拘禁或以其他非法方法，剝奪人之行動自由者，構成本罪，處

五年以下有期徒刑、拘役或三百元以下罰金（第三百零二條第一項），並罰其未遂犯（同條第二項）。其要件為：

㈠須有剝奪人之行動自由之行為　本罪乃處罰其拘束人之身體自由，故其犯罪客體為人之行動自由。凡人之自由皆不得拋棄（民法第十七條第一項），剝奪拋棄自由之人之自由，亦不影響本罪之成立。剝奪奴隸或類似奴隸者之行動自由者，仍成本罪。

㈡須以私行拘禁或其他非法方法剝奪之　「私行拘禁」，乃非法方法剝奪人之行動自由之一例，「其他非法方法」，其範圍並無限制，除私行拘禁外，凡無正當原因，而剝奪人之行動自由者均屬之，但不以積極行為為限。例如私擅逮捕，入浴時取其衣服，使之裸體無法離去之類均是。

犯本罪因而致人於死者，處無期徒刑或七年以上有期徒刑，致重傷者，處三年以上十年以下有期徒刑（同條第二項）。私行拘禁因而致輕微傷害，除另有傷害故意外，仍祇成立本罪，不另構成傷害罪名。

私行拘禁，每有一定時間之繼續，而拘束人之行動自由，故其行為含有繼續性，乃繼續犯之一種，凡其行為繼續中加以實施者，為本罪之共犯。有逮捕拘禁權限之人，如違背法令或超越範圍者，仍成本罪，並應依第一百三十四條加重其刑。如以其他非法方法剝奪人之行動自由後，復行拘禁者，僅成一罪，不能認有方法結果之關係，而從一重處斷。

實例如下：

①非法剝奪人之行動自由，須未構成他罪者，始單純成立本罪。如在圖姦營利強拉婦女至某家，則屬略誘罪範圍（一〇非二六）。

②刑法第三百零二條第一項之罪，係指剝奪人之行動自由，出於非法方法者而言。如係有偵查犯罪職務之公務員，將犯罪嫌疑人帶案訊問交保，則為職權上正當之行為，自不成立本罪（二六上二八二九）。

③單純略誘有配偶之人，依刑法第三百零二條第一項處斷（院一六五二）。

④以使人行無義務之事或妨害人行使權利為目的，而其強暴脅迫已達於剝奪人之行動自由之程度，則應依本罪論處，不另成第三百零四條之罪，蓋本罪為其高度行為也（二九上二三五九）。

⑤剝奪人之行動自由之初，本意原在殺傷，則殺傷乃係故意所犯之罪，而私行拘禁或以他法剝奪人行動自由，不過為其方法行為，仍應依第五十五條從一重處斷（二九上三八一七）。

⑥殺人前之捕禁行為，應否認為牽連犯，視其殺意起於何時為斷。如係捕禁後始發生殺意，應併合論罪。否則捕禁之初，即懷殺念，祇應論以殺人一罪（三一、二刑會）。

⑦本罪為概括規定，如有特別較重規定（如第二百四十一條、第二百九十八條、第三百四十七條），均不適用本條，此乃法條競合，並非牽連犯之問題（三○非二二參照）。

⑧將某氏綑縛懸吊，毆傷身死，其死亡既非綑吊所致，則綑吊行為，僅成立刑法第三百零二條第一項之罪名，應與所犯第二百七十七條第二項之傷害致死罪，從一重處斷（二九上三八一七）。

⑨上訴人於某甲患病時，因其亂丟煙蒂，忿加綑縛後，下樓賭博多時，始行釋放，以致某甲深受寒冷，病勢陡劇，不及醫治身死，雖某甲之死亡，由病重所致，然其所以促成病重之原因，實係由於上訴人綑縛之加工行為，不能謂無相當因果聯絡關係（二二上七五六）。

⑩第三百零二條第一項之剝奪人之行動自由罪，當然包括第三百零四條強制罪之性質，凡以強暴脅迫等方法於他人本可自

由之行動有所妨害，使其進退行止不得自主者，要無捨重從
輕僅論強制罪責之餘地（七〇臺上四〇四〇）。

⑪擄人勒贖罪中之「擄人」行為，當然具有妨害自由之性質，
故成立擄人勒贖罪者，不能更論以妨害自由之罪名（七一臺
上九一八）。

⑫刑法第三百零二條之妨害自由罪，原包括私禁及以其他非法
方法剝奪人之行動自由而言。所謂非法方法，當包括強暴脅
迫等情事在內（七四臺上三四〇四）。

六、特別私禁罪

對於直系血親尊親屬犯第三百零二條第一項或第二項之罪者，加重
其刑至二分之一（第三百零三條）。其無身分之人與之共犯者，因無加重
之身分關係，僅論以前條之共犯，科以通常之刑（第三十一條）。本罪並
須以犯前條第一項或第二項之罪，為加重之要件，若係未遂，仍依前條
第三項之未遂犯處斷。

七、強制罪

以強暴脅迫，使人行無義務之事，或妨害人行使權利者，構成本罪，
處三年以下有期徒刑、拘役或三百元以下罰金（第三百零四條第一項），
並罰其未遂犯（同條第二項）。其要件為：

㈠須以強暴脅迫為犯本罪之方法　本罪之方法，以強暴脅迫為限，
公務員利用職務犯本罪者，依第一百三十四條加重其刑。

㈡須以使人行無義務之事或妨害人行使權利，為本罪之目的　「使
人行無義務之事」，指他人在法令或契約上本無行為之義務，而以強暴脅
迫，使人為之，例如強迫借款、強迫改嫁、強迫做工、強迫扶養、強迫
寫信之類。「妨害人行使權利」，指對於他人本於法律上或契約上某種權

利之內容，得行使權利之行為，而加以妨害而言。例如禁止告訴、攔阻出庭、妨害營業、搶去債務人所有物之類。

實例如下：

①債權人意圖促債務之履行，以強暴脅迫方法，將債務人所有物搶去，妨害其行使所有權，應成立本罪（院一四三五）。

②刑法第三百零四條之強暴脅迫，祇以所用之強脅手段足以妨害他人行使權利，或足使他人行無義務之事為已足，並非以被害人之自由，完全受其壓制為必要（二八上三六五〇）。

③搶奪及強盜罪之內容，當然含有使人行無義務之事，或妨害人行使權利之內容，各該罪一經成立，則妨害自由之行為已包含在內（三二上一三七八）。

④使人行無義務之事，或妨害人行使權利為目的，而其強暴脅迫已達於剝奪行動自由之程度者，祇成立第三百零二條第一項之罪，要非本罪（二九上二三五九）。

⑤出租人在租賃關係存續中，將其房屋拆毀，不成立毀損罪。但如施用強暴脅迫，以妨害承租人之使用權利，應依第三百零四條處斷（院二三五五）。

⑥第三百零四條第一項之強制罪，與第三百四十六條第一項之恐嚇取財罪，其構成要件迥然不同。前者無不法所有之意圖，後者則以意圖自己或第三人之不法所有為前提條件（六九臺上三一四一）。

八、恐嚇危害安全罪

以加害生命身體自由名譽財產之事，恐嚇他人，致生危害於安全者，構成本罪，處二年以下有期徒刑、拘役或三百元以下罰金（第三百零五條）。其要件為：

㈠須有恐嚇他人之行為　行為人必有表示其將加害惡之意思，故其恐嚇係將害惡之意思，通知於人，使生畏怖心之謂。

㈡須以加害生命身體自由名譽財產之事恐嚇他人　必係不法之害惡通知，例如揚言殺害全家，放火燒屋，破壞名譽，妨害自由等情形。若為正當之原因，則不成本罪，例如債權人通知債務人如期清償債務，否則依法究辦之類。又加害之發生與否，須行為人所得左右者，方克相當，例如相命者談及吉凶禍福之事，尚難論以本罪。

㈢須因恐嚇致生危害於安全　因受恐嚇之通知，致其生命身體自由名譽財產之安全，發生危險或實害而言。但僅以通知加害之事使人恐嚇為已足，不必果有加害之意思，更不容有實施加害之行為。

犯本罪而另實施殺傷行為者，應更論以殺人或傷害之罪，若以恐嚇為方法，而其目的在使人交付財物者，應成立第三百四十六條之恐嚇取財罪，並無第五十五條之適用。在信內附寄子彈寄與被害人施以恐嚇，應成立第三百零五條、第一百八十七條二罪，有方法結果之牽連關係，應從一重處斷（四五臺上一二九六）。本條之恐嚇罪，所稱以加害生命、身體、自由、名譽、財產之事，恐嚇他人者，係指以使人生畏怖心為目的，而以加害惡之旨通知於被害人而言。若僅在外揚言加害，並未對於被害人為惡害之通知，尚難構成本罪（五二臺上七五一）。所謂致生危害於安全，係指受惡害之通知者，因其恐嚇生安全上之危險與實害而言。例如被告因與甲欠款涉訟，竟以槍打死等詞，向甲恐嚇，甲因畏懼向法院告訴，是其生命深感不安，顯而易見，即難謂未達於危害安全之程度（二六渝非一五）。又刑法上以恐嚇行為為構成要件之罪，除本罪外，尚有第一百五十一條之恐嚇公眾罪及第三百四十六條之恐嚇取財罪，而本罪重在保護個人生活之安全，恐嚇公眾罪以妨害公共秩序為內容，恐嚇取財罪則在侵害他人之財產，三者罪質均不相同。

本罪與第一百五十一條恐嚇公眾罪不同：

恐嚇危害安全罪	恐嚇公眾罪
①所保護者為個人之安全。 ②以特定人為恐嚇之對象。 ③以加害生命身體自由名譽財產之事相恐嚇。	①保護社會之公安。 ②以公眾為恐嚇之對象。 ③以加害生命身體財產之事相恐嚇。

九、侵入住宅罪

無故侵入他人住宅、建築物或附連圍繞之土地或船艦（第三百零六條第一項），或無故隱匿其內，或受退去之要求而仍留滯者(同條第二項)，構成本罪，處一年以下有期徒刑、拘役或三百元以下罰金。情形有二：

㈠積極侵入罪（同條第一項）

本罪之「侵入」，指未得支配或管理權人之允許，擅自入內者而言，「住宅」不止為住家而已，即公寓或旅社之房間，仍不失為廣義之住宅。「無故」則指無正當理由，並不以無權或不法為限，所謂「正當理由」，凡在道義上或習慣上之理由而不背於公序良俗者，均屬之。

㈡消極侵入罪（同條第二項）

本罪亦稱「不法留滯罪」，乃純粹不作為犯之一種。態樣有二：

1. 無故隱匿其內　指無正當理由，藏匿他人住宅建築物或附連圍繞之土地或船艦之內，此種情形，大抵入非無故，而隱匿其內，則屬無故，例如博物院開放時入內參觀，關閉以後仍不退去之類。

2. 受退去要求而仍留滯　進入時尚非無故，或已得允許而入內者，如經所有人或支配人要求退去，而仍留滯其內不肯退去時，構成本罪，此等情形，須有「受退去之要求」及「仍行留滯」二要件，始克成立。

以上情形，須告訴乃論（第三百零八條）。侵入住居行為如與其他行為相結合，而另成結合犯者（如第三百二十一條一項一款、第三百二十六條第一項、第三百三十條第一項），均適用各該條處斷，要非本罪（二五上四九二）。惟以侵入住宅為方法，而其目的在犯他罪者，依第五十五條後段從一重處斷（四八臺上九一〇）。

十、違法搜索罪

不依法令搜索他人身體、住宅、建築物、舟車或航空機者，構成本罪，處二年以下有期徒刑、拘役或三百元以下罰金（第三百零七條）。本罪主體不以有搜索權者為限，即一般人民非法搜索他人身體住宅者，亦成本罪，惟實例上認以有搜索權之人，違法搜索為成立要件，若係普通人民並無搜索權，其侵入他人住宅擅行搜索，祇成立第三百零六條第一項之罪，要不能執同法第三百零七條以相繩（三二非二六五）。又本罪係指以真正搜索之意思，而不依法令實行搜索者而言，若以搜索為名，而遂行其他犯罪目的，例如藉詞搜索，而實行強制猥褻者，則非本罪（二六滬上五七）。

第二十七章　妨害名譽及信用罪

一、公然侮辱罪

公然侮辱人者，構成本罪，處拘役或三百元以下罰金（第三百零九條一項）。其要件為：

㈠須有侮辱之行為　「侮辱」指以使人難堪為目的，以粗鄙之言語舉動侮護辱罵，或為其他輕蔑他人人格之行為，其方法則無限制，但不以言語表示為必要。

㈡須公然侮辱　「公然侮辱」指不特定人或多數人得以共聞共見之狀況（院二〇三三），不以侮辱時被害人在場聞見為必要，如僅被害人在場，事實上尚未達於使人得以共見共聞之狀況者，不成本罪（院二一七九參照）。

㈢公然侮辱之客體，須為特定之人　所侮辱之人，並不以指明姓名為必要，且不限於個人，即侮辱多數人亦可，然必以對於特定或可推知之人為限，始得論以本罪（院三八〇六）。

以強暴犯本條第一項之罪者，處一年以下有期徒刑、拘役或五百元以下罰金（同條二項）。例如綁人身體當街示眾，或推入糞池使蒙不潔之類，此種情形，每兼有妨害自由罪行，應從一重處斷。公然侮辱罪，祇以公然侮辱為已足，如指摘涉及他人名譽之具體事實，以相侮辱者，則為誹謗罪，要非本罪。於公務員依法執行職務時，當場侮辱，或對於其依法執行之職務，公然侮辱者，應成立第一百四十條第一項之罪。對於已死之人公然侮辱者，構成第三百十二條第一項之罪名。

二、普通誹謗罪

意圖散布於眾，而指摘或傳述足以毀損他人名譽之事者，為誹謗罪，處一年以下有期徒刑、拘役或五百元以下罰金（第三百十條第一項）。其要件為：

㈠須指摘或傳述具體之事實　「指摘」係就某種事實予以揭發，「傳述」則就他人已揭發之事實重複述說，二者均須有具體之事實始可。但須以言詞為之，不以公然傳述為必要，雖係私相傳述，仍成本罪。

㈡所指摘或傳述者，須為足以毀損他人名譽之事　所毀損之他人包含自然人及法人，並以特定人或可得推知之人為限。至毀損他人名譽與否，應依客觀標準決之，被害人是否受有損害，在所不問。

㈢須意圖散布於眾　有將其事實傳播不特定之人，使大眾知悉而言，如有此意圖而為散布，縱令實際上大眾並未知悉，仍不能解免本罪。但所指摘或傳述者，為事實上絕不可能之事者，不成本罪。關於議員在會議時所為無關會議事項之言論，仍應負責（院解三七三五）。

普通誹謗罪與公然侮辱罪不同：

普 通 誹 謗 罪	公 然 侮 辱 罪
①不以公然傳述為必要。	①須以公然為之。
②須指摘或傳述具體之事實。	②僅有抽象之言行已足。
③不得以強暴手段為之。	③得以強暴為之。
④如能證明其為真實者，可以免責。	④根本不能證明為真實。
⑤有散布於眾之意圖。	⑤否。

以散布文字圖畫為方法，而犯普通誹謗罪者，為加重誹謗罪，處二年以下有期徒刑、拘役或一千元以下罰金（同條第二項）。此種情形，已

達於公然之程度，故予加重處罰。如僅含蓄影射而非明確指出某人某事者，不能論以本罪。一個誹謗行為，如同時具備足以毀損二人以上名譽，應依第五十五條論以一罪。若以同一虛構事實，一面登載報端，一面申告公署，則誹謗與誣告二罪，行為各別，應各別構成犯罪，不能因其捏造之事實相同，認為一罪。對於已死之人犯誹謗罪者，亦成犯罪（第三百十二條第二項）。

　　第三百十條第三項規定:「對於所誹謗之事,能證明其為真實者不罰,但涉及私德而與公共利益無關者,不在此限。」此為誹謗罪之免責要件,亦為阻卻違法之事由,須具備二要件：①客觀要件：須為有關於公共利益之事實。②主觀要件：必專為公共利益之動機。故其情形有四：

　　1.所誹謗之事實出於虛構者，不問有關公益與否，概須處罰。

　　2.所誹謗之事雖屬真實，但不能舉證證明者，不能免責。

　　3.所誹謗之事，雖能證明為真實，但僅涉及陰私無關公益者，仍難免責。

　　4.所誹謗之事，能證明其為真實，且與公共利益有關而非涉及私德者，始能不罰。

　　如以善意發表言論，而有下列情形之一者不罰（第三百十一條）：

　　1.因自衛自辯，或保護合法之利益者。

　　2.公務員因職務而報告者。

　　3.對於可受公評之事，而為適當之評論者。

　　4.對於中央及地方之會議或法院或公眾集會之記事，而為適當之載述者。

三、損害信用罪

　　散布流言，或以詐術，損害他人之信用者，構成本罪，處二年以下有期徒刑、拘役，或科或併科一千元以下罰金（第三百十三條）。本罪必

有散布流言或施用詐術之行為，致損害他人之信用。「流言」乃無稽之談，即傳播不實之傳說，例如揚言某人面臨破產，某人販賣偽藥等不實之情事。「詐術」謂以不正之方法，欺騙他人，例如在商店公休之日，故意張貼停業清理債務之字條之類。本罪之構成，並不以即生財產之損害為必要，且名譽與信用，均係侵害人之社會的評價，如以同一行為，同時損害他人之名譽及信用時，應依第五十五條從一重處斷。

本章之罪，須告訴乃論（第二百十四條）。

第二十八章　妨害祕密罪

一、妨害書信祕密罪

無故開拆或隱匿他人之封緘信函、文書或圖畫者，構成本罪，無故以開拆以外之方法，窺視其內容者亦同（第三百十五條）。其要件有三：①須為他人之封緘信函、文書或圖畫。②須有開拆或隱匿之行為。③無故開拆或隱匿。如其開拆或隱匿，係有法律上之依據，或有正當之理由時，不成本罪。例如郵電檢查之檢查郵件，或郵件電報之扣押，以及受刑人或在押被告書信之檢閱、扣留、廢棄，均有法律上之正當理由，惟公務員犯本罪者，刑法第一百三十三條設有處罰規定，自不另成本罪。

有下列情形之一者，成立妨害祕密罪，處三年以下有期徒刑、拘役或三萬元以下罰金（第三百十五條之一）：

一、無故利用工具或設備窺視、竊聽他人非公開之活動、言論或談話者。

二、無故以錄音、照相、錄影或電磁紀錄竊錄他人非公開之活動、言論或談話者。

意圖營利供給場所，工具或設備，便利他人為前條之行為者，處五年以下有期徒刑、拘役或科或併科五萬元以下罰金（第三百十五條之二第一項）。意圖散布、播送、販賣而有前條第二款之行為者，亦同（同條第二項）。明知為前二項或前條第二款竊錄之內容而製造、散布、播送或販賣者，依第一項之規定處斷（同條第三項）。前三項之未遂犯罰之（同條第四項）。

第三百十五條之一及第三百十五條之二竊錄內容之附著物及物品不問屬於犯人與否，沒收之（第三百十五條之三）。

第三百十五條、第三百十五條之一之罪，須告訴乃論（第三百十九條）。

二、妨害事件祕密罪

醫師、藥師、藥商、助產士、宗教師、律師、辯護人、公證人、會計師或其業務上佐理人或曾任此等職務之人，無故洩漏因業務知悉或持有他人祕密者，構成本罪（第三百十六條）。蓋從事於一定業務之人，因其業務上行為，知悉他人或持有他人之祕密時，應有嚴守祕密之義務，以維他人之名譽與利益。本罪洩漏之對象，非必為多數人，且不以果知果見為必要，而知之者或見之者是否不再轉行告知於人，亦非所問。如其洩漏祕密，目的在妨害他人之名譽或信用時，應依第五十五條從一重處斷。犯本條之罪，須告訴乃論（第三百十九條）。

三、妨害工商祕密罪

依法令或契約有守因業務知悉或持有工商祕密之義務，而無故洩漏之者，構成本罪。稱工商祕密，例如專利品之製造方法，藥品之處方之類。情形有二：

㈠業務上洩漏工商祕密罪

依法令或契約有守因業務知悉或持有工商祕密之義務，而無故洩漏之者，構成本罪（第三百十七條）。本罪負守祕密之義務，並不以在從事執行業務中為限，如其祕密，非因業務而知悉或持有，或雖係因業務上所知悉或持有，而非工商祕密者，均不成本罪。且其洩漏，亦不以有意圖損害他人或圖利自己之意思為必要。犯本條之罪，須告訴乃論（第三百十九條）。

㈡職務上洩漏工商祕密罪

公務員或曾任公務員之人，無故洩漏因職務知悉或持有他人之工商

祕密者，構成本罪（第三百十八條），本罪之主體，必以公務員或曾任公務員之人為限。又無故洩漏因利用電腦或其他相關設備知悉或持有他人之祕密者，亦構成妨害祕密罪（第三百十八條之一）。但本罪之主體，不以公務員為限。至利用電腦或其他相關設備犯第三百十六條至第三百十八條之罪者，加重其刑至二分之一（第三百十八條之二）。第三百十八條至第三百十八條之二之罪，須告訴乃論（第三百十九條）。

第二十九章　竊盜罪

一、普通竊盜罪

(一)竊取動產罪

意圖為自己或第三人不法之所有，而竊取他人之動產者，構成本罪（第三百二十條第一項），並罰其未遂犯（同條第三項）。電能、熱能及其他能量或電磁紀錄，依第三百二十三條之規定，以動產論，亦受本罪之保護。本罪之保護客體，不以他人之財產所有權為限，即他人之財產監督權亦屬之。既稱竊盜，乃處罰其竊取他人之物，藉以保護他人就其物之支配關係，故該物必在他人持有之中，此與侵占罪之自己持有他人之物者，迥然不同。其要件為：

1. 本罪客體須為他人之動產　不包括不動產在內，然將不動產之出產物（如樹木之果實、竹類之枝葉）或附屬物（如房屋之磚瓦、地下之煤層），使之分離時，仍得為竊盜罪之客體。「他人」包含自然人及法人二者，自己與他人共有之動產，仍不失為他人之物。如該動產在他人支配之中，亦足為本罪之目的物，例如財產上犯罪所得之物，雖屬不法，惟既在他人支配之下，一有竊取行為，因係侵害他人財產監督權，亦可成立竊盜罪。

2. 須有竊取之行為　所云「竊取」，乃乘人不知以和平或祕密方法竊得其物，移入自己支配之下，此種情形，其外形上必有移動之必要，如外形上並無異動，僅將自己持有他人之物，於無形中易持有為所有者，則為侵占而非竊盜。

3. 須意圖為自己或第三人不法之所有而竊取　即行為人在主觀上須有不法領得其物之故意，不問其為自己或第三人不法所有，均足

成立本罪。故如誤信自己之物為他人之物而竊取，或誤認他人之物為自己之物而取之，因無不法之意圖，均難構成竊盜。

犯本罪者，處五年以下有期徒刑、拘役或五百元以下罰金（第三百二十條第一項）。以犯竊盜罪為常業者，處一年以上七年以下有期徒刑（第三百二十二條）。本罪且為狀態犯之一，故行為人事實上享有或處分贓物，原則上均不另成立他罪。即僅使他人喪失動產之監督權，而未移入自己實力支配之下者，則為毀損而非竊盜。竊取他人之動產，若有特別規定時，依特別法優於普通法之原則，應適用特別法處斷。

實例如下：

①行為人取得之物，認為自己所有，或誤信為自己所有，即欠缺意思要件，縱其結果不免有民事上侵權行為，要難認為構成刑法上之竊盜罪（二三上一九八二）。

②共有人竊取在他人持有中之共有動產者，應成立竊盜罪（二五、五刑會）。

③上訴人充當郵務佐，將某甲所寄掛號信匿不發送，並將封入信內之中獎航空獎券抽去，上訴人雖持有該信，對於信內所附獎券並非當然有保管之責，除拆信部分仍觸犯刑法上其他之罪外，其抽取獎券係屬竊盜（二六滬上一五）。

④某甲寄交某乙之鈔票，係私封信內，並未按章匯兌，上訴人充當郵差，將信拆閱，私取其所附之鈔票，而將信件隱匿，係以開拆隱匿信件為方法，而竊取他人之動產，不能論以侵占公務上持有物（二八上二五三五）。

⑤上訴人受甲地郵局之委託，將其鉛子封固之郵袋運往乙地，在運送途中，對於該整個郵袋，固因業務而持有。但其封鎖郵袋內之各個包裹，仍為託運人所持有，並非上訴人所得自由支配，乃將鉛子封印拆開一部，抽竊袋內所裝包裹，實與

侵沒整個郵袋之情形不同，應成立竊盜罪（二九上一七一）。

⑥侵占罪之成立，以侵占之物本屬自己所持有為要件，若將他人持有物移歸自己持有，即屬竊盜行為，不得謂為侵占。上訴人以洋車代某甲拉運籮籃等物，由某甲尾隨於後，籮籃等物，仍係某甲所持有，該上訴人乘其照顧不及之時，拉至家中，私自變價化用，自係竊取他人之動產，不能論以侵占業務上持有物罪（二九上三三七八）。

⑦凡他人事實上支配之動產，均為他人所有，至是否為合法持有或係違禁物，可以不問（院二三四八）。

⑧實施竊取行為後，使物脫離他人支配，即屬竊盜。至是否移入自己支配之下，於犯罪成立無關，在竊取後處分贓物之行為，不另論罪（院二三○三）。

⑨竊盜罪之既遂未遂，應以所盜之物，已否移入自己支配之下為準，若已將他人財物移歸自己持有，即應成立竊盜既遂罪，至其後將已竊得之物遺棄逃逸，仍無妨於該罪之成立（五二臺上六九九）。

⑩刑法上詐欺罪與竊盜罪，雖同係意圖為自己或第三人不法之所有而取得他人之財物，但詐欺罪以施行詐術使人將物交付為其成立要件，而竊盜罪則無使人交付財物之必要。故詐欺罪之行為人，其取得財物，必須由被詐欺人對於該財物之處分而來，否則被詐欺人交付財物，雖係由行為人施用詐術之所致，但其後交付既非處分之行為，則行為人因其對於該財物之支配力一時弛緩，乘機取得，即與詐欺罪應具之條件不符，自應論以竊盜罪（二三上一一三四）。

⑪商店於夜間被竊當時雖無人看守，但平時均由某甲居住在內，即難謂非有人居住之建築物，要難以暫時無人在內，即

論以普通竊盜（六四臺上三一六四）。

⑫森林法第四十九條第二項為刑法第三百二十條第二項之特別規定，依特別法優於普通法之法律競合關係，應依森林法第四十九條第二項規定論處，並無刑法第五十五條從一重處斷之適用（七〇臺上四九一）。

㈡竊佔不動產罪

意圖為自己或第三人不法之利益，而竊佔他人之不動產者，構成本罪，依第三百二十條第一項之規定處斷（第三百二十條第二項）。其要件為：

1.須為他人之不動產　「他人」二字，包括所有人及占有人在內（二四、七刑會），至其不動產為所有持有或係共有公有，均非所問。

2.須有竊佔行為　「竊佔」指在他人不知之間，占有他人之不動產而言，情形如下：①將他人不動產作為己有，私行出賣他人。②將他人與自己鄰界土地，擅行變更境界加以竊佔。③在他人土地上開墾種植或建屋使用。④乘人不知遷入他人房屋居住。⑤無權占有他人土地，於受強制執行完畢後，復在其上使用收益。

3.須意圖為自己或第三人不法之利益而竊佔　祇須為自己或第三人不法利益為已足，不以意圖不法所有為必要，如將他人不動產，移歸自己或第三人支配之下，可不問是否取得所有權，概成本罪。

本罪為即成犯，當其完成竊佔行為時，犯罪即屬成立，至犯罪後之繼續占據，乃狀態之繼續，而非行為之繼續（院解三五三三），又因所竊佔者為他人不動產，祇是非法獲取其利益，其已否辦理登記，與犯罪行為之完成無關（六六臺上三一一八）。在竊佔後將不動產出賣他人者，其詐欺部分已為竊佔罪所吸收，不另論罪。其與侵占罪不同者有三：①本罪不以持有他人之不動產為前提；侵占罪則以持有他人之物為前提。②本罪所竊佔者限於他人之不動產；侵占罪所侵占者，不以不動產為限。

③本罪以圖得不法利益為目的；侵占罪以圖為所有為目的。

二、加重竊盜罪

犯竊盜罪，而有下列情形之一者，構成本罪，處六月以上五年以下有期徒刑（第三百二十一條第一項）。本條所稱之竊盜罪，是否專指竊取動產之情形，學者間有採肯定見解者，惟實例上認為當然包括竊取動產及竊佔不動產罪在內（二六上二二九九）。至該條所列各款情形，乃加重條件，如行為人同時兼有數款加重情形者，其竊盜行為仍祇一個，自僅成立一罪，不得分別加重，此與法條競合之情形不同，亦無第五十五條之適用，尤非連續犯可言。如竊盜行為祇有一個，而行為內容包含數個罪質，例如結夥三人於夜間侵入住宅竊盜，係犯竊盜罪而有第三百二十一條第一項第一款、第四款之情形，此時仍祇成立一個加重竊盜罪，但於判決主文應將各款加重事由揭出，不能僅舉其中一款，而排斥其他各款之適用（六九臺上三九四五）。

(一)**夜間侵入竊盜**（同條項第一款）

於夜間侵入住宅或有人居住之建築物、船艦或隱匿其內而犯之者，構成本罪。其要件有三：①須侵入住宅或有人居住之建築物、船艦或隱匿其內。②須於夜間侵入或隱匿其內。③須以竊盜目的而夜間侵入。本款之侵入或隱匿其內之初，必具有行竊之故意始可，如在侵入或隱匿之後，另行起意行竊者，僅成普通竊盜罪，此應分別情形，或與妨害自由罪依第五十條併合處罰，或按第五十五條牽連犯之例處斷。分別述之：

①所謂「侵入」，必以行為人之身體侵入為必要，但如在戶外以竹竿鉤竊宅內衣服，或以手侵入窗內行竊，應依第三百二十一條第一項第二款處斷（三三上一五〇四）。

②侵入住宅，第三百零六條設有處罰規定，因與竊盜罪相結合，為加重竊盜罪之一種，不另成立侵入住宅罪(二七上一八八七)。

③侵入住宅未遂而行竊時，除具有第三百二十一條第一項第二至第六款情形外，既與竊盜罪不生結合關係，應依第三百二十條處斷。但如侵入住宅既遂，而竊盜未遂，仍應依第三百二十一條第二項論以加重竊盜未遂。

④同一旅社，各房各住，旅客自有監督權，如在夜間潛入房間內行竊，仍認係夜間侵入竊盜（七上一〇九）。

⑤同宅而居，其同居人財物夜間同時被竊，如係本於夜間侵入竊盜之一行為雖同時侵害數人之法益，仍應以一個夜間侵入竊盜論罪，不生數罪併罰之問題。

⑥所謂侵入竊盜，必須侵入之初，即基於行竊之意思，倘以他故侵入，在侵入之後，始乘機起意竊盜者，尚難以侵入竊盜論（二二上一四六〇）。

⑦住宅與工廠，既經圍有圍牆分隔為二部分，則工廠係工廠，住宅係住宅，並不因該工廠與住宅相連，即可指工廠為住宅（六五臺上二六〇三）。

⑧旅客對於住宿之旅館房間，各有其監督權，且既係供旅客起居之場所，即不失為住宅性質，於夜間侵入旅客房間行竊，係犯夜間侵入住宅竊盜之罪（六九臺上一四七四）。

㈡**毀越門牆安全設備竊盜**（同條項第二款）

毀越門扇牆垣或其他安全設備而犯之者，構成本罪。本款之「其他安全設備」，指門扇牆垣以外依通常社會觀念足認為防盜之設備而言，例如保險箱、門鎖、電絲網之類均是。既毀且越，固屬本款之毀越，即毀而不越，或越而不毀，亦均足成立本罪。至毀越門扇而入室行竊，其越入行為，雖屬侵入住宅，但已結合於所犯加重竊盜罪之罪質中，不能更論以侵入住宅之罪。又損毀或逾越時，必須具侵入竊盜之故意，否則應另成毀損罪或侵入住宅罪，與普通竊盜罪併合處罰。至於門鎖為安全設

備之一種，毀壞門鎖行竊應論以本條項之毀壞安全設備罪。惟此處所謂門鎖係指附加於門上之鎖而言，至毀壞構成門之一部之鎖（如司畢靈鎖）則應認為毀壞門扇（六四、七刑會）。

(三)**攜帶兇器竊盜**（同條項第三款）

攜帶兇器犯之者，構成本罪，本款之所以設有加重規定者，因其攜兇器，隨時有反抗事主而行兇之可能，危險性甚大故也。惟所帶兇器僅在便利行竊而已，事實上並未加以使用始可。如其所攜帶之兇器，更進而使用，且已達至不能抗拒之程度者，則應成立第三百二十八條之強盜罪，而非本罪。且本款情形，僅為加重原因之一，其共同正犯間須有認識，如其攜帶兇器，為他共犯所不知情，其不知情之共犯，僅成普通竊盜罪，不得依本款處斷。

實例如下：

①按攜帶兇器竊盜，祇須行竊時攜帶具有危險性之兇器為已足，並不以攜帶之初有行兇之意圖為必要（六二臺上二四八九）。

②扣案之短刀為單面尖形，甚為鋒利，無論上訴人主觀上是否旨在行兇抑僅便利行竊，然在客觀上顯具有行兇之危險性，自屬兇器之一種，其攜帶而犯竊盜罪，應成立本款之罪（七〇臺上一六一三）。

③攜帶兇器竊盜罪，係以行為人攜帶兇器竊盜為其加重條件，此所謂兇器，其種類並無限制，凡客觀上足對人之生命、身體、安全構成威脅，具有危險性之兇器均屬之，且祇須行竊時攜帶此種具有危險性之兇器為已足，並不以攜帶之初有行兇之意圖為必要。螺絲起子為足以殺傷人之生命、身體之器械，顯為具有危險性之兇器（七九臺上五二五三）。

(四)**結夥三人以上竊盜**（同條項第四款）

結夥三人以上而犯之者，構成本罪。稱三人以上，自係連本數計算，並按實施共犯之人數計算之，不包括教唆犯或幫助犯，以及無責任能力人在內。三人以上如在事前為共同目的而結夥行竊，雖僅一、二人下手實施竊取行為，其餘分擔把風或搬動之行為者，亦均以結夥竊盜罪論處。

實例如下：

①本款所定結夥三人以上之人，係以結夥犯全體，俱有責任能力及有犯意之人為構成要件。如其中一人係缺乏責任能力或責任要件之人，則雖有加入實施之行為，仍不得算入結夥三人之內（三〇上二四〇）。

②刑法上所謂結夥三人以上，須有共同犯罪之故意，而結為一夥，始能成立，若他人不知正犯犯罪之情，因而幫同實施者，不能算入結夥數內（二四上四三三九）。把風行為在排除犯罪障礙，助成犯罪之實現，在合同意思範圍內分擔犯罪行為之一部，亦係共同正犯而應計入結夥之內（七二臺上三二〇一）。

③本款結夥三人以上情形，應於判決內揭引刑法第二十八條之規定（二六渝上一二八五）。

④刑法分則或刑法特別法中規定之結夥二人或三人以上之犯罪，應以在場共同實施或在場參與分擔實施犯罪之人為限，不包括同謀共同正犯在內。司法院大法官會議釋字第一〇九號解釋「以自己共同犯罪之意思，事先同謀，而由其中一部分之人實施犯罪之行為者，均為共同正犯」之意旨，雖明示將「同謀共同正犯」與「實施共同正犯」併包括於刑法總則第二十八條之「正犯」之中，但此與規定於刑法分則或刑法特別法中之結夥犯罪，其態樣並非一致（七六臺上七二一〇）。

㈤**乘災竊盜**（同條項第五款）

乘火災、水災或其他災害之際而犯之者，構成本罪。乘災害之際，

係指乘災害發生時，利用機會行竊，例如他人因空襲警報，而竊取其住宅之財物之類（院二八〇），惟如災害尚未發生，或已過去，或乘他人主觀上之危懼，先事逃避之際而行竊者，均無本款之適用（三一上一〇二一）。如乘被害人因駕機車與貨運卡車相撞肇事，摔倒地上之際，竊取被害人機車上籃筐內之皮包內現金等物，應依乘其他災害之際竊盜罪論處（六五、四刑會）。

　　㈥**在車站埠頭竊盜**（同條項第六款）

　　在車站或埠頭而犯之者，構成本罪。車站係旅客上下聚集（停留）之地，埠頭則為船舶停泊之碼頭，蓋車站埠頭，係供旅客上下或聚集之地，防範困難，行竊較易，故以行竊處所為其加重原因，不以旅客正在上下為必要。因之，在站臺或埠頭竊取車內或船舶內財物，或從車上或船舶上竊取站臺或碼頭上之財物，或於旅客上下之際，在舟車內行竊，均應適用本款（院九四七）。即在車站或埠頭之候車室，行李託運間或售票處行竊者，亦屬旅客上下聚集之地，仍成本罪。如在車船行駛中行竊，而於停靠車站或埠頭時發覺者，不能適用本款處罰。具備二款以上之加重情形者，因竊盜行為祇有一個，仍應以一罪論。

　　實例如下：

　　　　①本條所謂車站，係指停車供旅客上下之站臺而言，至站臺外軌道外之車輛或軌道旁之場所，均不包括在內（四〇臺非五五）。

　　　　②本款之竊盜罪，係指在車站或埠頭行竊者而言，若於火車中竊取他人所有物，即與該條款之規定不符（一八上一三八四）。

　　　　③本款加重竊盜罪，係因犯罪場所而設之加重處罰規定，車站或埠頭為供旅客上下或聚集之地，當以車船停靠旅客上落停留及必經之地為限，而非泛指整個車站或埠頭地區而言（六二臺上二五三九）。

　　加重竊盜罪並罰其未遂犯（同條第二項），其以他人財物移入自己支配之下者為既遂，否則為未遂，僅著手實行本條所列各款加重情形之行為，而未開始實行竊取之行為者，因未遂犯須以著手實行而不遂為要件，既未著手於竊盜行為之實行，當不能繩以加重竊盜未遂之罪責，例如以竊盜之意思，夜間侵入住宅附近之庭院內探望，正圖行竊而未著手，即被捕獲，自係預備竊盜行為，終未入於著手階段，仍難論以加重竊盜之罪。實例持此見解：

　　①刑法上之未遂犯，必須已著手於犯罪行為之實行而不遂，始能成立，此在刑法第二十五條規定甚明。同法第三百二十一條之竊盜罪，為第三百二十條之加重條文，自係以竊取他人之物為其犯罪行為之實行，至該條第一項各款所列情形，不過為犯竊盜罪之加重條件，如僅著手於該項加重條件之行為，而未著手搜取財物，仍不能以本條之竊盜未遂論。上訴人在某處住宅之鐵門外探望，正擬入內行竊，即被發覺捕獲，是破獲時尚未著手於竊盜之犯罪行為，自難謂係竊盜未遂。至其在門外探望，原係竊盜之預備行為，刑法對於預備竊盜，並無處罰明文，亦難令負何種罪責（二七滬上五四）。

　　②上訴人侵入某公司內，既未著手於客觀上可認為竊盜行為之實行，縱其目的係在行竊，仍難論以竊盜未遂之罪。至被害人已就上訴人之侵入行為，依法告訴，其無故侵入他人建築物部分，應依第三百零六條第一項處斷（二八滬上八）。

　　於直系血親、配偶或同財共居親屬之間，犯本章之罪者，得免除其刑（第三百二十四條第一項），其為「得免」而非「必免」。又竊盜罪係侵害他人對該物之持有而設，故犯人與其有無親屬關係，應以物之持有人為準，與所有人無關。此項親屬或其他五親等內血親或三親等內姻親之間，犯本章之罪者，須告訴乃論（同條第二項）。

第三十章　搶奪強盜及海盜罪

一、搶奪罪

㈠普通搶奪罪

意圖為自己或第三人不法之所有，而搶奪他人之動產者，構成本罪，處六月以上五年以下有期徒刑（第三百二十五條第一項），並罰其未遂犯（同條第三項）。犯本罪因而致人於死者，處無期徒刑或七年以上有期徒刑，致重傷者，處三年以上十年以下有期徒刑（同條第二項）。要件如下：

1.須意圖為自己或第三人不法所有　行為人在主觀上明知無取得之權利，而圖為自己或第三人不法之所有，始克相當，如誤認為有權取得，縱為排除他人妨害，具有類似奪取之情形，仍不成本罪。

2.須有搶奪之行為　乘人不備（不及抗拒），公然奪取其財物，置於自己實力支配之下者，謂之搶奪。但不以事主當場為限，有時事主雖未當場，然其掠取情形顯已達於共見共聞或不畏聞見狀況，而不掩形聲，急遽奪取者，仍為搶奪。

3.須以他人之動產為搶奪之目的物　搶奪之目的物，必以他人之動產為必要，即非他人所有或係自己與他人共有，而在他人監督之下，或雖係父母遺產與兄弟有共同繼承權利，但在未經析產尚由兄弟保管之中，實施搶奪行為者，仍應成立本罪。

非軍人在戒嚴區域搶奪財物者，依陸海空軍刑法第二條第九款、第八十三條之規定，處死刑、無期徒刑或十年以上有期徒刑，因係特別法，自應優先適用。

實例如下：

①上訴人因某甲欠債不還，隱匿財產，遂搬取其財物，聲請假扣押，完全為保全債權之行為，並無不法所有之意圖，即使形式上類似掠奪，要與第三百二十五條之意思要件不符（二八上二七八二）。

②如誤認為有權取得，縱令有奪取行為，而因欠缺意思要件，其結果雖不免有民事上侵權行為，亦不能以搶奪罪相繩（五二臺上七九八）。

③搶奪他人不動產未分離之物，因使該物分離，固成本罪，其致生毀損結果時，應依第五十五條後段，從一重處斷（院三八三○）。

④在戒嚴地域內，無論犯搶奪罪或犯強盜罪，亦應依陸海空軍刑法第二條第九款、第八十三條之規定處斷（四五臺上一一五四）。

⑤搶奪罪與強盜罪雖同具不法得財之意思，然搶奪係乘人不備，公然掠取他人之財物，如施用強暴脅迫，至使不能抗拒而取其財物或令其交付者,則為強盜罪(六四臺上一一六五)。

㈡加重搶奪罪

犯前條第一項之罪，而有第三百二十一條第一項各款情形之一者，處一年以上七年以下有期徒刑（第三百二十六條第一項），並罰其未遂犯（同條第二項）。一個搶奪行為具備本條加重條件，同時致人於死或重傷者，乃法條競合，仍應適用第三百二十五條第二項之加重結果犯論科。

㈢常業搶奪罪

以犯第三百二十五條第一項之罪為常業者，處三年以上十年以下有期徒刑（第三百二十七條），犯本罪而有致人於死或重傷之加重結果時，應依第三百二十五條第二項處斷。

搶奪罪與竊盜罪不同：

搶　奪　罪	竊　盜　罪
①公開行之。	①祕密行之。
②有時出於相當之暴力行為。	②以和平之行為為之。
③限於動產。	③動產及不動產均可。
④乘人不備。	④乘人不知。
⑤雖於親屬間犯之不能減免刑責。	⑤得減免刑責。
⑥非告訴乃論。	⑥親屬間犯之須告訴乃論。

二、強盜罪

㈠單純強盜罪

意圖為自己或第三人不法之所有，以強暴脅迫藥劑催眠術或他法，至使不能抗拒，而取他人之物，或使其交付者，為強盜罪（第三百二十八條第一項），並罰其未遂犯（同條第四項）。其要件為：

1. 須意圖為自己或第三人不法之所有　必行為人在主觀上有此意思，始足構成，如強取財物，係基於他種目的，而非出於不法所有者，縱其行為違法，亦非本罪。至誤認他人之物為自己之物，而率人強取，則因欠缺故意，不成強盜之罪。

2. 須以強暴脅迫藥劑催眠術或他法至使人達於不能抗拒之程度　所謂強暴脅迫，以抑制被害人之抗拒，或使被害人處於不能抗拒之狀態為已足，至其暴力與被害人身體接觸與否，在所不問，而實際上被害人抗拒與否，於本罪之構成，尤不生影響。

3. 須取他人之物或使其交付　本條「他人之物」，不問動產及不動產均包含在內，此與搶奪罪之客體必以動產為限之情形不同。其行為態樣有二：①取他人之物：指以自己行為使他人之物，移入自

己支配持有，例如以繩索捆綁事主，自行搜身取款之類。②使其交付：即使他人自動將其財物移歸自己支配，例如持槍對準胸膛，喝令啟開保險箱，交出金飾之類。

犯本罪者，處三年以上十年以下有期徒刑（同條第一項），因而致人於死者，處死刑或無期徒刑，致重傷者，處無期徒刑或七年以上有期徒刑（同條第三項）。預備犯強盜罪者，處一年以下有期徒刑、拘役或三百元以下罰金（同條第五項）。至因強暴行為致輕微傷害者，乃其行為之當然結果，不另成立傷害罪。

第三百二十八條第二項定曰：「以前項方法，得財產上不法之利益，或使第三人得之者，亦同。」學說上稱此為「強盜得利罪」，並罰其未遂及預備犯（同條第四、五項）。本罪所得之利益，以財產上不法利益為限，此種利益並以直接得利為必要，如間接得利者，則不包括在內。

一強盜罪與搶奪罪不同：

強　盜　罪	搶　奪　罪
①以妨害自由之方法行之。	①公然行之。
②使人達於「不能抗拒」之程度犯之。	②使人「不及抗拒」而為之。
③包含動產及不動產。	③限於動產。
④得使他人交付財物。	④須自取他人財物。
⑤處罰預備犯。	⑤否。

㈡強盜罪與竊盜罪不同：

強 盜 罪	竊 盜 罪
①係以妨害他人自由方法行之。	①以和平方法行之。
②使人達於「不能抗拒」之程度為之。	②不使被害人知悉其行為。
③得使被害人或第三人交付財物。	③由行為人自取財物。
④可因而致人於死或重傷。	④否。
⑤於親屬間犯之不能減免刑責。	⑤依法得減免刑責。
⑥非告訴乃論。	⑥親屬間犯之須告訴乃論。
⑦處罰預備犯。	⑦否。

㈢強盜罪與恐嚇取財罪不同：

強 盜 罪	恐 嚇 取 財 罪
①足以抑制被害人自由意思，使之「不能抗拒」。	①被害人雖心生畏懼，尚有自由斟酌之餘地。
②就犯罪之方法為概括規定。	②祇限於以恐嚇為方法。
③處罰預備犯。	③否。
④得取他人之財物。	④僅得使人交付財物。
⑤使人不能抗拒而取其財物或使人交付，可因而致死或重傷。	⑤使人畏懼而交付財物，不能致人於死或重傷。
⑥為財產罪與妨害自由罪之結合。	⑥單純財產上之犯罪。

　　第三百二十八條第一項之強盜罪，實例討論甚多，分別列之：
　　　　①強盜於行劫時，綑縛事主，即係實施強暴脅迫，應包括於強盜行為之內，不另成立妨害自由罪（二四上四四〇七）。
　　　　②與他人公同共有之物，亦為他人之物。若係分別共有，則應

就應有部分行使權利，縱手段不法，亦不成立本罪（二三上五二四七）。

③公務員假借職務上之權力機會或方法，意圖不法所有，私禁他人迫繳財物，應成立本罪，並依刑法第一百三十四條加重其刑，不得論以第三百零二條第一項及第三百零四條第一項之牽連犯（二九上三四三八）。

④強盜罪與恐嚇罪之區別，雖在程度上之不同，尤應以被害人已否喪失意思自由為標準。如加害人實施搜索之時，既將被害人兩手反背捉住，復揜住其口不令聲張，實已達於強暴脅迫使人不能抗拒之程度，非僅施用詐術或恐嚇手段而已（二二上四○七○）。

⑤共同強盜，如係為自己犯罪之意思而參與，縱未實行劫取財物，仍係共同正犯，事後是否分贓，與犯罪之成立無關（二一上二○三）。

⑥對於同一事主同時同地分頭搶劫，縱所劫取之財物，所有權分屬多人，而監督權之被侵害者則止一個，僅成立一個共同強盜罪，與連續犯之各個行為獨立之情形不同（二一上五五八）。

⑦攜帶假手槍冒充真槍以威嚇事主，奪取財物，已達於使人不能抗拒之程度，應成立強盜罪（二六滬上九）。

⑧以威嚇方法使人交付財物之強盜罪，與恐嚇取財罪之區別，係以對於被害人施用威嚇程度為標準。如其程度足以抑壓被害人之意思自由，至使不能抗拒而為財物之交付者，即屬強盜罪。否則被害人之交付財物與否，尚有自由斟酌之餘地者，即應成立恐嚇罪（三○上六六八）。

⑨竊盜罪與搶劫罪之區別，自其主觀條件觀之，固均須意圖為

自己或第三人不法之所有，而自其客觀條件言之，一則係乘人不知而竊取他人之動產，一則對人施強暴脅迫，或其他不正之手段，至使不能抗拒而取他人之物，或使其交付。二者之構成要件，不盡相同（院二六六一）。

⑩刑法第三百二十八條第二項所定強盜罪之物體，固不以動產為限。但對於不動產僅能使人交付，而不能逕自奪取，如以強暴脅迫手段使人不能抗拒，而於他人不動產上取得財產上不法利益者，則屬於同條第二項之罪（院二七二三）。

㈡準強盜罪

竊盜或搶奪，因防護贓物、脫免逮捕或湮滅罪證而當場施以強暴脅迫者，以強盜論，是為「準強盜罪」（第三百二十九條）。其要件為：

1.須犯竊盜罪或搶奪罪　指行為人有竊盜或搶奪之故意，並已著手施行竊盜或搶奪之行為而言。雖有竊盜或搶奪之故意，於著手實行以後，中途變更其竊取或搶取之手段而施暴行使事主不能抗拒，以強劫財物者，本質上已屬強盜行為，不能論以準強盜罪。所謂竊盜，兼具竊盜既遂及未遂之情形，但必已著手於竊盜行為之實施始可。準強盜罪，既以竊盜或搶奪為前提，其竊盜或搶奪既遂者，即以強盜既遂論。如竊盜或搶奪為未遂，即以強盜未遂論。但竊盜或搶奪不成立時，雖有脫免逮捕而當場施以強暴脅迫、脅迫之情形，除可成立他罪外，不能以準強盜罪論斷（六八臺上二七七二）。

2.須當場施以強暴脅迫　稱「當場」不以竊盜或搶奪之現場為限，即已離盜所，而在人追蹤中，始終未離視線者，仍不失為當場。但若竊盜或搶奪者，於得手後行至中途，始被發覺，則該中途不得謂為當場（七三臺上四六三九）。如非當場施強暴脅迫，如竊得鴨鵝之後，翌日事主至其家認贓，加以擊傷，此係分別起意，應

依竊盜罪與傷害罪，併合處罰，而不能以強盜論。準強盜罪之所謂施強暴或脅迫，只須有此行為即為已足，不以至使不能抗拒為必要（七四臺上三二二五）。

3. 須因防護贓物、脫免逮捕或湮滅罪證　「防護贓物」，指行為人為保護其竊盜或搶奪所得之贓物，例如搶取路人皮包後，事主追及爭奪，乃用槍嚇止之類。「脫免逮捕」，乃行為人為避免自己被捕，而施強暴脅迫，例如夜間侵入住宅行竊，情急圖逃，乃用刀片劃傷事主，乘間脫逃之類。「湮滅罪證」，即行為人為湮滅其竊盜或搶奪之罪證，而施強暴脅迫，如在盜所留下國民身分證，用刀嚇止事主，而取回遺落證件之類。在準強盜罪構成要件中雖有三者，但有一於此，即應以強盜論，不生法條競合或想像競合之問題。

本罪之既遂與否，應視其竊盜或搶奪之是否既遂為準。故如①「防護贓物」：必在竊盜或搶奪既遂後始足成立。②「脫免逮捕」：不問竊盜或搶奪之既遂與否，均可成立。③「湮滅罪證」：不問竊盜或搶奪之既遂與否，及罪證之是否湮滅，均足構成。是以兩次行竊或搶奪，雖係以概括之意思連續實施，而其第一次竊盜或搶奪既遂，第二次竊盜或搶奪未遂，意圖脫免逮捕，而當場施以強暴脅迫，依本條規定應以強盜論，亦應以連續強盜未遂之一罪論（二五上五四六八）。但其竊盜或搶奪必已著手實施，始有適用，如僅意圖行竊或搶奪，尚未著手實施，雖因脫免逮捕，而施以強暴脅迫，則與本罪之要件不符，自不能以強盜論（二九滬上七參照）。

本條定曰：「以強盜論」，泛稱「事後強盜」。其當場為防護贓物，脫免逮捕，或湮滅罪證，而實施強暴脅迫時，其竊盜或搶奪行為業已終了。若於行竊或搶奪時，復以強暴脅迫奪取他人之物，則其本質已屬強盜行為，應依強盜罪論處，不成本罪（二五上一五二〇）。且數人共犯竊盜或搶奪，僅其中一人當場施強暴脅迫，其無犯意聯絡之共犯，不構成本罪

（二三上二三一六參照）。又當場施以強暴脅迫，因而致人於死或重傷者，自應分別情形，依第三百二十八條第三項或第三百三十二條第四款處斷。例如某甲侵入住宅行竊，為事主某乙發覺而逃，某乙之子某丙先下樓追捕，某乙繼之追捕，某甲為脫免逮捕，當場持刀對相繼追捕之某丙及某乙實施強暴，係犯一個準強盜罪，而其當場實施強暴脅迫時，將某丙殺死，某乙則被殺未死，又屬一行為而觸犯殺人既遂及殺人未遂二罪名，應從一重之殺人既遂處斷，其殺人既遂之行為因與所犯準強盜罪有結合關係，應適用第三百三十二條第四款以犯強盜罪而故意殺人論科（六八、二刑會）。

㈢加重強盜罪

犯強盜罪，而有第三百二十一條第一項各款情形之一者，處五年以上十二年以下有期徒刑，並罰其未遂犯（第三百三十條）。所云「犯強盜罪」，兼指第三百二十八條、第三百二十九條之情形，惟犯第三百二十八條第二項及第三百二十九條之罪，而有本條之加重情形時，不適用懲治盜匪條例第五條第一項第一款之規定論處。如攜帶軍用槍砲，強劫財物，除構成第三百三十條之罪外，原又觸犯持有軍用槍砲罪。若行為人早已持有軍用槍砲，嗣臨時起意，攜帶上盜，應論以第一百八十六條或第一百八十七條之公共危險罪，與第三百三十條加重強盜罪，併合處罰。如本未持有，因企圖行劫，始行備置，即係犯一罪之方法，復犯他罪，依第五十五條從一重處斷（二六滬上一八）。

㈣常業強盜罪

以犯強盜罪為常業者，構成本罪，處七年以上有期徒刑（第三百三十一條）。稱犯強盜罪，包括第三百二十八條第一項、第二項，及第三百三十條之強盜罪在內。以犯強盜罪為常業，因而致人於死或致重傷者，仍有第三百二十八條第三項之適用，此乃法條競合問題。

㈤結合強盜罪

　　強盜罪與特定之他罪，依刑法之特別規定相結合，構成結合強盜罪，處死刑或無期徒刑（第三百三十二條）。此之「犯強盜罪」，包括第三百二十八條至第三百三十一條之強盜罪在內，但本罪並未設有處罰未遂之規定，是否未遂，應以其所結合之罪是否既遂為準，與強盜罪之是否既遂無關，如其所結合之他罪未遂，則不生結合關係，仍應分別處罰。

　　犯強盜罪而有二以上之罪相結合（例如強盜罪，同時強制性交又殺人），即具備二款以上之情形，因基本之強盜行為祇有一個，仍屬本條之結合犯，不能認為法條競合，亦無適用第五十五條從一重處斷之餘地。共犯強盜罪，如其中有人實施強盜結合犯之行為，其他共犯如有犯意聯絡，縱未參與實施結合罪之行為，仍係共同正犯。

　　結合強盜罪之情形有四：

1. 強盜放火罪（第一款）　係由強盜與放火兩罪結合，而於強盜時更有放火行為，構成本罪。放火包括刑法第一百七十三條至第一百七十五條之情形，失火則不在其內。至燒燬之物是否為實施強盜之方法，並非所問。強盜放火因而致人於死或重傷，係第三百二十八條第三項與本條第一款之法條競合，仍應適用本條款處斷。

2. 強盜強制性交罪（第二款）　係強盜罪與強制性交罪之結合，此之強制性交，包含第二百二十一條及第二百二十二條在內。被強制性交之人，祇須為盜所之婦女，是否即為被盜之被害人，則非所問。且實務上以在盜所實施強制性交者為限，惟順擄婦女至盜所附近強制性交者，亦應論為本罪。如於強制性交後另行起意實施強盜，或強盜後中途起意強制性交，即非本條款之結合犯，應就強制性交及強盜兩罪，併合處罰。

3. 強盜擄人勒贖罪（第三款）　係結合強盜與擄人勒贖二罪而成，其被擄之人，並不以強盜之被害人為限。犯本罪因而致人於死或重傷者，應依法條競合原則處斷。

4.強盜故意殺人罪（第四款）　係結合強盜罪與殺人罪而成，其被
　害人之身分如何，可以不問，且不以強盜罪之被害人為限，無論
　以殺人為犯強盜罪之方法，或強盜當場殺人，均足成立，故祗須
　殺有強盜之故意，至其殺人行為在強盜之前，或強盜之後，及其
　殺人動機如何，概非所問。惟殺人後始行起意劫財，或在強盜行
　為完成後，另行起意殺人者，均與結合犯無涉，應併合處罰，不
　成本罪。

三、海盜罪

㈠普通海盜罪

未受交戰國之允准，或不屬於各國之海軍，而駕駛船艦，意圖施強
暴脅迫於他船或他船之人或物者，構成本罪，處死刑、無期徒刑或七年
以上有期徒刑（第三百三十三條第一項）。其要件為：

1.須駕駛船艦　船艦不問公有私有，祗須具有相當之實力，並能行
　駛海洋，與海軍船艦相類似之設備，即足當之。
2.須未受交戰國之允准，或不屬於各國之海軍　如於國際間發生戰
　爭時，受交戰國之允准，或屬於各國之海軍，而駕駛船艦，則其
　本質為一種軍事行動，不成本罪。
3.須意圖施強暴脅迫於他船或他船之人或物　意圖施強暴脅迫，乃
　有此意思已足，其動機如何，並非所問。本條雖及他船，而不及
　他艦，他艦當然包括在內。且有無掠取財物之行為，尤與本罪之
　成立不生影響。

㈡準海盜罪

船員或乘客意圖掠奪財物，施強暴脅迫於他船員或乘客，而駕駛或
指揮船艦者，以海盜論（第三百三十三條第二項）。其要件為：

1.須以船員或乘客為犯罪之主體。

2. 須意圖掠奪財物　但有此意圖已足，不必果已掠奪財物。

3. 須施強暴脅迫於其他船員或乘客，而駕駛或指揮船艦　其他船員或乘客，指與行為人同船之船員或乘客而言，例如盜匪喬裝乘客，在船艦駛至海中，即出槍威迫駕駛之人開至指定地點，或奪取駕駛臺自行開船者，即成本罪。

犯第三百三十三條第一、二項之罪，因而致人於死者，處死刑。致重傷者，處死刑或無期徒刑 (同條第三項)。又犯海盜罪而有下列情形之一者，為海盜罪之結合犯，處死刑 (第三百三十四條)，其態樣有四：①放火者。②強制性交者。③擄人勒贖者。④故意殺人者。以上四罪，與結合強盜罪同其性質。

第三十一章　侵占罪

一、普通侵占罪

意圖為自己或第三人不法所有，而侵占自己持有他人之物者，構成本罪，處五年以下有期徒刑、拘役或科或併科一千元以下罰金（第三百三十五條第一項），並罰其未遂犯（同條第二項）。茲分述之：

(一)侵占罪之要件

1. 須意圖為自己或第三人不法之所有　祇須行為人在主觀上有不法所有之意思，而擅自侵占自己持有他人之物已足，事實上果否已為自己或第三人取得所有權，在所不問。如有所有之意思而非不法，且依法有取得所有之原因者，亦非本罪，例如贈與契約條件成就之後，將自己持有他人之贈與物，代為交付於受贈人者，不能論以侵占罪。

2. 須有侵占他人之物之行為　「他人之物」，包含動產及不動產，電氣亦同。所謂「侵占」，乃對於他人之物，本無處分權限，而實行不法領得之意思，故所侵占之物，於不法領得以前，即已在其實力支配之下，始克相當。本條所稱持有他人之物，係為他人而持有之物，其持有之權源，多基於委任關係而來，即所謂「持有關係」也。在本罪之持有關係，乃屬特定關係之一種，非具有持有關係之人，不得為本罪之主體。自己所持共有物，詐稱自己所獨有，以之抵押於人，應成立本罪（二五、六刑會）。

3. 其所侵占他人之物，須原為行為人自己所持有　他人之物，必先經自己之持有，始有構成侵占可能。所謂侵占，以被侵占之物先有法律或契約上之原因在其持有中者為限，否則不能成立侵占罪

（五二臺上一四一八）。但侵占之時，祇須具有不法領得之意思即可，不以移動為必要，此與竊盜搶奪強盜詐欺等罪，因犯罪結果致被害人之物移入自己持有者，微有不同。

㈡侵占罪之特質

侵占以持有他人之物，實行其所有權內容之行為為構成要件，但不以處分行為為限，故其侵占行為之狀態有二：

1. 實施處分之行為　乃將自己持有他人之物，視為自己之物而加以處分。情形有二：①法律上之處分：例如向他人借得機車，逕行出賣典當贈與之類。②事實上之處分：例如將他人委託保管之砂糖，擅自消費食用之類。以上兩種情形，其處分之意思一經表示，侵占行為即已完成，自應論以既遂。

2. 易持有為所有之行為　乃使物之所有人喪失其所有權，而變更持有之意思為所有，遂行所有人之行為。例如：①銀行職員將客戶存款單，改作自己戶名，以圖領取存款。②自己保管他人腳踏車，抑留隱匿，拒絕交還。③保險公司收費員代收保費，詐稱途中被劫或已遺失，表示無從交出。④經辦機關庶物之人，明知庫存物品並無短少，為圖取回己用，報稱被竊之類。此種易持有為所有之行為，一經表示侵占意思，罪即成立，縱事後追回原物，或自行交出，對本罪之構成，均無影響。

刑法第三百三十五條第一項及第三百三十六條第一、二項規定，自己持有他人之物之稱「持有」，而不曰「占有」其意義如何？學說上固多爭執，惟刑法上所謂持有關係，與民法上之占有並不盡同，蓋物之支配，本有法律上支配與事實上支配兩種，所謂持有，即指事實上之支配，人對該物為事實上之支配，即為持有。至持有關係之發生，並不以當事人間之委託關係為限，即基於誠實信用原則而持有之者，亦包括在內。故①依法令規定者，如公務員持有徵收之稅捐，保管之公款以及扣押之物

品。②依契約約定者，如租賃、借貸、委任、寄託、運送、質權、留置權。因之，刑法上之持有，以具有支配其物之意思，且事實上支配其物已足，故如持有人雖一時離去，而竊取其屋內放置之衣服者，仍成竊盜罪，蓋其並未拋棄支配之意思也（日本大審院大正十五年十月八日判決）。其經封緘加鎖之包裝物品，本人顯無拋棄其支配之意思，仍認為在本人持有之中，如抽竊其中物品，乃屬竊盜，並非侵占，蓋封鎖之包裝物品，仍為本人所持有，並非他人所得自由支配也。摘舉實例，以供參考：

①上訴人充當郵務佐，將某甲所寄掛號信匿不發送，並將封入信內之中獎航空獎券抽去，上訴人雖持有該信，對於信內所附獎券並非當然有保管之責，除拆信部分仍觸犯刑法上其他之罪外，其竊取獎券係屬竊盜行為（二六滬上一五）。

②上訴人受甲地郵局之委託，將其鉛子封固之郵袋運往乙地，在運送途中，對於該整個郵袋，固因業務而持有。但其封鎖郵袋內之各個包裹，仍為託運人所持有，並非上訴人所得自由支配，乃將鉛子封印拆開一部，抽竊袋內所裝包裹，實與侵沒整個郵袋之情形不同，應成立竊盜罪名（二九上一七一）。

③刑法上之侵占罪，以持有他人之物而實行不法領得之意思為構成要件，自必須所侵占之物，於不法領得以前，即已在其實力支配之下，始與持有之要素相符（二〇上一五七三）。

④侵占罪為即成犯，於持有人將持有他人之物變易為所有之意思時，即行成立，苟非事前共謀，則其事後參與處分贓物之人，無論是否成立其他罪名，要難論以共同侵占（六七臺上二六六二）。

⑤刑法上之侵占罪須持有人變易其原來之持有意思而為不法所有之意思，始能成立。如僅將持有物延不交還或有其他原因致一時未能交還，既缺乏主觀要件，即難以該罪相繩（六八

臺上三一四六)。

⑥侵占罪所謂他人之物,乃指有形之動產、不動產而言,並不
包括無形之權利在內,單純之權利不得為侵占之客體(七一
臺上二三〇四)。

民法上之占有,重在法律上之支配關係,並不以排斥他人之支配為
必要。例如①間接占有(民法第九百四十一條),其間接占有人對物並無
事實上之支配關係,但在民法上仍係占有。②代理占有(民法第九百四
十二條),主人並未放棄事實支配之意思,故學徒受主人之命看顧店內物
品,其主人仍為占有人,店內之物仍係主人占有,雖主人一時離開店內,
學徒(代理占有人)竊取店內物品,則係竊盜而非侵占。③占有改定(民
法第七百六十一條第二項),乃讓與動產物權,而讓與人仍繼續占有動產
者,讓與人與受讓人間訂立契約,使受讓人因此取得間接占有,以代交
付,例如甲以乳牛讓與於乙,甲因有繼續飼養必要,與乙訂立使用借貸
契約,繼續占有乳牛,則乙為間接占有人,甲係直接占有人而「持有」
該牛,甲有侵占該牛時,自應成立侵占罪,而非竊盜罪。故民法上占有
與刑法上持有,對於物有事實上管領力而言,二者並無區別,例如承租
人對於租賃物,在民法上為占有,如將其物據為己有,意圖出賣他人,
即成立侵占罪。實務認為:甲將買自他人之違章建築物平房一棟,連同
租地權,出立不動產買賣契約書及杜賣證書售賣與乙,旋又出立租賃契
約,向乙租賃該房屋繼續居住,在租賃期間,甲又將該房出立不動產買
賣契約書及杜賣證書出賣與丙,甲除負民事上責任及有詐欺故意,應成
立詐欺罪外,要無成立侵占罪之餘地。(五一、十刑會)

其不同者：

刑　法　上　持　有	民　法　上　占　有
①現實之概念，即置於排斥他人支配之狀態。	①法律上之概念，不以排斥他人之支配為必要。
②事實上之支配關係，必自己為現實支配其物。	②法律上之支配關係，得為他人而占有。
③自侵略方面排除他人之支配。	③自防衛方面排除他人支配。
④僅持有人有持有關係。	④有間接占有人及占有輔助人。
⑤持有人在法律上並未推定有何適法權利。	⑤占有人於占有物上行使之權利，推定其適法有此權利，並推定其為以所有之意思，善意和平及公然占有。
⑥以有繼續性為必要。	⑥否。
⑦不得移轉或繼承。	⑦移轉及繼承，並可用占有改定方法以代交付。

(三)侵占罪之未遂

　　侵占罪設有罰處未遂之規定，但其侵占未遂之狀態如何？殊欠明瞭。蓋侵占罪係以他人之物，原歸自己持有，持有人易持有為所有之意思，或有處分持有物之行為時，其侵占行為，一經完畢，罪即成立，並不以處分行為終了為必要，故在侵占罪為「即成犯」，侵占行為完畢，罪即成立，縱事後將侵占之款全數吐出，或已自認賠償，亦不能解除犯罪之責任（三〇上二九〇二參照）。是以日本刑法認為侵占行為，難以想像其有未遂狀態之存在，故不罰侵占罪之未遂犯，實非無因。依法理言，以不法意思，而著手實行，並未表明實行其所有權之內容者，始為侵占罪之未遂，例如百貨公司會計，於每日營業終了結賬時，隱匿賬目，擬將賬

款短報據為己有，惟未至結賬即為經理發覺，尚可視為侵占未遂，惟既未結賬，究竟有無表示其領得之意思，實際極難認定。

實例如下：

①意圖侵占，勸由他人將物交付於己，允代收存，即行攜帶逃走者，仍成詐欺，不得論為侵占（六上九九〇）。

②上訴人對於廟產據為己有，私自標賣，雖房未賣出，而其侵占行為，已不能謂非達於既遂之程度（二〇上八二八）。

③甲將管理乙之地擅行變賣，應構成侵占罪（院六二六）。

④金錢或其他代替物，因消費借貸契約，由當事人之一方移轉所有權於他方者，他方雖負有以種類品質數量相同之物返還之義務，但非代所有權人保管原物，其事後延不返還，自係民事上違約問題，與侵占罪之要件並不相符（二三上一八三〇）。

⑤債務人以自己持有之共有不動產，詐稱係其所有，或詭稱已得共有人同意，向債權人押借款項，應成立侵占罪，至詐欺行為，已為侵占行為所吸收，不另成罪（院一五一八）。

⑥為他人處理事務之人所為之侵占，為特殊之背信行為，故侵占罪成立時，雖其行為合於背信罪之構成要件，亦當論以侵占罪，不應論以背信罪（二七滬上七二）。

⑦合夥人之出資，為合夥人全體之公同共有，合夥人退夥時，其公同共有權即行喪失，縱退夥人與他合夥人間結算後，尚有出資償還請求權，而在未償還以前，仍屬於他合夥人之公同共有，並非於退夥時當然變為退夥人之物。他合夥人不履行償還義務，並非將其持有他人之物易為不法所有，自不生侵占問題（二八上二三七六）。

⑧侵占罪為即成犯，並非繼續犯，其侵占後之變賣，乃處分行

為，不另成立他罪（四三臺上六七五）。

⑨侵占罪之持有關係，為特定關係之一種，如持有人與非持有人共同實施侵占持有他人之物，依刑法第三十一條第一項及第二十八條，均應論以同法第三百三十五條之罪。至無業務上持有關係之人，對於他人之業務上持有物，根本上既未持有，即無由觸犯同法第三百三十五條之罪，若與該他人共同實施或教唆幫助侵占者，依同法第三十一條第一項規定，應成立第三百三十六條第二項之共犯（院二三五三）。

⑩財產法益被侵害時，其財產之所有權人，固為直接被害人，即對於該財產有事實上管領力之人，因他人之犯罪行為，而其管領權受有侵害者，亦不失為直接被害人，自得提起自訴（四二臺非一八）。

二、公務上侵占罪

對於公務上所持有之物，犯第三百三十五條第一項之罪者，構成本罪，處一年以上七年以下有期徒刑，得併科五千元以下罰金（第三百三十六條第一項），並罰其未遂犯（同條第三項）。其要件為：

㈠本罪主體須為執行公務之人　「執行公務之人」，即依法令從事公務之人，不以公務員為限，但其持有之原因，係由於執行公務始可，且所侵占之物，係其因執行公務而持有，並不限於公物，故如公務員保管公款，固為公務上持有之物，即如監獄職員將經管犯人家屬送交錢財，恣行吞沒；或海關抄班搜獲船員鴉片嗎啡，匿不陳報；以及郵局司事，移挪售票及匯兌款項之類，仍不失為侵占公務上持有之物。

㈡須有為自己或第三人不法所有之意圖。

㈢所侵占者為公務上持有之物。

本條為第一百三十一條及第一百三十四條之特別規定，公務員侵占

公務上持有之物，係第一百三十一條與第三百三十六條第一項之法條競合，祇成立本罪，毋庸依第一百三十四條加重其刑（院一九三六）。惟保管公務上款項，私存放息圖利，如無變持有為所有之意思，僅成主管事務圖利罪，並非侵占。雖為公務員，而所持有之物並非基於公務關係者，縱有侵占情形，亦與公務上侵占罪質不合（二五上二五八一）。又因公益持有之物，係指其持有之原因為公共利益而言，若因執行公務而持有，縱其物有關公益，仍屬公務上之持有物（三○上二八四五）。本條所謂侵占公務上持有之物，必須其物因公務上之原因歸其持有，從而侵占之，方與該罪構成要件相符，如原無公務上持有關係，即無侵占之可言（五三臺上二九一○）。至公務員在身分喪失之後持有公物而實行侵占者，亦祇構成普通侵占罪。設定擔保物權原為所有權人之處分行為，不屬於持有人之權限，如以公務上所持有之公有有價證券擅自向銀行質押借款，以供己用，其性質即係設定權利質權，屬於持有人處分持有他人所有物之行為，亦即變更持有為不法所有之意，與公務員侵占公用財物罪之構成要件相符（六三臺上三○九一）。

三、公益上侵占罪

因公益上所持有之物，犯第三百三十五條第一項之罪者，構成本罪（第三百三十六條第一項），並罰其未遂犯（同條第三項）。此之「公益」指公共利益而言，其僅有關多數特定人之共有利益者，尚不得稱為公益。例如慈善團體募集之救濟物品，私立學校保管之資產，以及賑濟災民之糧食藥品之類，均為公益上持有之物。本罪不問其身分是否為公務員或從事業務之人，祇須非因公務，僅有公益關係而持有者，即可成立本罪，故因執行公務，而持有之物縱其物有關公益，仍屬公務上持有物，且其物雖有關公益，而行為人並無本其處理公益事務之身分，或基於公益上之原因而持有者，亦不得論以本罪。又本罪係因公務上或公益上持有之

特定關係，而成立之罪，與僅因身分或其他特定關係而致刑有重輕之情形有別，因而無此特定關係之人與有此特定關係之人共同侵占，依第三十一條第一項之規定，仍應以公務上或公益上侵占之共犯論（二八上二五三六參照）。

四、業務上侵占罪

對於業務上所持有之物，犯第三百三十五條第一項之罪者，構成本罪，處六月以上五年以下有期徒刑，得併科三千元以下罰金（第三百三十六條第二項），並罰其未遂犯（同條第三項）。業務指吾人於社會上之地位，所繼續經營之事務而言，其僅偶一從事者，不得謂為業務，至其業務之性質，係依法令或契約或習慣上者，並無區別之必要，且有無營利之目的，或有無報酬及是否適法，均非所問（二四上四六二九參照）。故在一般觀念可認係業務上侵占者：

1. 旅社經理侵占旅客交與保管之封緘金錢或貴重物品。
2. 西服店主人將人交製之衣料擅自典當得款化用。
3. 銀行職員經管公庫業務，將客戶存款取出化用。
4. 開設當舖，將典當物品攜帶逃走或贈與他人。
5. 運送人擅將託運人之包裝物品，運往他處轉賣。

下列情形，雖有業務上關係，而在法理上不能認為業務上侵占：

1. 租用三輪車以為營業，其持有原因，係基於普通委任關係，並非屬於業務行為，縱持有人以之供業務上使用，亦不得謂為業務上持有之物。
2. 貨運汽車司機，原無售賣客票之權，而該汽車專為運輸汽油，亦非營業性質，其中途私賣客票既非屬於業務內容之行為，自與業務上之侵占情形不同。
3. 銀行保管倉庫之管理人，私啟他人保險箱，擅自取走其中黃金，

雖外形上似為侵占，然保險箱內存放之物，他人並無拋棄「持有」之意思，仍係他人支配之物，故私自取用，應成立竊盜，而非業務上侵占可比。

4. 承攬人因承攬關係，取得定作人支付之報酬及其他費用，其所有權已移轉於承攬人，縱其於得款後不完成一定之工作，除有託名承攬施用詐術騙取報酬及其他費用情形，應論以詐欺罪外，對於所受取之報酬及其他費用，不成立業務上侵占。

5. 隱名合夥人之出資，其財產權移屬於出名營業人（民法第七百零二條），該項合夥財產自係屬於出名營業人，並非與隱名合夥人共有，關於營業上收取之款項，仍由出名營業人取得所有權，縱令出名營業人將該款據為己有，並未分給隱名合夥人，究與侵占他人所有物之條件不符，尤無成立業務上侵占可言。

6. 多數合夥人同意銷除商號經理賒欠之款項，縱其中未同意之合夥人反對銷除，然此項債務之免除是否有效，究屬民事關係，不能認係業務上侵占。

7. 商店學徒，主人尚未分派實際業務，如臨時奉命持款前往銀行存放，而攜帶逃走，僅成普通侵占罪。

8. 居間人就其媒介所成立之契約，無為當事人給付或受領給付之權，是居間人為當事人受領給付，通常不屬於其業務範圍。若偶受當事人之特別委任受領給付，從而侵占受領之給付物，仍不得謂為業務上之侵占。

9. 普通侵占與業務侵占僅犯罪者持有其侵占物之原因不同，犯罪構成要件，即不法所有之意圖及易持有他人之財物為己有之要件，並無不同，如基於概括之犯意而連續為之，應論以連續犯。（六七、九刑會）

業務上侵占，亦係因特定關係成立之罪，其無業務上持有關係之人，

對於他人之業務上持有物，根本上既未持有，即無由觸犯普通侵占罪。若與該他人共同實施或教唆幫助侵占者，依第三十一條第一項規定，應成立本罪之共犯（院二三五三，二八上二五三六）。為他人處理事務之人，侵占其所持有他人之物，乃特殊之背信行為，故侵占罪成立時，縱其行為與背信罪相符，僅能依侵占罪處斷，而不應論以背信罪（二七滬上七二，四二臺上四〇二）。從事一定業務之人，其處分自己持有他人之物，因其本無處分之權，而竟為之處分，故負侵占責任。如其處分行為，本屬其權限以內，自難論以侵占，例如農會職員侵占職務上保管之財物，除其侵占之財物係屬公益者外，以業務侵占論（四四、七刑會）。情形如下：

1. 質權人於質權存續中，將質物轉質於第三人，及質物有敗壞之虞，質權人得拍賣質物，以其價金代充質物（民法第八百九十一條、第八百九十二條），此種情形，其「轉質」及「拍賣」行為，均屬權利範圍，為法之所許，不成侵占罪。

2. 行紀人因委託出賣之物易於敗壞，而處置其委託物（民法第五百八十四條），其「處置」他人之委託物，亦為法律上有處分權之結果，難謂有侵占意思。

3. 運送人因運送物有腐壞之性質，或顯見其價不足抵償運費，而拍賣運送物，及旅客到達六個月內不取回其行李者，運送人得拍賣其行李（民法第六百五十條、第六百五十六條），此時運送人之「拍賣」運送物或行李，均非不法，自無侵占可言。

五、侵占脫離持有物罪

意圖為自己或第三人不法之所有，而侵占遺失物、漂流物或其他離本人所持有之物者，構成本罪，處五百元以下罰金（第三百三十七條），學說上稱為「準侵占罪」。其侵占之客體有三：①遺失物，指本人無拋棄

意思，而失其持有之物，如搭乘舟車遺落皮包是。②漂流物，指水上遺失及隨水漂流至他處之物，如溪流上游堆放木材，遇河水暴漲沖至沖積處所是。③其他離本人所持有之物，除遺失物漂流物外，凡不基於本人之意思，一時脫離其本人所持有之物者均是，如逸出於平時往返地區之家畜家禽之類。惟此類之物必須離本人所持有，如仍在本人持有範圍之內取之者，則為盜竊而非侵占。

　　於直系血親配偶或同財共居親屬間，犯侵占罪者，得免除其刑（第三百三十八條準用第三百二十四條第一項）。此項親屬，或其他五親等內血親或三親等內姻親之間，犯本章之罪者，須告訴乃論（第三百三十八條準用第三百二十四條第二項）。其是否親屬間侵占，應以物之所有權人是否親屬為準，蓋本罪所注重者為所有權之侵害，此與竊盜罪之侵害持有之情形，顯然有別。

第三十二章　詐欺背信及重利罪

一、詐欺罪

㈠普通詐欺罪

意圖為自己或第三人不法之所有，以詐術使人將本人或第三人之物交付者，構成本罪，處五年以下有期徒刑、拘役或科或併科一千元以下罰金（第三百三十九條第一項）。其要件為：

1. 須意圖為自己或第三人不法之所有。

2. 須施用詐術　所稱「詐術」，乃行詐欺人之謂，凡以欺罔方法欺騙他人，使人陷於錯誤，信以為真，而交付財物者，均屬詐欺，如無行詐之故意與行為，或被害人未因其行詐而陷於錯誤，均不成本罪。惟如購買火車票轉售圖利，是否構成詐欺罪，應視其實際有無以詐術使人陷於錯誤，具備詐術罪之各種構成要件而定。如自己並不乘車，而混入旅客群中，買受車票，並以之高價出售者，仍須視其實際是否即係使用詐術，使售票處因而陷於錯誤，合於詐欺罪之各種構成要件以為斷（釋一四三）。至詐欺之事實，不問為全部或一部虛偽，均無不可。行詐之方法有二：

   ⑴積極之詐欺　乃以詐術欺罔人使陷於錯誤，因其錯誤，而任意交付財物，必其行詐係出於積極之方法，列舉如下：

   ①製造並無嗎啡毒質之金丹，而冒作真品出售，以圖欺騙他人得財。

   ②以滲和桐油之茶油，冒充純淨茶油，騙售高價。

   ③偽允代為行賄，使人交付款項，收為已有。

   ④貧婦自願賣身為婢，收取高價，得款潛逃。

⑤簽發明知存款不足，且係拒絕往來戶之空頭支票，持向商店購物。

⑥商店明知資金週轉困難，虧累甚鉅，行將倒閉，仍隱實情，向人騙取大批貨品轉賣，隨即宣告倒閉。

⑦假冒稅捐機關稅戳，蓋於豬皮上，依市價出售。

(2)消極之詐欺　所謂詐術，不以欺罔為限，即利用人之錯誤，而使其為財物之交付，亦足構成，故消極之詐欺，須以違背法律上通知真實之義務，以利用他人之錯誤，而乘機詐騙始可。列舉如下：

①古董商人誤認假畫為名貴真品，嗣又知情，仍以高價充為真品出售。

②將品質中等之貨物，假裝為上等貨物，聲言減價拍賣，求取高價。

③銀樓業者將真品贗品併列櫥窗，購物之人不知真假，誤認贗品為真品，店主蓄意欺矇，而付以贗品。

④明知身無餘款，不告以不能付款實情，假裝闊綽，使人供給飲食或允予住宿，事後不能付款，逕行溜走。

⑤向商號訂購某處出品之貨物，竟以他處之貨物，按某處出品之價值出售。

3. 須使人將本人或第三人之物交付　泛稱為物，包括動產不動產及電氣在內。但其物必屬於被害人自己或第三人所有而在被害人持有中者為限，如在行為人自己持有之中，不問何人所有，均無交付可言。交付亦不以被害人將物逕交行為人之直接交付為限，其使被害人將物經由第三人交付者亦屬之，故交付財物人與被詐欺者，不以同一人為必要。

詐欺罪、竊盜罪與侵占罪，均係財產上犯罪，且須有不法所有之意

思，然其性質並不盡同。

㈠詐欺罪與竊盜罪不同：

詐　欺　罪	竊　盜　罪
①使人將本人或第三人之物交付。	①行為人自行取去其物。
②被害人依其意思為物之處分。	②所失去之物違反被害人之意思。
③使人陷於錯誤而為交付。	③行為人自行變更物之現狀而占有。
④必施用詐術。	④否。
⑤行為客體為物及財產上不法利益。	⑤僅限於財物。

㈡詐欺罪與侵占罪不同：

詐　欺　罪	侵　占　罪
①使人交付之物，在他人持有之中。	①其物已在行為人持有之中。
②須施用詐術。	②以和平方法行之。
③使人陷於錯誤而交付。	③處分其物或易持有為所有。
④非身分犯。	④對物有事實上支配關係。

㈡詐欺得利罪

　　意圖為自己或第三人不法所有，以詐術得財產上不法之利益，或使第三人得之者，構成本罪（第三百三十九條第二項），並罰其未遂犯（同條第三項）。所稱財產上不法利益，指其利益在法律上為不法利益，不問

為有形無形，凡為物所不能包括者均包含之，故如以詐術取得債權或免除債務，行使偽造菸類專賣憑證，假借合作社名義，套購棉布漁利，或在受訴法院提出偽據，主張並未欠租，否認付租義務之類，皆為詐欺得財。又如甲與乙共商將甲所有之物質押於丙等人，後又共同以詐術將質物騙回而另售他人，致質權人喪失其質物之占有，而不能請求返還質權歸於消滅。甲取回之原質物價值增高，即屬取得財產上不法之利益，甲係為自己得財產上不法利益，乙則係使第三人得之，應共同成立第三百三十九條第二項之罪（六六、八刑會）。又如共同以詐術向質權人將質物（汽車）騙回另售他人且經過戶，致質權人喪失其質物之占有而不能請求返還，質權歸於消滅，使取回之原質物價值增高，即屬取得財產上之不法利益，應共同成立刑法第三百三十九條第二項之罪（六六臺非一四五）。再如民間合會冒用會員名義，偽造標單，行使得標，詐取會款，彼此有犯意聯絡及行為分擔，應為共同正犯，偽造署押為偽造私文書之部分行為，不另成罪，偽造私文書而後行使，偽造之低度行為應為行使之高度行為所吸收，應依行使論罪。而行使偽造私文書與詐欺二罪之間，有方法與結果之牽連關係，應從行使偽造私文書論處，先後三次為之，構成要件亦復相同，應依連續犯論以一罪（六九臺上六九五）。

刑法上某種犯罪，性質上含有詐欺觀念，詐欺部分即為該項罪名所吸收者，例如違法徵收罪（第一百二十九條第一項），行使偽造貨幣罪（第一百九十六條），行使偽造有價證券罪（第二百零一條第二項），及強盜竊盜所得之物，詐稱自己所有出售於人等均是。惟犯本罪而具備背信之要件者，亦已包含於詐欺罪之觀念中，既論詐欺罪，不得更論背信罪（二五上六五一八）。未受債權人之委託，而擅用其名義，對債務人具狀起訴，並於判決確定後，請求執行，則其具備詐欺行為外，更犯行使偽造私文書罪，應依牽連犯處斷。

為因應現代社會普及之自動收費或付款設備，予以施用詐術，而取

得他人之物或得財產上不法之利益或使第三人得之，刑法修正時增列三項處罰條文：

1. 意圖為自己或第三人不法之所有，以不正方法由收費設備取得他人之物者，處一年以下有期徒刑、拘役或三千元以下罰金（第三百三十九條之一第一項）。

以前項方法得財產上不法之利益或使第三人得之者，亦同（同條第二項）。

2. 意圖為自己或第三人不法之所有，以不正方法由自動付款設備取得他人之物者，處三年以下有期徒刑、拘役或一萬元以下罰金（第三百三十九條之二第一項）。

以前項方法得財產上不法之利益或使第三人得之者，亦同（同條第二項）。

3. 意圖為自己或第三人不法之所有，以不正方法將虛偽資料或不正指令輸入電腦或其相關設備，製作財產權之得喪、變更紀錄，而取得他人財產者，處七年以下有期徒刑（第三百三十九條之三第一項）。

以前項方法得財產上不法之利益或使第三人得之者，亦同（同條第二項）。

㈢常業詐欺罪

以犯第三百三十九條之罪為常業者，構成本罪，處一年以上七年以下有期徒刑，得併科五千元以下罰金（第三百四十條）。凡以犯罪行為為生者，即為常業，雖不止一次，亦僅構成一罪，祇須有其意已足，不必果已得財為生。

㈣準詐欺罪

意圖為自己或第三人不法所有，乘未滿二十歲人之知慮淺薄，或乘人之精神耗弱，使之將本人或第三人之物交付者，構成本罪，處五年以

下有期徒刑、拘役或科或併科一千元以下罰金(第三百四十一條第一項)。以此項方法得財產上不法利益,或使第三人得之者,亦同(同條第二項),並罰其未遂犯(同條第三項)。普通詐欺罪須以詐術使人陷於錯誤而交付,本罪則不施詐術,僅乘未滿二十歲人之知慮淺薄,或乘人之精神耗弱,使之交付財物而已。故其情形有二:①準詐欺取財罪。②準詐欺得利罪。因之本罪祇須消極利用他人之精神缺陷,乘機使其交付財物為已足,如有積極之行詐行為,應論以普通詐欺罪。

二、背信罪

為他人處理事務,意圖為自己或第三人不法之利益,或損害本人之利益而為違背其任務之行為,致生損害於本人之財產或其他利益者,構成本罪,處五年以下有期徒刑、拘役或科或併科一千元以下罰金(第三百四十二條第一項),並罰其未遂犯(同條第二項)。其要件為:

㈠須為他人處理事務　稱「為他人處理事務」,其原因並無限制,亦不問其係由於委任僱傭或其他法定原因,均無不可。而此所稱之「他人」,包括自然人及法人在內。但所處理之事務,以有關財產之事務為限,不以持有為必要。本罪係身分犯之一種,凡無此身分之人,均不得為本罪之主體。例如甲將其經營之工廠出賣與乙,後因乙仍將該工廠交由甲負責保管,甲乃乘此勾串丙偽立出租契約倒填年月,謂在出賣前,已將該工廠出租與丙,並實行交丙使用,此項事實,應成立背信罪(四四、十一刑會)。再如被告未履行出賣人之義務,而將買賣標的物再出賣於他人,與為他人處理事務有間,自與背信罪以為他人處理事務為前提之構成要件不符(六二臺上四三二〇)。

㈡須意圖為自己或第三人不法之利益,或損害本人之利益　本罪之動機有二:①意圖為自己或第三人不法之利益。②意圖損害本人之利益。二者祇具其一,即足成罪,但損害本人之利益,不以本人現存之利益為

限，將來可獲之利益，亦包括之。

㈢須為違背其任務之行為　違背任務必基於所處理之事務而發生，且出於故意者始足當之，不問為積極行為（如公司經理與第三人訂立不利於公司之契約），或消極行為（如受任人坐視委任人債權罹於時效），均足成立本罪。

㈣須致生損害於本人之財產或其他利益　積極減少既存之財產或利益，及消極妨害其增加或享受者，均包含之，祇須事實上生有損害已足，不以損害有確定數量為必要，且受損害者，以本人之「財產」或「利益」為限。背信罪為目的犯及結果犯，以意圖為自己或第三人不法之利益，或損害本人之利益，並以致生損害於本人之財產或其他利益為要件，若因缺乏犯罪意思要件，即難成立本罪（七一臺上四一四七），又背信罪以其結果致生損害於本人之財產或其他利益，為構成要件之一，故應以本人之財產或利益，已否發生損害，為區別既遂未遂之標準（七二臺上四八四三）。

背信行為，有時含有欺罔性質，為他人處理事務，因對於本人實施與其任務不相容之詐欺行為，致本人生財產上之損害時，一方構成詐欺罪，他人構成背信罪，其背信行為，當然包含於詐欺行為之中（二五上六五一八）。刑法上之背信罪為一般的違背任務之犯罪，若為他人處理事務，竟圖為自己或第三人不法之所有，以詐術使他人交付財物者，應成立詐欺罪，不能論以背信罪（六三臺上二九二）。為他人處理事務之侵占，乃特殊之背信行為，故侵占罪排斥背信罪，蓋侵占罪含有背信罪之觀念也（三〇上一七七八）。至公務員保管公款，私自挪用，應成立侵占公務上持有物罪（第三百三十六條第一項）。如將公款存放圖利自己或他人，則成瀆職圖利罪（第一百三十一條）。若公款尚未入己，僅濫支浮用，致國庫受有損失者，自屬背信罪範圍，依第一百三十四條加重其刑（二八上二四六四參照）。又第三百二十三條及第三百二十四條之規定，於第三

百三十九條至第三百四十二條之罪準用之（第三百四十三條）。

㈠背信罪與公務員圖利罪不同：

背　信　罪	圖　利　罪
①侵害財產權之犯罪。 ②侵害本人之財產或利益。 ③犯罪主體不以公務員為限。 ④須以處理他人事務為前提。 ⑤未必以得利為目的。	①違背廉潔義務之犯罪。 ②國家之利益或財產未受損害。 ③限於公務員。 ④否。 ⑤必以得利為目的。

㈡背信罪與詐欺罪不同：

背　信　罪	詐　欺　罪
①不限於財產上之利益。 ②僅屬違背任務。 ③圖得之不法利益與損害本人財產為兩事。 ④未必以得利為目的。	①限於財產上之不法利益。 ②使人陷於錯誤。 ③圖得者即為被害人損失之財產。 ④必以得利為目的。

㈢背信罪與侵占罪不同：

背　信　罪	侵　占　罪
①未必持有他人之物。 ②圖得抽象利益。 ③所得之利益，非必本人所失之利益，得失非互為消長。 ④未必以得利為目的。	①必持有他人之物。 ②客體為現實之物。 ③所得之物即為所失之物，其得失互為消長。 ④必以得利為目的。

三、重利罪

　　乘他人急迫輕率或無經驗，貸以金錢或其他物品，而取得與原本顯不相當之重利者，構成本罪，處一年以下有期徒刑、拘役或科或併科一千元以下罰金（第三百四十四條）。所稱乘他人急迫，係指明知他人急迫而利用機會故為貸與者而言（七一臺上八一一五）。其要件有三：①須乘他人急迫輕率或無經驗。②須貸以金錢或其他物品。③須取得與原本顯不相當之重利。因未設處罰未遂之規定，則自必實際上業已取得與原本顯不相當之重利者，始足構成，如僅訂有重利貸款契約而未取得利息者，不成本罪。以犯本罪為常業者，為常業重利犯，處五年以下有期徒刑，得併科三千元以下罰金（第三百四十五條）。

第三十三章　恐嚇及擄人勒贖罪

一、恐嚇取財罪

意圖為自己或第三人不法之所有，以恐嚇使人將本人或第三人之物交付者，構成本罪，處六月以上五年以下有期徒刑，得併科一千元以下罰金（第三百四十六條第一項），並罰其未遂犯（同條第二項）。其要件為：

㈠須意圖為自己或第三人不法之所有。

㈡須有恐嚇之行為　「恐嚇」指以通知害惡使人發生畏怖之方法，但不以發生實害為必要，其有發生實害之可能性，且必將來之害惡所得實現者，始足當之，若以目前之危害暴力相加，則為強暴脅迫，而非恐嚇。此等恐嚇行為，係指以將來惡害之通知恫嚇他人而言，受恐嚇人尚有自由意志，不過因此懷有恐懼之心，故與強盜罪之喪失自由意志不能抗拒者不同（六七臺上五四三）。

㈢使人將本人或第三人之物交付　本條之物，不問動產不動產，違禁物贓物，均包括在內。但以恐嚇方法使人供給電氣者，論以本條第二項之罪。

以前項方法得財產上不法之利益，或使第三人得之者，亦同（同條第二項），並罰其未遂犯（同條第三項）。例如以恐嚇方法使人發生畏懼，立給債權借據，並非交付現款，即應構成本罪（二八上三二三六）。又本條之恐嚇取財罪，其既遂未遂之區別以使人交付之所有物有無交付，即犯人是否得財為標準，如已實行恐嚇尚未得財，即被捕獲，自係著手於犯罪之實行而不遂，應論以恐嚇未遂之罪（二二非一一二）。

㈠恐嚇取財罪與詐欺罪不同：

恐 嚇 取 財 罪	詐 欺 罪
①使人心生畏怖。 ②被害人明知不應交付。 ③施用恐嚇手段。	①使人陷於錯誤。 ②被害人誤信為應交付而交付。 ③須施用詐術。

㈢恐嚇取財罪與恐嚇危害安全罪（三〇五條）不同：

恐 嚇 取 財 罪	恐 嚇 危 害 安 全 罪
①凡可使人發生畏怖之手段均可，其類型並無限制。 ②以使人交付財物為目的。 ③得以合法之事為恐嚇之內容。	①以危害生命、身體、自由、名譽、財產之事相恐嚇。 ②係致生危害於他人之安全。 ③限於違法行為致危害他人。

㈢恐嚇取財罪與強盜罪不同：

恐 嚇 取 財 罪	強 盜 罪
①恐嚇雖足以使人心生畏怖，但未達於使人喪失自由意思之程度。 ②祇限於以恐嚇為方法。 ③僅以恐嚇為手段使人交付財物。 ④未處罰預備犯。	①脅迫使人心生畏怖，已達於喪失自由意思之程度。 ②犯罪方法設有概括規定。 ③使人不能抗拒而交付財物或自取財物。 ④處罰預備犯。

恐嚇取財罪之實例如下：

　　①刑法上之恐嚇，因以恐嚇手段使人交付所有物而成立，若不

僅恐嚇，並已加暴行於被害人，使其不能反抗，從而取得其財物，即應構成強盜罪（一九非二〇七）。

②刑法上之恐嚇，凡一切之言語舉動，足以使他人生畏懼心者，均包含在內（二二上一三一〇）。

③恐嚇罪既遂未遂之區別，以使人交付之所有物有無交付，而犯人是否得財為準。如於尚未得財之際即被捕獲，顯係著手於犯罪行為之實行而不遂，應論以恐嚇未遂（二二上四〇七〇）。

④恐嚇罪質非不含有詐欺性，其與詐欺罪之區別，係在行為人對於被害人所用之手段，僅使其陷於錯誤者為詐欺，使發生畏懼心者為恐嚇（三〇上六六八）。

⑤被害人因恐嚇發生畏怖心，而為財物之交付，僅為恐嚇既遂罪之構成要件，至於恐嚇未遂罪，則祇行為人實施恐嚇之行為而未遂，罪即成立，並不以被害人發生畏怖而為財物之交付為必要。上訴人既已以揭發隱私為藉口，向被害人索取紅包，被害人亦有所憂慮而託其妹向上訴人疏通，則上訴人顯已有以將來惡害通知被害人，使其發生畏怖心之意思與行為，自無解於恐嚇未遂罪責（五一臺上三七五）。

⑥刑法上之恐嚇取財罪，係以將來之惡害恫嚇被害人使其交付財物為要件，若當場施以強暴脅迫達於不能抗拒程度，即係強盜行為，不能論以恐嚇罪名（六五臺上一二一二）。

二、擄人勒贖罪

意圖勒贖而擄人者，構成本罪，處死刑、無期徒刑或七年以上有期徒刑（第三百四十七條第一項），並罰其未遂犯（同條第三項），預備犯之者，處二年以下有期徒刑（同條第四項）。其犯罪是否既遂，應以擄掠

人身是否既遂為準，與已否得贖無關。犯本罪因而致人於死或重傷者，加重其結果之刑（同條第二項）。犯本罪未經取贖而釋放被害人者，得減輕其刑（同條第五項），如在擄人後勒贖中參與實施者，仍為共同正犯（二八上二三九七），蓋本罪為繼續犯，故以擄人為既遂未遂之標準，以勒贖為行為終了，在被掠人未經釋放前，犯罪行為仍在繼續進行之中（二八上二三九七）。又擄人勒贖，須行為人自始有使被害人以財物取贖人身之意思，如使被害人交付財物，別有原因，為達其取得財物之目的，而剝奪被害人之自由者，除應成立其他財產上之犯罪或牽連犯妨害自由罪外，要無成立擄人勒贖罪之餘地（六五臺上三三五六）。

犯第三百四十七條第一項之罪，而故意殺被害人者，處死刑（第三百四十八條第一項），犯同條項之罪，而對被害人強制性交者，處死刑或無期徒刑（同條第二項）是為結合擄人勒贖罪，其情形有二：①擄人勒贖故意殺被害人罪。②擄人勒贖對被害人強制性交罪。本罪被害之客體，以被擄人為限，惟必須殺人或強制性交既遂時，始得結合。如擄人勒贖既遂，而故意殺人或強制性交未遂時，應併合處罰；擄人勒贖未遂，而於綁架時故意殺人或對被害人強制性交既遂，仍成立本條之結合犯（二九上一九九九）。

㈠擄人勒贖罪與恐嚇取財罪不同：

擄 人 勒 贖 罪	恐 嚇 取 財 罪
①有妨害自由之實質。	①僅有妨害自由之危險。
②為妨害自由與恐嚇取財之結合罪。	②乃恐嚇取財之單一犯罪。
③以擄人為勒贖之方法。	③以恐嚇為取財之手段。
④可能有加重結果犯。	④否。
⑤處罰預備犯。	⑤否。
⑥為繼續犯之一種。	⑥係屬既成犯。
⑦並無恐嚇之行為。	⑦必有恐嚇之行為。

㈢擄人勒贖罪與營利略誘罪（第二九八條第二項）不同：

擄 人 勒 贖 罪	營 利 略 誘 罪
①以勒贖為目的，即以被擄人為質而使人以財物取贖。	①以營利為目的，即以被略誘人為牟利之工具。
②被害人無性別之限制。	②以婦女為限。
③妨害個人自由及財產之犯罪。	③妨害個人自由之罪。

　　擄人勒贖罪，設有處罰未遂之規定（第三百四十七條第三項），但本罪之既遂未遂，以被擄人已否喪失行動自由而置於加害人實力支配之下為準，至是否達成勒贖之目的，與本罪之既遂，不生影響。故將被擄人掠走，離開現場，雖被害人奪回，仍為擄人既遂，但被害人登時力掙脫逃，未被架走，則為未遂，觀之實例甚明：①擄人既遂，雖未得財，以擄人勒贖既遂論（統二六○）。②擄人勒贖之罪，縱勒贖未遂，仍應負既遂之責，至擄人行為只須使被害人喪失行動自由而移置於加害人實力支配之下，即屬既遂（二○上三八七）。

第三十四章　贓物罪

贓物罪，係財產上犯罪之一種，於侵害他人財產權之罪者所得之物，致被害人追求回復發生困難，故本罪之特質，重在保護個人財產之法益，認為獨立罪名。所云贓物，係指他人因侵害財產權犯罪所得之財物，被害人得請求返還或回復損害者而言，因之①贓物必以財物為限。②贓物限於因財產犯罪所得之物，苟財產上犯罪之構成要件均已具備，縱其人因無責任能力或其他原因以致不罰，其所得之物，仍為贓物。③贓物必須因侵害財產權所得之物，且為被害人得以請求返還或回復其損害者，始克相當，故如竊盜、搶奪、強盜、海盜、侵占、詐欺、恐嚇、擄人勒贖等罪所得之物，均屬贓物。但賭博所得之財物以及公務員收受之賄賂，均不能請求返還，故非贓物。又走私物品因其依法須予沒入，亦不能認係贓物。④贓物包含動產及不動產在內，惟人身自由縱在行為人支配之下，仍非贓物。⑤自己財產犯罪所得之物，其事後處分行為，不另成立贓物罪。職此之故，刑法上之贓物罪，原在防止因竊盜、詐欺、侵占等罪被奪取或侵占之物，難於追及或回復，故其前提要件，必須犯前開各罪所得之物，始得稱為贓物（四一臺非三六一）。

贓物罪，依第三百四十九條規定，情形有二：

一、收受贓物罪

收受贓物者，構成本罪，處三年以下有期徒刑、拘役或五百元以下罰金（第一項）。其要件為①須明知為贓物，本罪客體必為贓物，故行為人於行為時，須認識其為贓物，而故為行為始可。如其物並非贓物，或不知為贓物，縱有本罪之行為，仍不能論以本罪。②須有收受之行為，泛言收受，凡取得持有之行為，均可當之，例如交換、典質、受贈等有

償或無償行為，不問收受之原因如何，概與本罪之成立無關。至教唆行竊而收受所竊之贓，其受贓行為，當然包括於教唆竊盜行為之中，不另成立收受贓物之罪（二八上二七〇八）。

二、搬運、寄藏、故買或牙保贓物罪

搬運、寄藏、故買贓物或為牙保者，構成本罪，處五年以下有期徒刑、拘役或科或併科一千元以下罰金（第二項）。本罪雖以贓物為其主體，但依其犯罪之性質，又有四種：

(一)搬運贓物　即將贓物移轉所在，但其物必已成為贓物，始有搬運贓物之可言。行為人於犯罪後，搬運贓物寄藏他處，乃犯罪之當然結果，不再成立本罪（二四上三二八三）。如於竊盜搶奪行為進行中，參與接取所得財物之行為，則為竊盜搶奪罪之共同正犯，不能論以本罪。

(二)寄藏贓物　係指受寄他人之贓物為之隱藏者而言。故必須先有他人犯財產上之罪，而後始有受寄代藏贓物之行為，否則即難以該罪名相繩（五一臺上八七）。一經受寄，其行為即屬既遂，不待其果已實行藏匿，故寄藏完畢，犯罪行為即已完成，其後之占有贓物，乃犯罪狀態之繼續，而非行為之繼續（院解三六三三）。尤不能於寄藏贓物之外，另論幫助竊盜之罪名（二九上一六七四），蓋寄藏竊盜所得之贓物，雖足便利行竊，惟刑法上不認有事後幫助之存在，而定此為獨立性犯罪也。

(三)故買贓物　指明知為贓物而仍故意買受而言，因買受贓物而出於不知或由於過失者，未始無之，故以直接故意為限，至價金相當與否，則非所問。例如向人訂約購買國有山地，係在其竊佔完成之後，始行買受，縱買受人明知此為竊佔而得，因貪其廉，仍予買受，祇能成立故買贓物罪，不能謂其收買行為即為竊佔不動產，至收買後之轉賣，係處分贓物，不另成立他罪（二六渝上一五六〇）。

(四)為贓物之牙保　指居間介紹而言，但不以介紹買賣為限。本法對

此設有處罰，乃以行為人以牙保之意思，而為之介紹，足以便利銷贓故也。惟實例上認為以幫助犯罪之意思而為之介紹者，則屬從犯（四四臺上三五七）。至本罪無處罰未遂，故將贓物居間介紹銷售，因售價未妥，仍行送回，則為牙保未遂，自不為罪（二五上六八〇六）。

　　因贓物變得之財物，以贓物論（第三百四十九條三項），此為準贓物之補充規定，例如竊取照相機一架，與人交換電視機使用，則第三人苟明知電視機為盜贓照相機變得之物，仍應論以贓物罪。至贓物之搬運、寄藏、故買與牙保之間，係屬同一性質之犯罪，得成立連續犯。如以犯贓物罪為常業者，處六月以上五年以下有期徒刑，得併科三千元以下罰金（第三百五十條），於直系血親配偶或同財共居親屬之間，犯本章之罪者，得免除其刑（第三百五十一條）。

第三十五章　毀棄損壞罪

本章之罪，專以損害他人財產為目的，並無不法取得財產之意圖，且為毀棄損壞罪之概括規定，如刑法分則有特別規定時，應從其規定（如第一百四十一條、第一百八十一條等），必不構成本章以外之罪者，始入於本章毀損之範圍，至本章各罪之目的物，包括他人之動產或不動產，其為自己持有或為他人持有，及其種類、形體、價值如何，在所不問。

一、毀損文書罪

毀棄、損壞他人文書或致令不堪用，足以生損害於公眾或他人者，構成本罪，處三年以下有期徒刑、拘役或一萬元以下罰金。干擾他人電磁紀錄之處理，足以生損害於公眾或他人者，亦同（第三百五十二條）。其要件為：

㈠須對於他人之文書　在紙上或物品上之文字符號，足以表示用意之證明者，即為文書。文書本屬物之一種，本法特予規定處罰者，以其獨具表示用意證明之一種效用。故此之所謂文書，當然以制作完成，而足表現此種效用者為限（統八〇四）。故如毀損自己之文書，固不成罪，惟自己制作之文書，而已提供他人所有者，仍可成立本罪，例如借據，雖為自己所寫，然交與他人持有，若有毀損，仍負本罪之責。至毀滅國權書證或公務上掌管之公文書，另成第一百十五條或第一百三十八條之罪，並非本罪之範圍。

㈡須有毀棄損壞或致令不堪用之行為　本罪之行為有三：①毀棄　指毀滅拋棄物體，使其效用全部喪失，如將借據燒燬是。②損壞　指損害破壞使其效用一部喪失，如將契約挖去內容之一部分是。③致令不堪用　指毀棄損壞以外足使物之效用喪失者而言，如以褪色墨水消滅文書

上之字跡是。以上三種行為，有一於此，即成本罪，惟均以故意為必要（解一九一），如因過失為之者，法無處罰明文，自不成罪。支票上之背書為法律所定對支票負擔保責任之文書，如為免除其背書責任，將自己之背書塗去，即屬該背書之效用完全喪失，而該背書既因向人調借現款連同支票交付與人，已為他人之文書，予以塗銷使之完全喪失效用，自應成立第三百五十二條之毀損他人之文書罪。至於同支票背面另外之背書係另外獨立之文書，既非與被告之背書合組為一個文書，則被告塗去自己之背書亦與變更文書內容之情形不同，不能成立第二百十條之罪（六六、八刑會）。

㈢須足以生損害於公眾或他人　祇須發生損害之危險已足，不以發生實際損害為必要。故如參加考試，於入場領取試卷後，潛行出外，將試卷毀棄，該試卷係專供其考試之用，其自行毀棄，於公眾或他人無損，自不成立犯罪（院二八五二）。

二、毀壞他人建築物罪

毀壞他人建築物、礦坑、船艦或致令不堪用者，構成本罪，處六月以上五年以下有期徒刑（第三百五十三條一項），並罰其未遂犯（同條三項），犯本罪因而致人於死者，處無期徒刑或七年以上有期徒刑，致重傷者，處三年以上十年以下有期徒刑（同條二項）。其要件為：

㈠須對於他人之建築物、礦坑、船艦　建築物指定著於土地所施一切之工作物，上有屋面，周有門壁，足蔽風雨而通出入，適於吾人得以居住起居者而言，其建築為瓦石、土木、雜草、竹類，則非所問。此類之物以他人者為限，如毀損自己貸借他人之物，不包括在內。

㈡須有毀壞或致令不堪用之行為　本罪之行為，一為毀壞，一為致令不堪用，故必須毀壞建築物等之重要部分，始成本罪，若僅毀壞門窗、瓦片、屋簷之類，尚非重要部分，則屬第三百五十四條範圍，尚非本罪。

實例如下：

①刑法第三百五十三條第一項所謂毀壞建築物必須毀壞建築物之重要部分，足使建築物之全部或一部失其效用，始能成立。若僅毀損其附屬之門窗等物，而該建築物尚可照舊居住使用者，祇能依第三百五十四條毀損他人之物論處（三〇上四六三）。

②甲將所有房屋出租於乙，於租賃關係存續中，甲將該屋拆毀，僅負違反契約之責任，不成立毀壞罪。但如施用強暴脅迫，以妨害乙之使用權利，應依第三百零四條第一項處斷（院二三五五）。

③毀壞建築物罪，以行為人有毀壞他人建築物重要部分，使該建築物失其效用之故意為成立要件（五〇臺上八七〇）。

④毀損自己與他人之共有物，亦成立刑法上毀損他人所有物罪（院三〇二）。

⑤牆壁既係共用，並非被告單獨所有，倘有無端毀損之行為，而影響他人房屋之安全，仍難謂非毀損他人建築物（五六臺上六二二）。

三、單純毀損罪

毀棄、損壞前二條以外之他人之物，或致令不堪用，足以生損害於公眾或他人者，構成本罪，處二年以下有期徒刑、拘役或五百元以下罰金（第三百五十四條）。其要件為：①須有毀棄、損壞或致令不堪用之行為。②須足生損害於公眾或他人。③須對於他人之文書、建築物、礦坑、船艦以外之物而犯之。本罪之客體至廣，舉凡他人之家畜、相片、池魚、衣服、傢俱、界石之類，均足構成。

四、詐術使人損害財產罪

意圖損害他人，以詐術使本人或第三人為財產上之處分，致生財產上之損害者，構成本罪，處三年以下有期徒刑、拘役或五百元以下罰金（第三百五十五條）。本罪除有意圖損害他人之要件外，尤須以詐術使本人或第三人為財產上之處分，始克相當。惟為財產上之處分，須以「詐術」使本人或第三人為之，如由行為人自己為之，則非本罪。至被處分之財產，祇須在本人或第三人持有之中，有所處分已足，至是否為被害人所有，在所不問。本罪與詐欺罪不同之點有三：①本罪以使他人財產受損害為目的；詐欺則以自己或第三人不法得利為目的。②本罪使被害人自為財產上之處分；詐欺係以使人為財物之交付。③本罪之目的在意圖損害他人（損人而不利己）；詐欺之目的在意圖自己或第三人不法之所有（損人而利己）。

五、損害債權罪

債務人於將受強制執行之際，意圖損害債權人之債權，而毀壞、處分或隱匿其財產者，構成本罪，處二年以下有期徒刑、拘役或五百元以下罰金（第三百五十六條）。其要件為：

㈠犯罪主體須為債務人　本罪主體以債務人為限，所稱債務人，指在執行名義上負有債務之人而言，債務人之親屬及其他利害關係人，或因處分財產之相對人，除有教唆幫助或共同實施之情形外，不能單獨成立本罪。

㈡犯罪時間須在將受強制執行之際　所云「將受強制執行之際」，即雖未實施強制執行，而即須強制執行之情形，凡已有執行名義，得以公力執行，亦即所負債務業經受有確定之終局判決或受有假執行宣示之終局判決，債權人取得執行名義以後，強制執行程序未終結以前之期間，

均包括在內。在債權人未取得執行名義以前，或在強制執行程序已經終結之後，債務人縱有本條之行為，亦不成立本罪，故正值法院減價拍賣，尚在執行程序未終結之前，亦不失為將受強制執行之際（二四上五二一九），但債務人對於法院所施查封標示之財產，而有毀壞、隱匿、處分之行為，應構成第一百三十九條之罪，而非本罪（四三臺非二八）。

㈢須有損害債權人債權之意圖　必有損害債權人債權之意思，不必債權人之債權果受損害，故此為構成本罪之意思要件，是以債務人處分財產，別有原因者，不成本罪。至出租人以使用收益之物交付承租人，取得對待給付之租金，則不包括在損害債權處分之內（四四臺非七四）。

㈣須有毀壞、處分或隱匿財產之行為　本罪之客體必以債務人之財產為限，是其行為有三：①損壞財產②隱匿財產③處分財產。三種情形，有一於此，即成本罪，至債務人是否因此獲有利益，與罪之成立無關。如處分財產行為，合於破產法第一百五十四條詐欺破產罪之情形時，依特別法優於普通法之原則，適用破產法處斷。

第三百五十二條、第三百五十四條至第三百五十六條之罪，須告訴乃論（第三百五十七條）。

附錄 歷屆司法官或律師高等考試有關刑法試題

一、試說明共同正犯、間接正犯、教唆犯之性質，並言其區別。（二二、法）

二、甲乙擬搶劫子家財物，商之於丙，丙出手槍，並令年甫十二歲之幼子丁加入盜夥，已向目的地出發，中途甲因腹痛折回，乙抵目的地，撞門入室時已深夜，不知子已遷居，分居子屋者為丑寅家屬，丑寅均係乙丙至友，且有恩於乙丙者，迨攜贓出門外，窺視贓物，始知錯誤，乃將贓物棄置於其門前。復詢得子之新居，於當夜三時許闖入子家，搶劫財物而去，事後甲乙丙各分得贓物若干。問法院對於甲乙丙應如何處斷？

三、某甲犯傷害人致重傷罪，經法院判處徒刑，期滿出獄，甫經一載，又犯侵入他人住宅竊盜罪。法院不知其為累犯，仍以初犯之例，科處徒刑。執行期滿，未及一月，又犯同謀殺人罪，法院對於某甲同謀殺人，究應加重本刑三分之一，抑加重本刑二分之一，或加重本刑一倍？試根據刑法上之規定以對，並詳言其理由。

一、區別正犯、從犯之標準，學說不同，究以何說為正當？試抒所見以對。（二四、法）

二、沒收物應否以動產為限？試詳論之。

三、甲教唆乙毒殺丙，乙於實行後，復以解毒劑使丙服之，丙得以不死。甲乙二人各應如何處斷？如乙不實行毒殺之行為，甲是否成立犯罪？

一、試說明未遂犯、中止犯及不能犯之意義。（二四、普）

二、刑法第十七條規定：「因犯罪致發生一定之結果，而有加重其刑之規定者，如行為人不能預見其發生時，不適用之。」其意義如何？試舉三例以明之。

一、既遂犯之教唆犯、未遂犯之教唆犯與教唆犯之未遂犯，其涵義及處罰有異同否？（二八、法）

二、某甲前因犯竊盜罪，受有期徒刑之執行，期滿出獄之日，聞悉其妻乙於甲入獄之後，即與土豪丙通姦，旋丙復唆乙將甲三歲之子毒斃，乙即隨丙同居，儼如夫婦，甲氣憤之餘，蓄意殺死丙之全家，以資報復，數日後，甲與丙適於曠野相遇，甲即出利刃將丙刺死，沈屍於河，當夜復潛入丙家，見其妻乙與丙妹丁丙子戊同室談話，甲即舉刀猛砍，乙被殺死，戊受重傷，僅丁乘間脫逃，甲以乙丙既死，仇恨已消，事後即向該管警察局自首犯罪經過，請為報案受審。次日丙妹丁亦以甲殺其兄丙及侵入住宅殺乙傷戊之事，至局報告，經併案移送法院辦理，問本案應如何處斷？試分別說明之。

一、關於罪刑法定之利弊，學者不一其說，在此期間，採行此種主義是否適宜？試各抒所見以對。（三二、法）

二、解釋下列用語及其區別：①「數罪併罰」與「累犯」。②「有認識之過失」與「不確定之故意」。

一、刑之減輕，有審判上之減輕與法律上之減輕兩種，而刑之加重，除科處罰金者外，僅有法律上之加重，此種規定是否得當？試詳論之。（三三、法）

二、依照我國現行法規定，裁判確定前犯數罪者，應如何處罰？並應如何定其執行刑？

一、試述共同正犯、教唆犯、從犯之性質及其區別。（三四、法）

二、甲乙丙三人同謀於某夜竊取丁家財物，甲乙入室行竊，丙在門外望風，乙燃點火煤照贓，誤將洋油箱踢翻，丁聞聲喊捕，乙遂拋去火

煤與甲攜贓而逃，火煤燃近洋油，燒燬房屋，丁與其妻因避火不及均被焚斃，本案甲乙丙三人之罪責若何？試分述之。

一、甲乙丙同謀行竊，甲乙入室，丙把門，甲乙見室內無人，乃私取銀錢衣物，二人朋分而逸，本案甲乙丙之罪責如何？（三五、法）

二、刑法上排除違法性之原因有幾？試述其梗概。

一、某甲欲殺乙，託丙買回毒藥，賄丁實行殺害，丁至乙家，以無機可乘，又將毒藥交與乙鄰居一未滿十二歲之戊，囑為乘間轉投。戊窺乙外出，乃將毒藥投入乙之開水瓶內，乙未回，適其友己來訪，因渴傾飲，旋即毒發身死，問甲丙丁戊在法律應各負如何之責任？試申述之。（三六、法）

二、試述間接正犯與教唆犯之異同，並舉例以明之。

一、甲有子媳丙，揮霍無度，甲屢戒不悛。乙丙因迭次向甲需索不遂，頗懷怨恨，丙即唆乙夜入甲房行竊，丙攜帶兇器隨入房內，正在開箱取款之際，甲聞聲高喊有賊，丙即取出兇器擊甲，甲受重傷，乙遂亦將甲戳斃，本案乙丙之罪責如何？試述之。（三七、法）

二、共同正犯與間接正犯之區別如何？

一、試述故意與過失之意義。（三九、法）

二、防衛行為與緊急避難行為有何區別？試詳論之。

三、試說明法律上減輕與裁判上減輕之異同。

一、試依刑法規定，說明未遂犯之要件，及「普通未遂」與「不能未遂」之區別。（四〇、法、律）

二、試述「作為犯」、「不作為犯」，及「非純正不作為犯」之意義。

三、某甲意圖毒斃居於異地之某乙，預將足以致命之毒物，混入食品中，交郵餽贈與乙，乙食之毒發，急走某地就醫，中途覆車撞斃，甲之責任如何？又如甲郵寄之毒物中途遺失致乙未能收受，甲之責任如何？試分別論斷，並詳述其理由。

一、甲因與乙積有仇恨，遂唆使乙家中未滿十八歲之傭工丙，將毒藥投入食物中，交與乙食，丙於著手之際，忽見乙自門外而入，遂行中止，同時丙與丁亦有仇恨，丙乃臨時起意將該毒藥投入丁之食物中，結果丁遂中毒而死，問甲丙各負何種罪責？（四一、法、律）

二、想像數罪、牽連犯、連續犯有何區別？如上列各罪同一部分起訴或判決後，始發覺其餘部分，應如何辦理？

一、犯罪原因與結果所構成之因果關係，學說上應採何說？試詳述之。（四二、法、律）

二、甲欲殺乙，苦無兇器，丙因與乙積有仇恨，乃乘機以刀助甲，甲持刀刺乙而逃，未中要害，乙僅受輕傷，丙忽良心發現，即赴法院自首。問對甲丙應如何處斷？

三、甲犯竊盜及侵占二罪，經裁判確定後，復犯脫逃罪，旋被捕獲，又發見其在裁判確定前，尚犯有放火罪，本案應如何處斷，及定其應執行之刑？

一、我國刑法，關於行為時法，中間時法，裁判時法之比較適用，有若何之規定？試申述之。（四三甲、法、律）

二、法律競合與犯罪競合（想像數罪）之區別若何？各舉例以明之。

三、甲與乙有仇恨，某夜乙已入睡，甲以重利誘丙，放火於乙寓，以圖焚乙致斃，因火被救熄，屋未燒燬，乙亦得以不死，惟乙妻因受驚過度，心臟病突發而死，本案甲丙之罪責如何？試說明之。

一、甲意圖殺乙，以毒藥暗置餅內，囑乙之子丙，轉送與乙。適甲之父丁偕戊訪乙，乙以餅味甚佳，分與丙丁戊共食，甲在窗外窺知其情，因恐被人發覺，不敢阻止。乙丙丁戊四人，遂同時斃命。甲之刑事責任如何？並應若何處斷？試詳述之。（四四、法、律）

二、刑法第一百條第一項普通內亂罪之特別構成要件若何？試說明之。

三、消極行為在若何要件之下，始與因積極行為發生結果者負同一之責

任？試申述之。

一、我國刑法對於因不知法律而犯罪者，應如何處斷？並申論其立法之理由。（四五、法、律）

二、有婦之夫甲，和誘未滿十四歲之女子乙脫離家庭後與之姦淫，並將其藏匿，甲之刑事責任如何？並應如何處斷？試申述之。

三、保安處分與刑罰有何區別？並說明現行法中之保安處分，應於何日宣告及如何執行？

一、現行刑法立法主義，側重於防衛社會主義與主觀主義，試各抒所見以對。（四六、法、律）

二、普通傷害罪之特別構成要件及其追訴條件若何？

三、甲教唆乙殺丙，乙持刀前往丙家，適丙外出，乙誤丙弟丁為丙，將丁刺斃。乙即入房搜尋財物，順取金鈔若干。復見丙妹戊頗有姿色，乙抱戊欲施強姦，戊狂呼救命，乙遂將戊殺死而逃，本案乙之罪責若何？並分別說明其理由。

一、甲乙共謀殺丙之父，丙亦與謀，甲乙丙前往實施時，丙止於戶外未入，惟於丙妻往外呼救時，丙將其妻攔阻，丙父遂為甲乙殺死。本案丙之罪責如何？甲乙二人與丙之罪刑，是否相同？試詳述其理由以對。（四七、法、律）

二、竊盜罪、侵占罪、詐欺取財罪之區別如何？

三、查現行刑法第三百三十二條第四款規定，犯強盜罪而故意殺人者，處死刑或無期徒刑；懲治盜匪條例第二條第六款規定，強劫而故意殺人者，處死刑；而依陸海空軍刑法第二條第九款及同法第八十四條，則規定雖非陸海空軍軍人於戰地或戒嚴地區結夥搶劫者，不問首從，一律處死刑。設有人在臺灣地區，共同搶劫而故意殺人，究應適用何法處斷？試就法律競合之理論暢論之。

一、對於少年犯罪應如何辦理？試就現行法律申論之。（四八、軍法、律）

二、殺人未遂，使人受重傷及傷害致人於死，三罪有何不同？以何罪為重？如一人犯此三罪，應如何適用法律處斷？

三、甲向乙借新臺幣三萬元，以其所有之汽車一輛為質，惟甲因需使用該車，經商得乙之同意，不將該車交付與乙，僅給與借款條乙紙，嗣甲復將該車出售與丙，得款五萬元，全部占為己有，應如何適用法律處斷？

一、被告於裁判確定前犯甲、乙、丙三罪，在甲罪判決後，始發覺乙、丙二罪，應如何辦理？（四八補、軍法、律）

二、被告犯傷害罪後，復犯竊盜罪，經法院依數罪併罰之規定，判處有期徒刑二年，並依戡亂時期竊盜犯贓物犯保安處分條例，宣告強制工作確定後，應如何執行？設執行強制工作機關於執行已滿，認為無繼續執行之必要時，應如何辦理？

三、刑法第十二條第二項規定：「過失行為之處罰，以有特別規定者為限。」其立法理由何在？試詳言之。

一、教唆犯與間接正犯之區別若何？試舉例以明之。（四九、法、律）

二、記載同一事實，分投各報館刊登啟事以侮辱同一公署，是否為連續犯？試詳述之。

三、甲因恨乙與其寡嫂通姦，欲使乙成為殘廢，乃以重金邀約丙、丁、戊，於某夜同往乙家行兇，甲在門外看風，丙、丁、戊入內，丙用刀將乙之左臂切斷，丁將乙右腿切傷，戊欲刺傷乙之二目而未中，乙狂呼救命，各人即行逃散。乙因流血過多，遂致身死，案經警局查明，移送檢察官偵辦。本案甲、丙、丁、戊之刑事責任如何？試分別說明其理由。

一、現行刑法中關於連續犯規定，有主張予以廢除者，有主張應仍保存現制者，試就所見詳論之。（五〇、法、律）

二、誣告罪之構成要件及處罰如何？試析述之。

三、未成年人甲，夥同乙、丙行竊後，甲乙復連續共同簽發空頭支票新臺幣十萬元、二千元、三千元各一紙，偽稱在銀行有足額存款，以之償還丙之債款，嗣丙不獲兌現，始知受騙，乃轉以該空頭支票向丁詐得財物。問甲、乙、丙應如何處斷與執行？

一、甲以重金誘令乙、丙、丁殺戊，乙丙丁共同前往戊宅，乙在門外把風，丙丁入內，誤認戊弟己為戊，加以殺害，己妻庚狂呼殺人，丙丁復將庚殺死，丙又順取戊家衣物數件，分頭逃逸，經警破獲，移送法院偵辦。本案甲、乙、丙、丁刑事責任如何？試分別說明之。（五〇、特法）

二、關於違背職務之行賄與受賄罪，其特別構成要件及處罰如何？試析述之。

三、所犯事實重於犯人所知，或輕於犯人所知者，在現行刑法上應如何處斷？

一、何謂事實錯誤？如犯罪行為發生事實錯誤時，應如何處斷？試舉例以明之，並闡述其理論之根據。（五一、特軍法）

二、業務侵占罪之特別構成要件為何？如無業務上持有關係之人與業務上持有該物之他人共同實施侵占者，應如何適用法律處斷？

三、甲向乙借得新臺幣三萬元，到期不還，乙經訴請法院判決確定，令甲償還，並強制執行，將所有之汽車一輛查封，交由乙暫行保管，甲乃令其未滿十八歲之長子丙，及未滿十四歲之次子丁，將該車竊取，出賣於戊，戊知情買受，且以買賣贓物為常業。問法院對於甲、丙、丁、戊應如何處斷？

一、牽連犯與結合犯之區別若何？試為舉例說明之。（五一、法、律）

二、說明公務員縱放便利人犯脫逃罪之特別構成要件。

三、甲於信封內附子彈一顆寄乙，謂須付款數萬元，否則將有生命之憂，乙置之不理。某日甲偕丙及未滿十八歲之丁，與乙相遇於途，

甲唆令丙丁持刀殺乙，並親自在場指揮，乙遂斃命。甲、丙、丁之刑事責任如何？

一、何謂正當防衛？其成立要件如何？與緊急避難有何不同？（五二、特軍法）

二、試述自首之要件及其效力。

三、直接故意與間接故意有何不同？故意與動機有何區別？刑法分則中之規定，有以直接故意為限者，亦有以動機為構成要件者，試舉例明之。

四、略論竊盜罪、搶奪罪、強盜罪構成要件之異同。

一、何謂未遂犯？其犯罪之狀態如何？過失犯、預備犯、陰謀犯、不作為犯、加重結果犯，及因未必故意而犯罪者，能否構成未遂犯？並說明其理由。（五二、法、律）

二、侵占、詐欺取財、背信三罪有何區別？如一人犯此三罪者，應如何處斷？

三、被告於民國五十一年二月一日犯賭博罪及傷害罪，經檢察官於同年三月一日提起公訴，即行逃亡，經該管法院於同年四月一日予以通緝。在通緝中，復犯竊盜罪及搶奪罪，至五十二年七月一日捕獲，經檢察官將後犯各罪追加起訴，問法院如何適用法律處斷？

一、刑法第五十九條之酌減其刑，及第六十一條各款之得免除其刑，其前提要件為何？立法理由何在？併說明之。（五三、法、律）

二、刑法第三百二十一條之加重竊盜罪，其加重條款有幾？如同時具備二款以上之加重情形，究為數罪或一罪？抑為法規競合或犯罪競合，其判決主文應如何制作？併說明之。

三、監犯甲唆使同犯乙、丙於出獄後，將丁殺害，以圖報復，迨乙丙出獄，尋錯門戶，誤將戊家認為丁家，即於夜間持刀侵入，共將戊夫妻，同時殺斃，乙丙復將戊之女兒，輪流強姦，因女事後狂呼救

命，丙遂將女殺死，案經破獲，偵結起訴。本案甲乙丙三人之刑事責任如何？並說明其理由以對。

一、連續教唆他人犯罪，與教唆他人連續犯罪，是否有別？並應如何處斷？試說明其法理。（五四、法、律）

二、甲竊取乙空白支票，用乙名義偽填金額，又假造丙之署押為背書，持票向商店批購貨物，案經發覺，甲之行為，應如何處斷？試說明之。

三、試述重傷罪，重傷致死罪與殺人罪之區別？設甲持有無執照之手槍，將乙擊斃後，又以硝鏹水毀丙、丁之容貌，甲之行為應如何處斷？試說明之。

一、司法院大法官會議釋字第一〇九號解釋，以自己共同犯罪之意思，事先同謀，而由其中一部分人實施犯罪之行為者，亦為共同正犯。此項解釋，與現行刑法上共同正犯之立法精神，是否相符？試評論之。（五五、法、律）

二、下列情形，如何處斷？試說明之。

1.甲於乙患病時，因其亂丟煙蒂，忿加綑縛後，下樓賭博多時，始行釋放，以致乙深受寒冷，病勢陡劇，不及醫治身死。

2.甲圖搶乙女成婚，誤將乙女之妹丙女搶走。

三、侵占罪因侵占自己持有之物而成立，其侵占行為之狀態如何？再侵占罪之持有，與民法上之占有，有何不同？如普通人教唆公務上持有人，侵占公物，應如何處罰？試一併說明之。

一、行為人所構成之犯罪事實，有為實質上之數罪；有為形式上之數罪而實祇一罪；亦有單一犯罪而涉及多數法條。處斷有何不同？試分述之。（五六、法、律）

二、公務員對於職務上之行為收受賄賂或侵占公有財物，均係圖利。何以又另設「圖利罪」之規定？試就各該法條之特別要件，論其罪

質。

三、甲、乙各出新臺幣二千元，由乙交丙為酬，使其引誘未成年之女丁脫離家庭，共同販賣漁利。丁之姊戊已婚而夫死亡，亦尚未滿二十歲，丙誤戊為丁，將其誘致，與乙同居。戊父己即以乙丙共同和誘為由，向該管機關告訴。乙乃私刻印章，偽造戊之身分證，載其年齡為二十一歲，以為辯解。甲交乙轉丙之新臺幣二千元中，曾夾入偽幣一千元而乙不知情，經丙發覺，亦請究辦。問甲、乙、丙之責任如何？

一、教唆教唆、教唆幫助、幫助教唆及幫助幫助，此四者在刑法上是否皆為應加處罰之行為？試就我國過去立法沿革及現時刑法理論分別闡述之。（五七、法、律）

二、海盜罪之構成要件如何？與準海盜罪有何區別？試就現行刑法規定，比較析述之。

三、甲乙丙垂涎於丁之富有，欲往行竊，又憚於丁之孔武有力，防範嚴密，乃計議攜帶手槍前往，相約三人中任何一人倘在共同實施竊盜過程中，遇有阻撓或追捕，即出槍將阻撓或追捕者擊斃。某夜甲乙丙三人如約各身藏手槍一支，同往丁家，撬開門鎖，啟門進入丁之客室，適值丁因事離室，僅丁妻在臥室熟睡，甲乙丙四顧無人，乃潛行客室各處，暗中摸索財物，丁妻聞聲警覺，緊閉臥室不出，並急按警鈴，一時鈴聲大作，響徹鄰右，甲乙丙大驚，棄物而逃，甲啟窗踰牆而遁，乙慌忙由客室逃至宅院中，正奔行間，適丙尾隨而至，乙誤以為事主追及，急返身發槍，擊中丙之左肩，丙負傷，幸未致命，卒能與甲乙相偕逃出，事後經警緝獲歸案，甲乙丙各應如何論罪？何故？

一、何種情況構成緊急避難？遇他人為緊急避難行為，因保全自己或第三人利益，而有所對抗時，此對抗者之地位如何？（五八、法、

律)

二、刑法上偽造文書罪之行為客體，除固有意義之文書（公文書及私文書）而外，尚有第二百二十條所定「以文書論」之文書，對二者在概念上有何差別？試加申論，並舉例以明之。

三、甲與乙合夥開設西藥房為業，並邀丙參加，丙表同意，但不願出名為股東，乃以隱名合夥方式加入，公推甲為代表人，綜理店務。初時甲銳意經營，獲利甚豐，嗣甲見乙丙皆不諳經商，甚少過問店務，遂起意舞弊自肥，經常將店中藥品攜回自用，並挪移店款，飽入私囊，事後浮開賬目，提出報銷及積欠，合夥事業虧損甚鉅。乙丙見經營失利，嚴詞責問，甲知事將敗露，乃詭稱現有機會可由外國購入嗎啡等毒品，銷售後立獲鉅利，足以彌補營業損失，乙丙聞言心動，又各付現款數萬元，作孤注一擲，甲得款後即潛逃無蹤。試討論甲之罪責。

一、客體錯誤與打擊錯誤在觀念上有何不同？設有某甲教唆某乙殺丙，而某乙於實行時，發生客體錯誤，致殺某丁，則甲乙之刑責各如何？又若某乙實行時未發生客體錯誤，而因打擊錯誤致殺某丁，則其刑責是否有所變異？（五九、律）

二、犯罪之預備與著手實行之間，如何定其分界？試依現行見解分別析述之。現行刑法對於何種犯罪有處罰預備犯之規定？若有人從事於某預備犯之行為，未及為犯罪之實行，又因己意中止，則其法律效果如何？

三、某監獄有東西兩舍，西舍收容通常受刑者皆為刑期將滿，等待出獄之人。某日，有居住西舍受刑人甲偶與東舍受刑人乙相遇，甲告乙在監生活不慣，頗以為苦。乙原為慣竊，秉性惡劣，乃向甲建議損壞牆壁脫逃，並轉託同舍受刑人丙竊得獄中鐵鑽、鋼鋸等物，交甲收存，俟機行事。甲為乙所惑，屢圖潛逃，苦無機會，旋以所圖告

知西舍受刑人丁、戊、己、庚，遂變更計劃，共謀糾合多眾，強行脫逃，丁、戊、己、庚俱各允從。某日，西舍一部分受刑人約五十餘名，集合於獄中鐵工廠作業。甲、丁、戊、庚俱在，適有數受刑人遭監工者呵責，群情不滿，甲見有機可乘，乃率先呼打，並高喊衝出獄去，隨出懷中預藏鐵鑽刺傷管理人員，丁、戊、己、庚亦各攫取工廠鐵器參加毆擊，在場受刑人附和吶喊，一時秩序紊亂，甲遂率丁、戊、己、庚及其他作業受刑人鼓噪而出，衝毀獄舍側門，迨警衛人員趕至，甲、丁、戊、己、庚及同時作業者三十人俱已逃逸無蹤，僅截捕二十餘未及逃逸者歸舍。混亂中，鄰近勞作場所有子丑二受刑人見門禁大開，亦乘機走脫。試就此脫逃事件之各有關受刑人分析其刑責。

一、積極的行為（作為）在何種情形下對於結果之發生有因果關係？試就流行之學說說明之。並依此觀念釋明下列問題：

　(一)刑法上之因果關係與自然的（物理的）因果關係有何不同？

　(二)「不作為」對於結果之發生何以可能有原因力？（六〇、律）

二、妨害追訴權時效進行的立法例有中斷時效與停止時效之分，試答下列問題：

　(一)我國刑法有何規定？

　(二)在我國法律上可能遇到何種特定事由？

　(三)偵查中或提起公訴時，追訴權時效有何影響？（試就我國實例說明之）

　(四)我國實例上有何易滋疑義之點？

　(五)我國立法上何以有此問題？

三、甲乙有金錢往來，丙丁知悉共謀詐騙，由丙仿乙簽字作取款便條，並私自刻乙之印章蓋於其上，由丁持向甲取款得壹萬元，共同花用，經甲乙發覺追討，丙丁無款，遂由丙取出其以偽造之「新臺

幣」，分由丁冒用真幣還甲，為甲發覺送警，問丙丁之罪責如何？

一、關於「錯誤」之理論，過去向區分為「事實錯誤」、「法律錯誤」兩
　　者，現時通說則以「構成事實之錯誤」(Tatbestands irrtum)與「違
　　法性錯誤」(Verbetsirrtum) 相對立。試說明理論上何以有此改變。
　　（六一、法）

二、湮滅證據罪（刑法第一六五條）與準誣告罪（刑法第一六九條第二
　　項）之區別何在？兩者與偽證罪及誣告罪之關係如何？試分別詳細
　　說明之。

三、甲已成年，於中華民國六十年三月夥同未滿十八歲之乙，於夜間侵
　　入他人住宅行竊一次，事後甲另行起意，於同年九月在車站又單獨
　　行竊數次，經檢察官於同年十月一日併提起公訴，問法院應如何適
　　用法律裁判？

一、預備與著手實行在行為階段上如何定其分界？試就流行學說見解，
　　分別評述之。（六一、律）

二、試就刑法上竊盜罪，討論下列各問題：

　　㈠本罪固係以「財物」為「行為客體」，然所謂「財物」，其範圍如
　　　何？學說上有所謂「管理可能性說」，其要旨如何？與「物理的管
　　　理可能性說」在見解上有何不同？

　　㈡本罪所保護之「財產法益」，其具體性質如何？即如無權占有他人
　　　之物者復被第三人竊去其占有物，究竟何人為竊盜罪的被害人？

　　㈢本罪以「意圖自己或第三人不法所有」為構成要件，此一要件具
　　　有如何之涵義？

　　㈣上述「不法所有之意圖」與竊盜罪之故意是否屬於同一性質之要
　　　件？

三、試就下列二事例加以判斷，並說明理由：

　　㈠警員某甲奉命緝捕強盜，正向有強盜嫌疑之某乙盤問，因見乙伸

手撈衣，疑為取槍，為自衛計急發槍射擊，乙當場中彈身死，事後始發見乙並未攜帶槍械，亦無抗拒意思，問某甲之責任如何？

㈡某甲於夜間散步田野，誤入鄰舍菜園，園丁某乙向其詰問不應，疑為賊來，即對準甲頭部施放土製獵槍，圖將其捕獲送官，不意土槍鐵彈碎片擊中甲腦部要害，不治身死，某乙之責任如何？

一、「不作為」得為法益侵害結果發生之原因，其理由安在？在如何情形下，可認為與「作為」等價為構成犯罪？試闡述之。（六二、法）

二、刑法上以恐嚇為構成要件之罪有幾？試就各該罪之性質內容比較析述之。

三、居住子地之某甲探知丑地某商店頗殷實，乃與某乙某丙共議行竊，推定甲乙共同下手，由丙擔任把風，言明得財朋分。甲另向某丁借得「萬能鑰」一串備用，並允丁於事後分得贓物。甲乙丙準備就緒後，搭乘火車同赴丑地，途中丙膽怯，表示不欲把風，甲力促之，並告以如不合作，將不許分享贓物，丙始允從。車抵丑地，偕至某商店門口，時已深夜，甲試以「萬能鑰」開啟門鎖，暗中摸索，良久未果，乙不耐，取出懷中扁鑽，撬壞門鎖，開門潛入，是時店夥均已入睡，甲乙乃得滿載而出。惟丙當甲乙進入商店後，即獨自離去，並未實行把風。甲乙覓丙無著，遂攜贓搭火車返子地，不意於車廂內遇丙，詰問之下，丙深恐不能分得贓物，謊稱始終在商店外守望，直至窺見贓物搬出方纔離開，甲乙心知其詐，然為免洩漏，仍分與竊得之毛巾十打。同車乘客察見甲乙丙行跡可疑，車抵子地，即報警將三人及贓物一併捕獲。試判斷甲乙丙丁之刑責。

一、犯罪之時與地應如何標準以決定之？是項標準如何適用於共同正犯、教唆犯及幫助犯？時與地之決定在刑事實務上有何重要性？（六二、律）

二、刑法偽造文書罪有所謂「以文書論」之文書在概念上與一般文書有何不同？試加申述並舉例以說明之。

三、某甲素以嚴謹稱，某次出國旅行在某地下鐵道月臺搭車，偶向書攤購得婦女裸照雜誌一冊，入車就座翻閱，適有當地領事館職員某乙伴一素不相識之某丙行至鄰座，某甲起向某乙寒暄，忽覺手持雜誌為某乙所見，一時大窘仍佯作莊重大言，「數年不到此地，不意情況大變，似此傷風敗俗之刊物棄之唯恐不及。」隨之將物擲於車廂之一角，當列車將開動，乙匆匆告別下車，鄰座之某丙撿起雜誌閱覽，甲向丙索還，丙不允，曰既已公開拋棄，他人自得占為己有之，甲堅稱並無拋棄之意，彼等爭論不已，未幾，車至 B 站，丙將雜誌挾入大衣口袋下車，甲隨行至車站臺階，揪扭某丙不放，伸手強行取得雜誌，因用力過猛撕裂丙之口袋，丙揮手抗拒，亦擊落甲之眼鏡隨地破碎，事後兩人返國各商請律師欲以妨害自由、毀損、侵占、搶奪等罪各訴請法院，試以律師之見代為分析下列兩點：

㈠甲丙之所為，依中國法應否構成犯罪？何故？

㈡中國法院受理此類案件，應受何限制？

一、「著手」之學說以何為標準？下列行為屬何階段？

㈠寄毒未至即查獲。

㈡強姦後故意殺人只致重傷。

㈢夜間竊盜越牆即被發見，隨即離去。（六三、法）

二、我國刑法規定有關洩漏祕密之種類有幾？並將其性質及內容擇要說明之。

三、甲拾得乙皮包一只，皮包內有五千元票據乙張，空白票據多張，甲占為己有。次日甲偽簽乙之姓名於票據背面，向銀行冒領五千元。嗣後甲另行起意，私刻乙之印章方連續簽發空頭支票，並數次向商店騙得財物，問甲之行為應如何處斷？

一、加重結果犯之構成要件如何？有謂加重結果犯乃由故意犯及過失犯競合而成，試言其故。（六三、律）

二、違法與責任在觀念上有何不同？故意為違法要素或責任要素？試析論之。

三、甲以鐵罐用藍墨水在豬皮上蓋印，意圖漏稅，嗣後為乙所知悉，乃以告發為要脅，命其交出稅款五千元，甲如數交出，問：

　(一)甲構成何罪？

　(二)已蓋印之豬肉，法院於判罪後，如何處置？

　(三)甲、乙是否共犯？如乙供給甲私宰場地，則乙如何論定罪責？

　(四)乙尚構成何罪責？

　(五)甲是否可請求乙返還其所交付之稅款？

一、何種行為構成緊急避難？緊急避難行為究應為阻卻責任或阻卻違法？試申論之。（六四、律）

二、何謂間接正犯？有學者主張間接正犯乃採共犯從屬性者所提出之概念，如採共犯獨立性說，間接正犯即無存在之必要，其說當否？試評論之。

三、甲在荒郊有一屋，屋後養雞甚夥，唯常遭竊賊光顧，不堪其擾，乃取其私藏之步槍裝上實彈，綁於離地一公尺之木樁上，槍口對準雞舍門口，且在雞舍四周加圍籬笆，然後關閉舍門上鎖，並以標語警告竊賊切勿闖入，某日乙又光臨（已數度竊雞），不顧標語警告，闖越籬笆，毀其門鎖，當啟門欲入時，步槍發射而中乙之肺部，幸經急救而脫險，問：

　(一)乙之行為應負何刑責？

　(二)甲之行為可否構成正當防衛而主張阻卻違法？

　(三)甲是否有殺人或傷人之直接故意或間接故意？

　(四)甲之行為應如何處斷？

一、試述故意之要件，原因自由行為之含義，並舉例說明兩者之應用關係。(六五、法)

二、甲警奉命拘捕煙毒犯乙，在捕獲帶返途中，乙以所帶鑽戒賄請釋放，甲見利忘義，意允其請任乙他去，而以書面報告上級稱：未得拘獲。事經查明。問甲、乙之刑責各應如何認定處斷？

三、甲曾犯竊盜罪，判刑二年，受執行一年一月，獲得假釋，約三月餘，故態復萌，於某夜攜帶私藏之手槍，潛入乙家行竊，惟剛越牆進院，即被乙發覺，上前抓捕，甲即以手槍威嚇，始得逃離現場，迅搭計程車行至郊區，當給付車資，司機找錢時，甲見該司機持有多金，遂持槍迫使將所有之錢交付。事經乙與被害司機先後報警究辦。問甲之刑責如何認定處斷？

一、因犯罪致發生一定之結果，而有加重其刑之規定者，如行為人不能預見其發生時，不適用之刑法第十七條定有明文。
設犯罪雖屬未遂，而已發生一定之結果，或雖因犯罪致發生一定之結果，而刑法上並無加重其刑之規定者，應如何處理，試分別說明，並舉例以證之。(六五、律)

二、共犯，得分為任意共犯與必要共犯二種，其內容如何？並比較其不同之點，刑法上稱結夥或聚眾，係屬何種？試分述之。

三、作為犯，可否以不作為實現之？如何始與因積極行為發生結果者同？其適用範圍是否以故意犯為限？試依我國現行刑法之規定以對！

一、何謂責任能力？責任條件（責任意思）？原因自由行為（行為之原因於任意，或稱可控制之原因行為）？並舉例說明原因自由行為與上開責任關係之應用。(六六、法)

二、試答下列問題：
　　㈠略誘，準略誘（以略誘論）之含義？

㈡甲以家計困難，勸使其養女乙賣淫圖利，應成立何項罪名？

㈢丙意圖姦淫，對少婦丁詭稱可在臺北為伊介紹優渥工作，丁誤信隨至臺北，丙復以甜言蜜語加以誘姦，同宿三夜後告以工作事發生意外困難，遂將丁婦送回，事經丁夫告究，問對丙之刑責應如何認定處斷？

三、甲將所有房屋出租於乙，因乙欠租半年屢討不付後雖願放棄欠租，乙仍蠻不講理，賴住如故，甲憤甚，且思該房保有火險，不慮燒燬發生損失，因生放火殺乙之機，於某日深夜乘乙熟睡之際，潛入乙宅，將其使用之瓦斯開啟，予以點燃，引起大火，乙冒火衝出，僅受輕傷。甲見乙未死心殊不甘，一面指控乙疏於注意致生火災，一面聲請保險公司理賠。而乙則指控甲有縱火罪嫌。終經查明真相，問對甲之刑責應如何認定處斷？

一、牽連犯及想像上競合犯之概念各如何？過去實例對牽連之構成往往解釋從嚴，論者每謂如此解釋結果，使牽連犯與想像上競合犯無所區別，其意究何所指？試申論之。（六六、律）

二、刑法上之「恐嚇」與「脅迫」，其涵義有何不同？以恐嚇為構成要件之罪，見於刑法法典者有幾？其罪質各如何？試簡述。

三、商人某甲寓所被竊，損失貴重首飾多件，疑係某丙所為，遂邀同任職警局之友人某乙至丙家訪問。某乙向某丙說明來意並出示警官身份證後，即與某甲同在屋內搜查，未有所獲。惟某甲，見屋角堆存打字機零件一批，乃年前某丙向其賒購者，該批貨款，履索不還，某甲不甘受損，又見有機可乘，乃不顧丙之抵制，並不聽乙之勸阻，使用暴力將貨物強行取回。試研判甲乙二人之刑責。

一、結果加重犯與結合犯係如何構成？究依一罪，抑係數罪？其與數罪併罰之數罪有何區別？（六七、法）

二、甲教唆乙偽造某公立學院畢業證書既遂後，又教唆丙毀損丁之文

書，丙正欲對該文書加以毀損之際，因被丁發覺而中止，報經檢察官查明，甲乙丙先後之犯行一併起訴，問：法院應如何適用法律處斷？

三、甲拾得乙之房門鑰匙後，頓起犯意，於日間侵入乙之住宅，開啟房門，竊得乙之現金及支票，復另行起意，在該支票之上偽造乙之署押為背書，詐領票款化用，應如何適用法律處斷？

一、刑法上規定之自首，其意義如何？自首與自白有否不同？所謂「特別規定」見於何數種法規，其內容如何？（六七、律）

二、連續犯之成立，在主觀上及客觀上應具備如何之要件？試就實務上見解之變遷述之。

三、甲經營倉庫營業，就其堆積房屋，投有一百萬元火災保險，因經營不善而歇業，甲意圖領取保險金，乃買通該堆積唯一管理員乙放火焚毀該空無一物之堆積房屋，並允於事成後交給其十萬元，乙乃應允而單獨實施放火，將該堆積房屋付之一炬。甲乃向保險公司要求給付保險金，但被保險公司察覺前情，訴諸法院。問：

(a)甲、乙之罪責如何？

(b)如甲已領保險金（非僅提出給付之請求），其罪責如何？

(c)乙如對甲之意圖詐領保險金並不知情，或雖知情但並未約定交約金額者，其罪責如何？

一、同一罪名今昔之含意有何不同？試舉例說明之，連續教唆與教唆連續是否均依連續犯處斷？（六八、法）

二、公然侮辱罪散見數章，列述其要旨。又誹謗罪與侮辱罪之重要區別如何？

三、甲住臺北，知悉其新竹同鄉丁女貌美，乃欲誘伊離家以遂其姦淫之圖。嗣丁欲就業，甲乃以某公司徵收款人一名託其代尋為名而函附寄丁女，丁女信以為真前往甲處，甲囑請知情之乙帶丁往訪經營色

情應召站之友丙，告知丁來歷，丙喜私下竊商介紹費，明日即收容。乙送丁回甲處，甲借慶賀謀事成功，乃以酒勸飲，丁勉為其難，喝之，不久醉倒，甲乃乘丁昏醉之際而姦之，次晨丁醒知被姦欲離去，甲告知不准擅離，應到丙處應召，否則有不測危險，丁無可奈何，由甲送到丙處，丁乘機逃去報警，問：甲乙丙之刑責應如何處斷？

一、「二人以上共同實施犯罪之行為者皆為正犯」，此之「實施」與「實行」有何區別？試就實務以及其所依據之理論，說明共同正犯之範圍。（六八、律）

二、業務過失與普通過失有何區別，現行刑法就何種業務過失有處罰明文？

三、公車擁擠車門未關車掌即已鳴笛，甲未站穩因車行顛動從後面抱住上車之乙女，乙女不察，以其存心輕薄故力推且掌摑之，未料甲跌出車外擦傷數處，且因耽於醫治感染破傷風致受傷拇指切除，後甲向法院起訴請求汽車公司損害賠償，並以乙為證人。問：㈠乙力推並掌摑甲應負何罪責？乙隱匿事實不說明，有何罪責？㈡甲向法院起訴聽任乙為不完全陳述，致汽車公司遭法院判負賠償，甲何罪責？

一、未遂犯有普通未遂、不能未遂與中止未遂之分，三者之構成要件為何？其區別何在？依據現行刑法應為何處罰？並申論其立法之理由。（六九、特）

二、設有某甲教唆乙幫同丙殺丁報仇，乙允其所請返家取兇刀一把，偕丙前往尋釁未遇折回，途中被警逮獲，試問某甲應負教唆預備殺人，抑教唆殺人未遂罪責？並說明其理由。

三、刑法上有稱「販賣」者，其涵義為何，及如何定其犯罪已否完成，實務上所持見解並不一致，宜如何適用？與持有，或意圖販賣而持

有，或意圖販賣而陳列併列時，又應如何區分？試分述之。

一、因犯罪致發生一定之結果，而有加重其刑之規定者，行為人須具何責任要素，始適用之？倘對於一定結果之發生，本有故意，應如何處斷？設犯強姦、強盜等罪，而使被害人受重傷者，立法上有何缺失？宜如何處理？試析述之。（六九、律）

二、甲犯竊盜罪，經法院判處有期徒刑二年，並依中華民國六十四年罪犯減刑條例裁定減為有期徒刑一年，執行完畢後，在五年以內，甲復夥同未滿十八歲之乙、丙，連續竊盜及搶奪他人財物多次，經警查獲。問法院對於甲、乙、丙應如何辦理？並說明其理由及應適用之法條。

三、問：被告簽發空頭支票三十張，詐取他人財物，經檢察官起訴後，在審理中查明該空頭支票之前十張，業經法院依違反票據法判決處刑確定。此外該被告復意圖供行使之用，假借他人名義，連續簽發空頭支票十張，亦經檢察官追加起訴。問法院對於本件應如何適用法律處斷？並說明其理由。

一、開車不慎撞傷行人，棄置逃逸致死者，與刑法第十五條之規定是否相符？應成立何罪？試敘述之。（七〇、律）

二、犯罪之實現有規定為「實行」者，有規定為「實施」者，二者含義有何不同？是否包括陰謀、預謀、教唆、幫助等情形在內，試分述之。

三、以偽造之有價證券供擔保之用，向他人借款者，應成立何罪？試說明之。

四、刑法上有以「意圖」為要件者，試舉刑法上之一、二例，並說明其與故意之不同何在？

一、何謂直接故意？間接故意？有認識過失？無認識過失？試各舉例說明之。（七〇、法）

二、甲某四人租宿於大光明旅社，獨自無聊，晚上十時許，乃邀乙、丙、丁三人於房間內賭博，戊乃趁機竊取甲置於沙發上之手錶，問甲、戊之行為如何？

三、計程車司機甲於南投鎮街上，見乙女獨行，認有機可乘，乃強拉乙女上車，載至十公里外之山邊，以暴力強姦之，乙女極力抗拒，終被強姦，甲之責任如何？

一、危險犯得分為抽象危險犯與具體危險犯，其內容有何不同？舉其規定為例，此項危險之已否發生，是否尚待證明？並釋明之。（七一、律）

二、不作為犯不問其為純正不作為犯，抑為不純正不作為犯，均以違反作為義務為其處罰根據，此兩者之作為義務其性質及內容有何不同？有無處罰未遂及加重結果之可能？並舉其規定以明之。

三、某甲意在放火燒死某乙全家，結果僅燒死一人，其餘於陸續逃出時，復一一加以砍殺，其放火與殺人及燒死與砍殺間具何關係？應如何處斷？並說明其理由。

一、何謂繼續犯？其在追訴權時效上與犯共犯與即成犯有何差別？試舉實例以明之。（七一、法）

二、何謂賄賂？何謂不正利益？某甲無照駕車，為警查覺擬依法究辦，甲乃拿出新臺幣五百元，請求免予究辦，警察一面收款，一面將其犯行賄罪，擬予逮捕，甲情急，用刀將警推倒逃去，問甲之行為應負何刑責？

三、甲與丙有宿仇，甲乃以重金邀乙共同殺害丙，某日，甲在外把風，乙越牆入丙宅，乙誤以丙弟丁為丙，即予砍殺倒地，丙聞聲出而阻擋，並將乙抓住，乙乃以口咬傷丙，偕甲逃去，丁經醫療幸而治癒，經被害人訴請究辦，並將兇刀交案。問甲、乙之刑責應如何處斷？

一、正當防衛與緊急避難二者在刑法上皆規定為「不罰」。關於不罰之

理由，就各該規定而言，可能作不同之解說否？又正當防衛與緊急避難皆不得發生「過當」之情形，而行為之是否過當，其認定標準各如何？試分別闡述之。（七二、律）

二、關於預備與實行之分界，學者每有不同主張，諸家學說所持見解及其得失各如何？如此分界理論，在刑法上有何重要性？試擇要評述之。

三、甲教唆乙取丙之空白支票一張，供其使用。乙誤以丁之空白支票為丙之空白支票，取之予甲。甲得票後，填寫金額及日期，私刻丙之印章，加蓋於丁票之上，並另刻戊之印章，加蓋於丁票之背，持之向己借錢花用。問：甲、乙應各負何刑責？

一、近年以來，營業場所設有電動機械玩具（如吃角子老虎）供不特定人投一元或五元錢幣或其他代替物，中獎者，即落出相當價額之物品，不中獎者則被吃掉，試問其有否犯罪？試詳論之。（七二、法）

二、甲為十四歲以上未滿十八歲，與乙為舊日芳鄰，某日甲與判罪之丙，邀同乙至甲之住處，是日午後丙強姦乙女，嗣後甲、丙外出買酒三大瓶邀乙女共飲，致乙女酒醉不省人事無法抗拒，甲、丙乘機猥褻乙女。甲又另行起意乘機姦淫乙女一次，經乙父訴由警察移轉第一審少年法庭裁定移送檢察官偵查起訴，問應如何處斷？

三、甲、乙與十四歲以上未滿十八歲之丙、丁共同圖謀不法利益，商議竊取轎車以四出竊取財物，首推甲、丙共同下手在復興南路竊取子所有之小轎車，乙、丁在附近守候，竊得後由甲載乙、丙、丁離去，逾三日後在臺中火車站前，由甲在旁把風，乙、丙、丁分持武士刀、扁鑽、長矛恐嚇，令丑、寅，先予毆打，並未成傷，復又出言要二人把錢掏出，否則搜出一百元砍一百刀等語，二人自知無法抗拒，丑交出三千元，寅交出二千元，當日傍晚丙、丁因服用迷幻

藥違警於臺中警局，拘留時始自首竊盜及搶劫之事實，問應如何處斷?

一、下列各項如何適用法律處罰? 並略述其理由。

　　㈠強姦而故意殺被害人罪，如強姦部分未經合法告訴時;

　　㈡強盜而強姦罪，如強姦部分經撤回告訴時;

　　㈢使用自己偽造之私文書，向人詐取財物時;

　　㈣使用自己偽造之支票，向人詐取財物時;

　　㈤父告子侄二人共同傷害成罪時。(七三、法)

二、「選科」、「酌科」與「酌減」在適用上之異同何在?

三、論連續犯之構成要件及其適用上見解今昔有何不同?

四、甲乙共謀徒手毆打丁，途遇丙，丙不知甲乙已有此項計畫，復唆使甲乙傷害丁，並交付木棒二支，甲乙依丙之囑咐改持木棒前往，迨抵丁家，見丁，即共同下手以木棒毆打丁，丁受傷逃入內室;乙見地上有刀一把，忽起殺害之意，以該刀奮力投擊丁，未中，斜飛擊傷聞聲而出之丁妻戊。問甲、乙、丙之刑責如何? 試就法理上之依據詳予說明。

一、何謂禁止錯誤 (又稱違法性錯誤)? 刑法如何評價此等錯誤行為? 試分就學說與現行刑法之規定，加以說明。(七三、律)

二、甲、乙、丙、丁四人謀議於某夜至李宅行竊。是夜，甲因病不克如約至李宅，參與行竊，僅乙、丙、丁三人，如約前往，由乙在外把風，由丙、丁進入李宅。行竊中，李氏夫婦適自外返家，丙、丁當即合力將李氏擊昏，因見李婦頗具姿色，復合力將其姦污。在外把風之乙，見丙、丁未得手出宅，乃逕自離開現場返家。問甲、乙、丙、丁各應負何刑責?

三、塑膠加工廠之廠主某甲因經營不善，面臨倒閉，乃思縱火燒廠，圖向保險公司詐領保險金。該廠房左前端緊鄰之木屋中，住有在廠擔

任守衛之老榮民某丙。九三軍人節晚，某甲認為某丙依往例均外出參加慶祝會而不在廠，正是縱火燒廠而不致焚斃某丙之良機，乃唆使素喜玩火而有精神障礙之某乙，點燃廠中之易燃物。是晚，某丙之好友某丁來廠相訪，二人共飲，雙雙齊醉於某丙房中。某乙縱火後，火勢自廠房延燒某丙之房，丙、丁二人因醉酒，未能走避，致均葬身火窟。問：甲、乙二人應負何刑責？設如你為甲、乙之辯論律師，在辯護工作上，你應特別注意那一關鍵點？

一、試舉結果加重犯之事例，並就以說明下列事項：

　　㈠該項犯罪何以須能預見加重結果之發生始可構成？

　　㈡能預見是否與預見同？倘已預見加重結果之發生，而仍犯之，應為如何之認定？（七四、法）

二、何謂犯罪行為之繼續？何謂犯罪狀態之繼續？試說明二者區別之實益。

三、試述刑法第一百六十一條第一項脫逃罪之特別構成要件。茲有甲、乙、丙三人均在監受徒刑之執行，三人同住一房，某日，甲、乙二人共謀脫逃，合力毀壞鐵窗後，甲先翻窗逃出，乙翻窗時為管理員發覺，追至監獄牆外捕回，丙見管理員追乙，乘機自鐵窗缺口爬出，逃回家中，次日甲、丙二人均被警員捕回，問甲、乙、丙三人之行為應如何處斷？

四、下列行為，應負何種竊盜罪責？試分別說明之：

　　㈠於凌晨一時許，推開他人住宅之窗門，伸手進入窗內竊取衣物。

　　㈡將他人宅內衣櫃之抽屜所加之鎖毀壞，竊取櫃內財物。

　　㈢攜帶鉗子及布袋行竊。

一、甲用刀脅迫乙時，丙見狀開槍射擊甲，但子彈未中甲，反而中乙，乙當場死亡，問丙有無罪責？（七四、律）

二、正當防衛之實施應否出於防衛意思，試說明之。

三、何謂準中止犯？行為人雖已意中止犯罪行為，或防止犯罪結果之發生，但犯罪行為仍舊發生結果者，則刑法如何評價此等失敗之中止行為？

四、債務人甲之所有財產為其債權人施行拍賣，甲之友人乙乘甲心慌無主之際，唆使甲偽造向乙借款十萬元之借據，俾乙得就拍賣財產參與分配，而後將分配所得交與甲，藉以維持甲之家計。甲信以為真，遂允其行。乙乃串通知情之丙，幫同書立借據，並持此借據參與分配後，私自吞沒分配所得款項花用。問：甲、乙、丙各有可能構成何罪？

一、侵害由被侵害者所挑動，能否主張正當防衛？危難由自己所招致，能否主張緊急避難？試就各種可能情形加以分析，並說明理由。（七五、法）

二、想像競合與法條競合有何不同，試說明之。

三、近來社會上風靡之「大家樂」是否犯罪？其與彩票罪有何不同？設某甲為「大家樂」主持人，先假藉神壇名義印製隱含玄機之籤符，高價兜售，使不特定多數人迷信而價購，再據以猜號參加其主持之「大家樂」，結果均未中獎。問某甲及參加者應如何適用法律處斷？

四、試就我刑法規定簡述各種誹謗罪之特別構成要件及其阻卻違法之事由。

一、刑法第十五條規定：「對於一定結果之發生，法律上有防止之義務，能防止而不防止者，與因積極行為發生結果者同（第一項）。因自己行為致有發生一定結果之危險者，負防止其發生之義務（第二項）。」試就下列三點，闡明其涵義。

　㈠不純正不作為犯之「不作為」與「結果」間之因果關係，學說如何？我國實例係採何說？

㈡所謂法律上之防止義務，分按：　1.法令之規定；　2.基於契約；　3.基於法律精神。各舉一例說明之。

㈢由於自己行為引發一定結果之危險者，在何種情形下成立故意犯？在何種情形下為過失犯？舉例說明之。（七五、律）

二、試解答下列問題，並略述其理由：

㈠結合犯與其基礎之單一犯（如強盜故意殺人與強盜），或與其相結合之單一犯（如強盜故意殺人與殺人），能否成立連續犯？

㈡牽連犯與連續犯競合，或想像競合犯與牽連犯競合，應如何處斷？

㈢想像競合犯或牽連犯，所涉及之數個罪名中之一罪名，若有總則上加重、減輕其刑之原因，或分則上有加重、減輕其刑之規定，在比較各罪名之輕重以定應從處斷之罪名時，有無影響？

三、某甲為郵局職員，利用職務上之機會，將某乙交寄之掛號信打開後，取出其信封內之匯票一張，然後偽造受件人某丙之簽章。再將其持向受信地的郵局領得票款壹拾萬元。問某甲成立何罪？試說明之。

一、下列情形，甲乙應如何處斷？理由安在？試分別說明之。

㈠甲教唆乙殺丙，乙聽之，但殺丙未中，而誤中立於丙旁之丁，丁死。

㈡甲利用無責任能力之乙殺丙，乙誤丁為丙，殺之，丁死。（七六、法）

二、試舉刑法第一百三十四條非純粹瀆職罪之構成要件，並申述之。

三、李四犯甲、乙、丙三罪，其犯乙罪時，甲罪判決尚未確定，至犯丙罪時，甲罪已判決確定；依數罪併罰之規定，李四所犯三罪，應如何定其執行刑？

四、甲欠乙錢未還，又素與丙不睦。適甲意圖營利略誘婦女，為乙、丙知悉。乙遂乘機向甲表示：必須加倍還錢；否則，即以略誘事提出

告發。丙亦語甲：將於三日後，向檢察官告發其略誘事。問：乙、丙是否犯罪？所犯何罪？附理由解析之。

一、間接正犯及原因自由行為(actio libera in causa)，或稱「行為之原因由於任意」「可控制之原因行為」「原因上之自由行為」，其著手於犯罪行為之實行，應以何時為準？學說不一，何者為當？試抒己見以對。（七六、律）

二、共犯中有身分或其他特定關係者，應如何論罪科刑？試申述之。

三、市長甲為籌措地方建設資金，以市銀行之名義發行彩票，銷售之情形頗為良好；乙認為市銀行發行之彩票有利可圖，遂予以偽造，並持以出售於人。問乙之所為有無罪責？

四、殺人罪與傷害致人於死罪，均發生戕害人之生命之結果；然二者犯罪責任意思（責任條件）有何不同？又其犯罪構成要件有何區別？請分別說明之。

一、主張正當防衛，以有現在不法之侵害行為，及出於防衛自己或他人權利之行為為條件。正當防衛之成立，侵害行為是否以作為為限，抑不作為亦包括在內？防衛行為是否以故意行為為限，抑過失行為亦有可能？（七七、法）

二、試述連續犯之成立要件，並說明連續數行為犯下列各罪名，能否成立連續犯？

　　㈠強制猥褻罪與準強制猥褻罪。

　　㈡強盜殺人罪與殺人罪。

　　㈢傷害罪與傷害致死罪。

　　㈣公務員對於職務上之行為受賄罪與對於違背職務上之行為受賄罪。

三、煽惑他人犯罪與教唆他人犯罪之區別何在？試說明之。

四、甲誘少年乙，同至乙家竊乙父新購之電視機；甲並邀同夥丙駕駛小

貨車在門外把風，等候運走。正搬出門外，乙父歸來，上前阻擋；甲將乙父推倒成傷。問甲、乙、丙究應如何論處？

一、何謂想像競合？其與法條競合有何不同？試分別說明之。（七七、律）

二、試答下列問題，並詳細說明理由。

　　㈠二人以上共同陰謀或預備成立犯罪，可否成立共同正犯？

　　㈡甲教唆乙竊盜，丙幫助甲教唆之，丙應否處罰？

　　㈢甲幫助未滿十四歲之乙殺死丙，甲應否處罰？

　　㈣刑法上之從刑，有無行刑權時效完成之問題？

三、抽象危險犯與具體危險犯之界限何在？兩者區別之實益如何？試舉若干事例詳為論述之。

四、下列某甲等之行為是否犯罪？所犯何罪？如何處斷？理由安在？扼要說明之。

　　㈠某甲於某乙競選縣長之際，以行賄之意思交付某乙新臺幣一百萬元，某乙則允於當選後派某甲為縣府機要祕書，嗣乙雖已當選，但並未履行諾言。

　　㈡某甲為貨運車行負責人，僱用某乙為司機，某丙為助手，三人在車輛行駛中，原由某乙駕駛，改由某甲親自駕駛車，不慎壓斃行人，某甲為脫刑責，於檢察官偵察中囑乙自認開車肇事，某丙則到庭具結供證當時係乙所駕駛，並非某甲壓斃行人。

　　㈢某甲借與其友張三新臺幣伍萬元，當時並未書立借據，某甲恐張三失信賴債，乃摹擬張三筆跡，偽造借據一紙。

　　㈣甲、乙、丙三人共謀行竊，由乙、丙二人前往竊取，得手後將贓物三人朋分變賣化用。

　　㈤甲、乙、丙三人某日在旅館房間內賭博財物；數日後，又在某丁所有公寓內賭博財物。

一、試答下列問題，並說明其理由。

　　㈠故意之犯罪行為與過失之犯罪行為，彼此可否成立牽連犯?

　　㈡數構成要件相同之過失犯罪行為，可否成立連續犯?

　　㈢告訴乃論之罪，因有告訴權人未為告訴，致追訴權不能行使，其時效是否停止進行?

　　㈣刑法上之保安處分，可否宣告緩刑? 執行中可否假釋? (七八、法)

二、刑法規定依所屬上級公務員命令之職務上行為不罰，試說明其要件及下級公務員對命令是否違法有無審查之權?

三、開設旅館之甲引誘其未滿十六歲之養女乙，在旅館與客人陪宿，問甲之所為有無罪責?

四、卡車司機某甲，於夜間駕駛卡車，經過照明不清之道路時，忽思及須打電話回家，乃將車停於慢車道邊，隨即下車前往電話亭，正當打電話之際，適某乙駕駛機車經過該處，因昏暗未能及時發見卡車，竟自後撞上車尾，頭部受傷，不治死亡，問某甲有無刑責?

一、在中華民國領域外，何種犯罪適用中華民國刑法? 試列舉其罪名及立法所採之主義。(七八、法)

二、甲男原與乙女為友，一日兩人發生衝突後，甲男乃先強取乙女之財物，繼而對乙女之身體予以猥褻，在目睹乙女放棄反抗後隨即姦淫乙女，問甲男之所為應如何處斷?

三、甲甫經公職人員考試及格，分發為某稅捐處稅務員，尚未到職。其友乙因漏稅事件正在該稅捐處處理中，獲悉該案將由甲接辦，遂往請託，希圖免罰。甲要求以十萬元為酬，經乙允諾，並先付五萬元。迨甲到職，該案已由丙接辦，甲深感無以向乙交代，乃以所收款中之三萬元交丙，說明乙為其好友，請丙免予處罰，為丙當場拒絕，問甲乙之行為應如何處斷?

四、刑法第三百二十一條之加重竊盜罪，是否包括同法第三百二十條第

二項之竊占罪在內？又甲乙丙三人共同謀議行竊，由甲乙二人於夜間侵入某公寓樓梯間竊取他人機車一輛，交由丙出售得款朋分，問甲乙丙三人成立何條竊盜罪？如成立加重竊盜罪，應依何款論處？並說明其理由。

一、試說明既遂犯之教唆犯、未遂犯之教唆犯，與教唆犯之未遂犯之涵義及處罰之異同。（七八、律）

二、刑法第五十六條規定：「連續數行為而犯同一罪名者，以一罪論，但得加重其刑至二分之一」，試就下列各點，扼要說明之：

　㈠連續犯在主觀上應具備何種要件？

　㈡所謂同一罪名，如何解釋？

　㈢結合犯與相結合之單一犯，能否成立連續犯？

　㈣過失犯能否成立連續犯？

　㈤連續犯之追訴權時效，自何時起算？如最後一次之行為尚未罹於消滅時效，而其他部分行為之追訴權時效業已完成，其他部分之犯行是否仍得追訴？

三、臺灣地區自解除戒嚴後，社會上發生聚眾滋擾事件，除違反動員戡亂時期集會遊行法外，在何種情形，其行為應構成刑法「聚眾妨害公務罪」及「騷擾罪」？試分別說明之。

四、甲先後在路上竊取乙丙之空白支票各一張，同時擅自填寫其內容，並偽造乙丙之印章，加其上，持向丁調換現款花用，問甲之刑責如何？並說明其理由。

一、不作為犯之因果關係如何認定？試就有關學說析述之。（八二、法）

二、何謂原因自由行為？其究竟是在於解決違法性或有責性上的問題？

三、私人逮捕之現行犯，或利害關係人逕行逮捕通緝之被告，在未送交檢察官或司法警察以前，是否屬於刑法第一六一條所謂「依法逮

捕」之人?

四、甲將其所有房屋之第三層租予乙,自己住一、二樓,租期屆滿乙硬不搬離,甲憤而於某日午夜縱火燒屋,火勢延及鄰宅,甲成立何罪?

一、何謂假釋?其撤銷原因有那些?假釋期滿未被撤銷者,行為人以後是否會因該假釋而成立累犯?(八三、法)

二、刑法第一四九條所規定之公然聚眾不遵令解散罪,若首謀之人,受解散之命令而即遵令解散者,不成立本罪。但如部分在場助勢之人,仍不解散者,首謀之人是否仍予處罰?

三、甲想要強奪乙之運鈔現款,他便每日注意觀察乙的行為模式,而獲知乙每天準時在早上十時從銀行出發,十一時將鈔票運回銀行裡。甲便準備好汽車,並且車內藏有一根橡皮棒,而在某日上午十時四十分,即通常乙會停車在鄉間小道旁休息時,打算予以下手。然在該日,乙則是在九時就從銀行出發,十時就將鈔票運回銀行。試問甲之行為是否成立犯罪?

四、甲偽造某銀行支票,並偽造乙之背書,向丙借款,如何論罪?

一、下列甲之行為係單純一罪?抑係數罪而屬於想像競合犯?理由何在?

㈠甲夜間侵入乙住宅竊取乙夫妻二人之財物。

㈡甲白天踰越牆垣在乙屋內,竊得乙之衣服,並竊走曬在庭院暫住乙宅之丙衣服。(八四、法)

二、試說明緩刑制度之種類及有關緩刑效果之立法例,並就我國之規定及適用狀況加以評述。

三、甲與乙燕好之間,乙中途頑強抗拒甲,甲試著和氣地使乙繼續性行為而無效之後,為洩憤而憤怒地向乙臉上揮拳,乙開始嘔吐、呻吟,甲認為乙作弄他,於是拿起空瓶子敲打乙的頭兩下,唯恐乙將

上情說出去，決意殺死乙，於是拿著因為敲打乙而碎裂的瓶頸，割乙的頸部，甲離去後，乙獲救。對甲應如何論罪？

四、書店老闆某甲於店內張貼佈告，謂：偷書者罰十倍書款。某乙偷書時，當場被發現，惟拒付十倍書款，某甲遂強將某乙送往警察局。途中某乙答應付八倍書款，而某甲將某乙釋放。試分析某甲之行為！是否成立犯罪？

一、甲擬放火燒死乙並毀乙宅，誤丙宅為乙宅而放火燒之，乙適在丙處拜訪，乙丙因而一同喪命，甲之罪責如何？（八五、法）

二、計程車司機甲於夜間開車營業時，收受偽鈔百元一張，事後發覺，不甘受損，遂持往賭博，輸出復又贏回，再持以向他人購物，為商店主發覺偽鈔而拒售並送究辦。甲應如何處斷？

三、甲、乙、丙兄弟三人迷信風水，認為丁祖墳地風水好，三人共同發掘丁祖墳，將自己母親遺體埋葬在內，因而損壞丁祖墳之墓碑、墓門、棺木。問甲、乙、丙之刑責如何？請說明理由。

四、行為人同時違反注意義務與作為義務時，應如何予以處罰？試說明之。

一、刑法第一百三十五條（對於依法執行職務公務員施以強暴、脅迫罪）所稱「公務員」是否包含公營事業人員？如鐵路局之查票員，於火車上查票時，對之施以強暴，能否成立本罪？（八六、法）

二、試述我國刑法上「累犯」之要件。

三、B前往A家作客，A為防其所飼養之猛犬侵擾客人，遂將該犬以鐵鍊拴於院子之狗籠內，並以標示「猛犬勿近」之字牌懸掛於狗籠上。B獨自在院中遊玩，見有該犬，不顧字牌之警告，擅自打開狗籠之門，並以竹竿挑逗該犬，致該犬兇性大發，掙斷鐵鍊，猛咬B，B驚嚇之下，亦拾起一根木棍對犬攻擊；最後，B身受重傷；犬遭擊斃。試問：

㈠A是否應負過失致重傷之刑責?

㈡B擊斃死犬之行為,可否阻卻違法? 理由為何?

四、刑法第一百六十九條規定,意圖他人受刑事或懲戒處分,向該管公
務員誣告者,為誣告罪。試問本罪所保護之法益為何? 又甲以一書
狀,誣告乙、丙、丁三人,其中丙為甲之父親,丁為甲之叔父,應
如何論處?

一、關於「實行之著手」,有何不同見解? 試述之。(八七、法)

二、刑法第三六條第一項「公然聚眾妨害公務罪」其所謂「在場助勢之
人」意義為何? 又單純「在場助勢」與一般「從犯」有何不同?

三、甲意圖使乙、丙受刑事追訴,於一文件中同時塗改乙、丙之真實報
稅資料,向檢察機關誣告。試問對甲之行為應如何處斷?

四、乙發生車禍,傷重,必須依賴拐杖行走。甲趁乙熟睡之際,將拐杖
取走,並且丟棄在垃圾場。問: 甲成立何罪?

三民大專用書書目——國父遺教

三民主義	孫　　文	著	
三民主義要論	周世輔	編著	前政治大學
三民主義要義	涂子麟	著	中山大學
大專聯考三民主義複習指要	涂子麟	著	中山大學
建國方略建國大綱	孫　　文	著	
民權初步	孫　　文	著	
國父思想	涂子麟	著	中山大學
國父思想	涂子麟 林金朝	編著	中山大學 臺灣師大
國父思想（修訂新版）	周世輔 周陽山	著	前政治大學 臺灣大學
國父思想新論	周世輔	著	前政治大學
國父思想要義	周世輔	著	前政治大學
國父思想綱要	周世輔	著	前政治大學
國父思想概要	張鐵君	著	
國父遺教概要	張鐵君	著	
中山思想新詮 　　——總論與民族主義	周世輔 周陽山	著	前政治大學 臺灣大學
中山思想新詮 　　——民權主義與中華民國憲法	周世輔 周陽山	著	前政治大學 臺灣大學

三民大專用書書目——法律

書名	著者	任職
中華民國憲法與立國精神	胡佛 沈清松 石之瑜 周陽山 薩孟武 著	臺灣大學 政治大學 臺灣大學 臺灣大學 臺灣大學前
中國憲法新論	薩孟武 著	臺灣大學前
中國憲法論	傅肅良 著	中興大學
中華民國憲法論	管 歐 著	東吳大學
中華民國憲法概要	曾繁康 著	臺灣大學前
中華民國憲法	林騰鷂 著	東海大學
中華民國憲法	陳志華 編著	中興大學
大法官會議解釋彙編	編輯部 編	
中華民國憲法逐條釋義(一)~(四)	林紀東 著	臺灣大學前
比較憲法	鄒文海 著	政治大學前
比較憲法	曾繁康 著	臺灣大學前
美國憲法與憲政	荊知仁 著	政治大學
國家賠償法	劉春堂 著	行政院內政部
民法總整理	曾榮振 著	臺灣大學前
民法概要	鄭玉波 著	臺灣大學
民法概要	劉宗榮 修訂	
民法概要	何孝元 著	大法官前
民法概要	李志鵬 修訂	實踐大學
民法概要	董世芳 著	屏東商專
民 法	朱鈺洋 著	東海大學
民法總則	郭振恭 著	臺灣大學前
民法總則	鄭玉波 著	大法官前
民法總則	何孝元 修訂 李志鵬 修訂	
判解民法總則	劉春堂 著	行政院
民法債編總論	戴修瓚 著	
民法債編總論	鄭玉波 著	臺灣大學前
民法債編總論	何孝元 著	
民法債編各論	戴修瓚 著	
判解民法債篇通則	劉春堂 著	行政院
民法物權	鄭玉波 著	臺灣大學前
判解民法物權	劉春堂	行政院

三民大專用書書目——政治・外交